Klaus Lubkoll

In der Tiefe des Lebens

Perspektiven unserer Hoffnung

Aussaat Verlag

ABCteam-Bücher erscheinen in folgenden Verlagen
Aussaat Verlag Neukirchen-Vluyn
R. Brockhaus Verlag Wuppertal und Zürich
Brunnen Verlag Gießen (und Brunnquell-Verlag)
Christliches Verlagshaus Stuttgart
(und Evangelischer Missionsverlag)
Oncken Verlag Wuppertal und Kassel

Umschlag: Namislow, Neukirchen-Vluyn
Satz: DTP/Aussaat
Druck Breklumer Druckerei Manfred Siegel KG
Printed in Germany
ISBN 3-7615-4874-5
Bestellnummer 154 874

Inhalt

Zur Person

Klaus Lubkoll, 1928-1992, war nach dem Studium der Theologie, Philosophie und Germanistik zunächst Vikar im Südharz, Gemeinde- und Landesjugendpfarrer in Bremen und von 1968 bis 1982 Generalsekretär der Ev. Jugend Deutschlands. Von 1972 bis 1978 leitete er die Ev. Akademie Bad Boll und wirkte von 1978 bis 1986 als Dekan in Böblingen. Er war Mitglied der EKD-Synode und engagierte sich in der württembergischen Lektorenarbeit wie auch als Autor und Redakteur der Zeitschrift „Das Missionarische Wort" (heute: „Brennpunkt Gemeinde").

Zum Geleit

Am Tag der Beerdigung von Klaus Lubkoll, am 13. April 1992, war die Lesung nach dem Jahr der Kirche ein Abschnitt aus dem 50. Kapitel des Propheten Jesaja:

„Gott der Herr hat mir eine Zunge gegeben, wie sie Jünger haben, daß ich wisse, mit den Müden zu rechter Zeit zu reden. Alle Morgen weckt er mir das Ohr, daß ich höre, wie Jünger hören. Gott der HERR hat mir das Ohr geöffnet. Und ich bin nicht ungehorsam und weiche nicht zurück."

Dieses Wort ist auch ein Schlüssel zum Geheimnis des Lebens und Dienstes von Klaus Lubkoll. Wir spürten es immer, und wir waren und bleiben dankbar dafür, daß unser Herr ihm in besonderer Weise das Ohr für seine Botschaft geöffnet hat. Weil er in der Kunst des Hörens auf die Stimme Gottes geübt war, konnte er uns zuhören. Weil er hören konnte, hatte er etwas zu sagen. Wer seine Predigten, Bibelarbeiten und Andachten gehört hat, ist bereichert worden. Wer sich an ihn gewandt hat, ist getröstet worden. Wer seine Aufsätze und Publikationen liest, wird immer neu staunen über die Fülle seiner Einsichten und Perspektiven. Klaus Lubkoll schöpfte aus den Tiefen der Heiligen Schrift und war in der Literatur der Gegenwart zu Hause. Immer wieder hat er mit seinen gesprochenen und geschriebenen Gedanken zum Kreuz, zum gekreuzigten Herrn Jesus Christus geführt. Für diese Schrittmacher- und Wegweiserdienste zum gekreuzigten und auferstandenen Christus sind und bleiben wir und viele Menschen mit uns besonders dankbar.

Mit einer Auswahl von Aufsätzen, die im besten Sinn des Wortes „Memorabilia", bemerkenswert, bedenkenswert und beispielgebend sind, wollen wir einen Dienst dankbarer Erinnerung tun. Wir danken unserem Gott für einen begnadeten Pfarrer und seine literarischen Zeugnisse. Es ist meine Hoffnung, daß die vorgelegten Einsichten, Erfahrungen und Erkenntnisse vielen Mitarbeiterinnen und Mitarbeitern in unserer Kirche auf den Höhen und in den Tiefen des Lebens einen segensreichen Dienst tun.

Pfarrer Dr. theol. h.c. Karl Heinz Neukamm
Präsident des Diakonischen Werkes
der Evangelischen Kirche in Deutschland e.V.

Vorwort

Schwäche zeigen – wer möchte das schon? Stark erscheinen – wer will das nicht? Klaus Lubkoll kehrt die gängigen Wertvorstellungen um und spricht in seinen seelsorgerlichen Betrachtungen von der „Kraft der Schwachen“, der Nähe Christi, die gerade dem Menschen in der „Tiefe“ des Lebens zuteil werden kann. Der gefragte Seelsorger, begabte Prediger und sprachgewandte Autor, der 1992 nach zehnjährigem Leiden an einer schweren Krankheit starb, vermochte es, glaubens-, lebens- und hoffnungsmüden Menschen Trost und Hoffnung zu vermitteln. Die in diesem Band gesammelten Aufsätze und Referate sind Schätze eines Theologen, der selbst die Kreuzwegstationen durchschreiten mußte und so glaubwürdig die Erfahrung weitergeben konnte, daß Gott selbst ins Dunkel mit hineingeht und uns durch Dunkelheit hindurch zum Licht führen kann: „Gott ist mir auch und gerade dort nahe, wo ich der Schuld verfallen, den Schmerzen preisgegeben, dem Tod ausgeliefert, also mit meinen Möglichkeiten am Ende bin“, schreibt er in einem seiner Beiträge.

Vom Glanz und Elend des Menschen weiß Klaus Lubkoll Wegweisendes zu sagen, von der Krankheit als Anfechtung und Anruf Gottes spricht er als Betroffener. Weit spannt sich der Bogen seiner theologisch fundierten Betrachtungen: Zu „Schritten im Glauben“ ermutigt er und will anderen weiterhelfen zu einem profilierten „Christsein in unserer Zeit“.

Der ehemalige Landesjugendpfarrer, Generalsekretär der Ev. Jugend, Akademiedirektor und Dekan möchte unsicher gewordenen Zeitgenossen aber auch dabei helfen, an der menschlich-allzumenschlichen Gestalt der Kirche nicht nur Anstoß zu nehmen, sondern auch an ihrem Leben teilzunehmen: „Wir können im Glauben nicht allein bestehen. Ich brauche die anderen. Die anderen brauchen mich. Dazu ist die Kirche gut.“

Ganz herzlich möchte ich Frau Ingrid Lubkoll danken, die mich bei der Auswahl der Manuskripte beraten hat.

Klaus Lubkoll hat die meisten Beiträge dieses Bandes als Vorträge gehalten. Ihre Sprachgestalt wurde bewußt unverändert gelassen.

Mit der Herausgabe dieser Aufsätze möchte ich – auch im Namen vieler anderer Freunde Klaus Lubkolls – unseren Dank ausdrücken für sein Lebenswerk. Ich wünsche, daß viele seiner Impulse bei den Jüngeren in der Kirche noch lange nachwirken.

Für die Arbeitsgemeinschaft Missionarische Dienste in der EKD
und die Lektorenarbeit
Stuttgart, im Sommer 1993 Wolfgang Riewe

I. In der Tiefe des Lebens Gott erfahren

In der Tiefe des Lebens

Krankheit als Anfechtung und Anruf Gottes

Ein Pfarrer macht einen Besuch bei einer schwer krebskranken Frau. Nachdem er gegangen ist, wird die Kranke von ihrem Sohn gefragt, was der Pfarrer ihr denn gesagt habe. „‚Gnädige Frau', hat er gesagt, ‚es gibt drei Stufen des Leidens: Leiden müssen – leiden können – leiden dürfen!' Und ich habe dabei gedacht: Er müßte einmal meine Schmerzen haben."

Mein Eindruck ist: Niemand von uns kann diese drei Stufen auf einmal nehmen, und schon gar nicht im ersten Anlauf. Die letzte der Stufen, die der Pfarrer ihr telegrammstilartig anempfohlen hatte, ist der alten Dame offensichtlich zum Stolperstein geworden. Wenn solche Ratschläge kurz und bündig wie ein Rezept verordnet werden, überfordern sie den Kranken. Die von Schmerzen schwer heimgesuchte und in ihrem Kranksein tief angefochtene Frau ist – jedenfalls zunächst einmal – wie festgenagelt auf der ersten der drei Stufen stehengeblieben, von der ihr Seelsorger gesprochen hatte: „Leiden müssen".

Krankheitserfahrungen

Jede Krankheit ist eine Zäsur in unserem Leben. In der Regel sind wir nicht auf sie vorbereitet. Sie überfällt uns fast immer zu ungelegener Zeit. Und wenn sie uns trifft, wirft sie uns leicht aus dem Gleis.

Und doch: Wir sollten nicht so leichthin, nicht so allgemein von der Krankheit und von den Kranken sprechen. Es gibt schlimme und weniger schlimme, es gibt gutartige und lebensgefährliche Erkrankungen.

Da sind auf der einen Seite gesundheitliche Störungen, die vorübergehen: ein Schnupfen vielleicht oder ein grippaler Infekt, unangenehm, leicht fieberhaft, mit Schwere in den Gliedern, lästig vielleicht – aber eine Anfechtung? Doch wohl kaum. Da ist ein gebrochener Knochen, der weh tut, einem einige Nächte lang vielleicht auch den Schlaf raubt, aber das gute Ende des Heilungsprozesses ist abzusehen. Da sind kleine, bald vernarbte Wunden, von denen die alte Erfahrung gilt: „Je mehr es juckt, desto schneller heilt es." Solche Erkrankungen halten den Patienten zwar eine Zeit lang auf, beschwören vielleicht Terminprobleme herauf, bringen einigen Ärger mit sich. Aber sie werfen mich nicht gleich um.

Ich kann ihnen sogar einige positive Seiten abgewinnen. In den Meditationen des indischen Christen M.A. Thomas („Fülle mein Herz", Bad

Salzuflen 1960) steht das unkonventionelle Gebet: „Ich lag einige Tage krank zu Bett. Ich bin gern krank! Mein Körper ist geschwächt, aber mein Empfinden ist zarter. Ich bin gern mit meinem Gott allein. Darum bitte ich dich, Krankheit, komm! Sei von Zeit zu Zeit mein Gast."

Harmlose Krankheiten kann ich in der Tat als eine willkommene Verschnaufpause erfahren. Kein Telefonanruf stört. Die Termine jagen einander nicht. Die anderen kommen nicht, um meine Zeit in Anspruch zu nehmen. Ich kann mir selbst Zeit nehmen. Ich kann endlich einmal wieder zu mir kommen.

Solange die Schmerzen erträglich und vorübergehend sind, gehen einem die Worte „leiden dürfen" verhältnismäßig leicht über die Lippen. Bei Heilwig Eulenberg fand ich folgende Beschreibung: „Zuerst war sie gern im Bett. Da war es warm. Da kam niemand dran. Da konnte sie in Ruhe essen. Die Zeitung lesen. Da mußte sie nicht kämpfen ..." Doch dann heißt es dort weiter: „Später blieb sie immer im Bett. Das war jetzt ihre Welt. Sie arbeitete im Bett. Sie schlief im Bett. Sie wachte auf im Bett. Es tat ihr weh im Bett. Sie telefonierte im Bett. Vom Bett gab es keine Ferien. Und in den Ferien gab es auch nur das Bett."

Das ist eine ganz andere Qualität von Krankheit: augenscheinlich nicht vorübergehend, sondern langwierig, vielleicht über Jahre sich erstreckend, nach aller menschlichen Erfahrung nicht „abzustellen" wie der störend tropfende Wasserhahn, unter Umständen unheilbar, vielleicht sogar eine Krankheit zum Tode. Da wird dann aus dem leicht hingesprochenen „leiden dürfen" zunächst einmal ein den Kranken hart ankommendes „leiden müssen". Das Kranksein wird zur Anfechtung: „Warum ich, ausgerechnet ich?"

Die Krankheit als Anfechtung

Der ernstlich Kranke ist ungewöhnlich empfindsam. Darum ist er auch allergisch gegen billigen Trost. Der Zuspruch des Gesunden führt schnell zur Resignation, vor allem dann, wenn die Worte leichtfertig dahingesagt werden, und das heißt: wenn der Gesunde zu leicht fertig ist mit probaten Patentrezepten. Rasch kann sich ein tiefer Graben der Fremdheit auftun zwischen zwei Menschen, die einander am Krankenbett begegnen.

Kann sich eigentlich, diese heikle Frage drängt sich auf, der Gesunde je in die Lage des Kranken hineinversetzen? Liliane Giudice erzählt in ihrem Buch „Die Kraft der Schwachen", dem ich viele gedankliche Anregungen verdanke, von einem Chirurgen, einem hervorragenden Operateur. In jener Phase des Krieges, in der es kaum noch schmerzstillende Mittel gab, war er im Lazarett pausenlos im Einsatz. So feinfühlig er mit dem Skalpell umging, so grob und verletzend waren seine Worte. Nie sprach er die von ihren Schmerzen entsetzlich Gequälten teilnehmend oder aufmunternd an. Die Stöhnenden stauchte er als „Feiglinge" zusammen. Bis er selber getroffen wurde: Bauchschuß! Als jemand teilnahmsvoll auf ihn zukam, sagte er: „Ich habe nicht gewußt, daß man solche Schmerzen haben kann."

Auch mir ist diese erwachende Sensibilität nicht fremd. Seit über dreißig Jahren, seitdem ich Pfarrer bin, habe ich mich darum bemüht, das Leid von Eltern um schwer oder gar lebensgefährlich erkrankte Kinder nachzuempfinden. Aber erst seit jener Nacht vor fünf Jahren, als die Ärzte unseren damals 14jährigen Sohn nach vier Bauchoperationen innerhalb weniger Wochen bereits aufgegeben hatten, weiß ich wirklich, wie das ist. Er hat die Krise überlebt, aber in jener Nacht bestand – menschlich betrachtet – nicht einmal mehr der Schimmer einer Hoffnung. Ich kann mir jetzt sehr viel besser als früher vorstellen, was der königliche Beamte (Joh 4,47ff) in der Sorge um sein todkrankes Kind durchgemacht hat.

Wie oft habe ich in diesen drei Jahrzehnten Krebskranke besucht und begleitet, mich ernstlich darum bemüht, mich in ihre verzweifelte Lage hineinzuversetzen. Aber was das für einen Menschen bedeutet, habe ich erst richtig zu spüren bekommen, als ich selbst einige Wochen mit dem Verdacht leben mußte, diese Geißel der heutigen Menschheit könnte auch mich geschlagen haben. Das ist zunächst einmal ein niederschmetterndes Gefühl, nicht mehr sagen zu können: „Meine Leber ist krank", sondern denken zu müssen: „Da ist etwas in meiner Leber, etwas Unheimliches, das mir nach dem Leben trachtet." Seitdem ich diese Erfahrung gemacht habe, rede ich vorsichtiger über diese Krankheit und behutsamer mit denen, die sie nicht nur befürchten, sondern wirklich durchleiden müssen. Der Mystiker Sebastian Frank meinte: „Wer Hiob verstehen will, werde Hiob!"

Freilich, so zutreffend dieser Gedanke ist, man darf ihn wohl auch nicht übermäßig strapazieren. Den vorhin erwähnten tiefen Graben kann ich nicht dadurch zuschütten oder überspringen, daß ich als augenblicklich Gesunder verzweifelt – und dann wohl auch ein wenig krampfhaft – versuche, die Marter des Kranken, dem ich gegenüberstehe, mit allen Fasern meines Herzens nachzuleiden. Ich kann ihm seine Schmerzen weder lindern noch gar abnehmen, auch dadurch nicht, daß ich beteuere, ich hätte so etwas Ähnliches auch schon am eigenen Leibe erlitten. „Die Krankheit des einen heilt nicht die des anderen", lautet ein Sprichwort.

Letztlich ermessen kann jeder nur das eigene, das ihm höchstpersönlich widerfahrene Leid. In den Klageliedern des Jeremia heißt es: „Schaut doch und seht, ob irgendein Schmerz sei wie mein Schmerz, der mich getroffen hat." An dieser Stelle und auch sonst immer wieder wird in der Bibel deutlich: Wer leiden muß, darf Klagelieder anstimmen. Auch wenn ich mich trotz aller Erfahrungen, die ich in Krankheitssituationen gemacht habe, nie ganz in die Lage des anderen hineinversetzen kann, eines kann ich: ihm den Schmerz, die Anfechtung, das Aufbegehren nicht bestreiten, sondern zugestehen. Und etwas anderes kann ich wenigstens versuchen: nämlich zur Sprache bringen, was mir im Seufzen eines Kranken, in seinem vom Schmerz gezeichneten Gesicht entgegenkommt.

Zwar hat sich uns die sprichwörtlich gewordene Aufforderung „Lerne leiden, ohne zu klagen" tief eingeprägt. Sie klingt fromm. Aber bei Lichte betrachtet stellt sich heraus, daß sie weder menschlich noch christlich noch biblisch ist. Denn immer wieder begegnen uns in der Heiligen Schrift Menschen, die angesichts ihres Kummers und ihrer Schmerzen gefragt, geklagt, ja sogar leidenschaftlich angeklagt haben.

Der Aufschrei in der Krankheit

Das Stichwort „Hiob" ist schon gefallen. Das biblische Buch, das diesen Namen trägt, wird zu den markantesten Werken der Weltliteratur gezählt. Nicht in einer äußerlich voranschreitenden Handlung, sondern in einer den Kern des Problems ständig umkreisenden inneren Dramatik setzt sich dieses Buch mit der Frage des Leidens und der Rechtfertigung Gottes angesichts dieses Leidens auseinander. Hiob war ein gottesfürchtiger Mann. Er war glücklich. Er besaß alles, was das Herz begehrte: eine große Familie und Reichtum in Fülle. Doch dann kamen die „Hiobsbotschaften". Er verlor alles: erst seine zehn Kinder, dann seinen Besitz und schließlich – auch das noch! – seine Gesundheit. Zum Bettler geworden, nackt wie bei seiner Geburt, mit einem entsetzlichen Aussatz behaftet, saß er da in Staub und Asche: Die Frage nach dem Sinn des Leidens im allgemeinen und der Krankheit im besonderen war unerbittlich gestellt.

Was sich an theologischen Argumenten für die Deutung des Schmerzes und für die Rechtfertigung Gottes vorbringen läßt, das wird Hiob von seinen Freunden lang und breit dargelegt. Sie treten als Geheimräte und Advokaten Gottes auf. Sie wissen bestens Bescheid. Sie ziehen alle Register der Disputierkunst, warten mit grundsätzlichen Überlegungen auf, mit belegenden Beispielen, mit heftigen Vorwürfen, mit vagen Vermutungen. Messerscharf folgern sie aus der Tatsache, daß Hiob in die Feuerzonen des Leidens gerückt worden ist, er müsse zuvor Schuld auf sich geladen haben.

Doch dem Manne, den unergründliches Leiden zu Boden geschlagen hat, leuchtet ihre Gerechtigkeitslogik nicht ein. Er schleudert ihnen massive Rückfragen entgegen: „Warum gibt Gott das Licht den Mühseligen und das Leben den betrübten Herzen? Wenn ich essen soll, muß ich seufzen, und mein Schrei fährt heraus wie Wasser. Was ich gefürchtet habe, ist über mich gekommen, und wovor mir graute, hat mich getroffen. Ich hatte keinen Frieden, keine Rast, keine Ruhe, es kam schon wieder ein Ungemach. Ausgelöscht sei der Tag, an dem ich geboren bin, und die Nacht, da man sprach: ein Knabe kam zur Welt. Warum bin ich nicht gestorben bei meiner Geburt" (nach Hiob 3)?

Aber die Bibel – das ist erstaunlich, geradezu umwerfend – gibt den drei Freunden Hiobs nicht recht. „Leidige Tröster" werden sie genannt. Hiob wird nicht verwehrt, zu fragen, zu klagen, ja anzuklagen. Und indem er dies alles tut, steht er neben dem Propheten Jeremia, der in seinen Konfessionen die Qual seines Herzens förmlich hinausgeschrien hat; steht er neben dem leidenden Gottesknecht bei Jesaja; steht er neben den Betern der Klagepsalmen; steht er auch neben Jesus, der am Kreuz „de profundis", „aus der Tiefe" schreiend mit den Worten des 22. Psalms seine verzweifelte Lage zur Sprache brachte: „Mein Gott, mein Gott, warum hast du mich verlassen?"

Christus trug unsere Krankheit

Zwar werden in der Bibel voreilige und leichtfertige Antworten auf die Frage nach dem Sinn der Schmerzen abgewehrt. Aber die Bibel bleibt der Frage nach dem Sinn des Leidens auf der Spur. Die Linien, die bei Hiob, in den Klagepsalmen und bei manchen Propheten bereits vorgezeichnet sind, werden im Neuen Testament weiter ausgezogen und vertieft.

Was sich dabei immer deutlicher herausschält, läßt sich auf einen Generalnenner bringen: eine alle Rätsel aufhebende und jedermann befriedigende Deutung des menschlichen Leidens und seiner Ursachen gibt Gott nicht. Aber er stellt sich dort ein, wo Menschen sich mit dem Leben und seinen Schattenseiten herumschlagen müssen. Er gibt sich zu erkennen mitten im Leiden: in der Tiefe des Lebens. Deshalb hat Jesus den Versuch, Krankheiten – wie etwa die Blindheit – auf persönliche Verfehlungen zurückzuführen, mit Entschiedenheit zurückgewiesen. Er hat das menschliche Leiden nicht enträtselt, sondern durchlitten. George Bernard Shaw hat behauptet: „Was Christus gesagt hat, wäre nicht weniger wahr, wenn er auf einem Landsitz mit einem Jahreseinkommen von 50.000,– Pfund gelebt hätte." Das klingt anerkennend, ist aber trotzdem ein Irrtum. Das Evangelium wäre keine frohmachende und keine befreiende Botschaft, wenn Jesus nicht die Freuden und Leiden menschlicher Existenz mit uns geteilt hätte: Hunger und Durst, Heimatlosigkeit und Verlassenheit, Schmerzen und Todesangst. Aber er hat dies alles auf sich genommen. Er wollte nichts Besseres sein. Er thronte nicht über uns. Er „wohnte unter uns", in der Tiefe des Lebens. Darum: Seit Jesus über diese Erde ging, ist der Schmerz ein Ort, an dem Gott dem Menschen begegnet und ihn anruft. Dietrich Bonhoeffer hat das in einem seiner Gedichte so ausgedrückt:

Menschen gehen zu Gott in ihrer Not,
flehen um Hilfe, bitten um Glück und Brot,
um Errettung aus Krankheit, Schuld und Tod.
So tun sie alle, alle, Christen und Heiden.

Menschen gehen zu Gott in seiner Not,
finden ihn arm, geschmäht, ohne Obdach und Brot,
seh'n ihn verschlungen von Sünde, Schwachheit und Tod.
Christen stehen bei Gott in seinem Leiden.

Gott geht zu allen Menschen in ihrer Not,
sättigt den Leib und die Seele mit seinem Brot,
stirbt für Christen und Heiden den Kreuzestod,
und vergibt ihnen beiden.

So wird in der Bibel nicht nur die Unbegreiflichkeit des gnädigen Gottes deutlich – wie im Buch Hiob –, sondern – in Christus – auch die Gnade des unbegreiflichen Gottes. Diese Gnade besteht darin, daß Gott Ja gesagt hat zum Weg des angefochtenen und gemarterten Christus. Sein Weg führte, wie das Lukas-Evangelium ausdrücklich hervorgehoben hat, „durch Leiden zur Herrlichkeit". Die Auferstehung Jesu Christi besagt, daß das Leiden keine Endstation darstellt und nicht unüberwindlich ist.

Indem Jesus wie einer von uns geworden ist, indem er unser Los auf sich nahm und unseren Weg mitging von der Wiege bis zur Bahre, von der Krippe bis zum Kreuz – „Fürwahr, er trug unsere Krankheit und lud auf sich unsere Schmerzen" –, hat das scheinbar widersinnige Leiden ein neues Vorzeichen bekommen.

Nicht apathisch hinnehmen

Dies bedeutet freilich für unsere Einstellung und unser Verhältnis zur Krankheit, ob sie nun andere trifft oder uns selbst, nicht, daß wir sie schicksalsergeben hinnehmen, sie apathisch über uns ergehen lassen müßten. Jesus hat weder seinem eigenen noch dem fremden Leid gegenüber seinen Schmerz unterdrückt: im Garten von Gethsemane hat er darum gebetet, der Kelch des Leidens möge an ihm vorübergehen; am Grabe des Lazarus ergrimmte er angesichts der Leidensmacht des Todes.

Zeichenhaft ist Christus gegen die Mächte des Bösen, der Krankheit und des Todes in dieser unerlösten Welt aufgestanden. In den 28 Kapiteln des Mt vertreibt Christus – die Sammelberichte nicht eingerechnet – 21mal eine Krankheit; bei Mk in 16 Kapiteln 18 und bei Lk in 24 Kapiteln 21mal. Johannes bringt zwar nur drei Berichte über Krankenheilungen, aber dafür widmet er der Gesundung des Blindgeborenen ein ganzes Kapitel. Christus hat also die Qual der Kranken nicht heruntergespielt.

Immer wieder hat er Zeichen dafür aufgerichtet, daß Gott sich der Behinderten und der Schmerzbeladenen, die den Weg Christi förmlich belagerten, erbarmt. Nicht umsonst haben sie „Erbarme dich unser“ gerufen. Im Griechischen steht hier das Wort „Kyrie eleison“, das in unsere gottesdienstliche Liturgie eingegangen ist. Zwar hat auch Christus die Frage „Warum läßt Gott die Krankheit zu?“ nicht schlüssig beantwortet. Darüber schwieg er. Mit diesem Rätsel müssen wir leben. Gott läßt die Krankheit zu. Aber Christus ist exemplarisch gegen sie angegangen. Er hat freilich nicht alle, die damals krank waren, gesund gemacht. Er war etwas anderes, er war mehr als ein bloßer Wunderdoktor.

Was können Menschen, die in unseren Tagen von Schmerzen geplagt werden, mit den Heilungswundern Jesu anfangen? Ich zweifele nicht daran, daß es auch heute noch Heilungen gibt, die kein Arzt bewirken oder hinreichend erklären kann. Ich halte sie nicht für das Ergebnis einer Autosuggestion, denn solche Heilungsprozesse haben als Ausgangspunkt immer eine Ich-Du-Beziehung. Durch die Krankheit, die Ohnmacht, die sie mit sich bringt, das völlige Ausgeliefertsein werden wir auf eine besondere Weise an Gott erinnert. Die Krankheit ist Anruf Gottes. Und zugleich die Erlaubnis, ihn anzurufen: „Rufe mich an in der Not, so will ich dich erretten, so sollst du mich preisen“ (Ps 50,15).

Die Bibel enthält beachtlich viele Hinweise auf diese Möglichkeit, das Herz, das gequälte Herz, vor Gott auszuschütten. Zwei Beispiele greife ich heraus, zunächst eines aus dem Alten Testament, die geradezu klassische Stelle im 38. Kapitel bei Jesaja:

„Zu der Zeit wurde Hiskia todkrank. Und der Prophet Jesaja kam zu ihm und sagte: So spricht der Herr: Bestelle dein Haus, denn du wirst sterben. Da wandte Hiskia sein Angesicht zur Wand und betete zum Herrn.“ Gottes Antwort lautet: „Ich habe dein Gebet gehört und deine Tränen gesehen. Siehe, ich will deinen Tagen noch fünfzehn Jahre zulegen.“

Das zweite Beispiel steht im Neuen Testament, im 5. Kapitel des Jakobusbriefes:

„Ist jemand unter euch krank, der rufe zu sich die Ältesten der Gemeinde, daß sie über ihm beten und ihn salben mit Öl in dem Namen des Herrn. Und das Gebet des Glaubens wird den Kranken helfen.“

Wenn ein Kranker, der Gott angerufen hat oder über dessen Krankenbett zu Gott gefleht worden ist, Genesung erfährt, dann freilich sollte er nicht vergessen, was Gott ihm Gutes getan hat, und nicht versäumen, ihn zu preisen. Beispielhaft dafür steht der dankbare Samariter im Evangelium. Zu ihm – und nur zu ihm! – hat Jesus gesagt: „Gehe hin, dein Glaube hat dir geholfen!“ Von außen her betrachtet war ja auch den anderen, den neun Undankbaren geholfen worden. Auch sie blieben geheilt. Im ganzen Neuen Testament findet sich nicht ein einziges Strafwunder. Aber wirklich geholfen war nur dem einen, der seine Krankheit und seine Gesundung als Anruf Gottes verstanden hat. Im Dank bewahrt der Mensch die Hilfe, die er gestern erfahren hat, vertrauensvoll auf für die Anfechtungen, die ihn bereits morgen wieder bedrängen können.

Freilich bleibt die Frage offen, warum nicht alle geheilt werden, deren Not vor Gott gebracht wird. Es spricht nicht gegen den Kranken, wenn ihm nicht postwendend Genesung geschickt wird. Die Heilung als Wunder ist bloß eines unter den vielen Geheimnissen Gottes. „Leiden können" – das müssen wir langsam lernen, das erwächst erst aus der langsam aufkeimenden Einsicht, daß alles, was uns widerfährt – heil werden oder krank bleiben –, uns für Gott formt und heranreifen läßt.

Hilfen in der Krankheit

Doch wie steht es um die menschlichen Möglichkeiten, Schmerzen zu lindern und Krankheiten zu besiegen? Schließt das Gebet in der Krankheit das Aufsuchen eines Arztes aus, wie manche fromme Leute meinen?

Im Buch Jesus Sirach findet sich eine bemerkenswerte Stelle:

„Sorge für deine Gesundheit, bevor du krank wirst, ... danach laß den Arzt zu dir, denn der Herr hat ihn geschaffen, und weise ihn nicht von dir, denn du brauchst *auch* ihn. Es kann die Stunde kommen, in der dem Kranken allein durch die Hand des Arztes geholfen wird. Denn auch er wird den Herrn bitten, daß er's ihm gelingen läßt, damit es mit dem Kranken besser wird und er gesund wird und er wieder für sich sorgen kann" (38,9ff).

„Danach suche den Arzt" – bei uns ist es oft umgekehrt. Wir suchen zuerst den Arzt. Wenn der nicht helfen kann, bemühen wir Gott als Nothelfer. Hier geht es anders herum. Zunächst wird Gott angerufen. Dann wird der Arzt aufgesucht. Gott beteiligt ihn als verantwortlichen Partner: wie die Eltern bei der Zeugung neuen Lebens, die Bauern bei Saat und Ernte und uns Pfarrer beim Bau seines Reiches. Als ich dem Chirurgen, der unseren Sohn fünfmal operiert und ihm so zum Überleben verholfen hatte, einen Dankesgruß schickte, schrieb er zurück, zwar nicht im korrekten kirchlichen Sprachgebrauch, aber doch in respektabler Demut: „Hier hatte eine höhere Macht ihre Hand im Spiel, und es hat ihr gefallen, unsere bescheidenen menschlichen Dienste anzunehmen."

Zu diesen Handlangerdiensten gehören freilich auch die Bemühungen der Pfleger, der Schwestern und der Besucher am Krankenbett. Die ersten Krankenhäuser im Abendland waren wohl nicht zufällig die Klöster. „Auf Kranke werden sie die Hände legen, so wird's besser mit ihnen werden", heißt es ausdrücklich im Zusammenhang mit dem Missionsbefehl (Mk 16,18). Wie der barmherzige Samariter sollen die Christen hingehen und „desgleichen tun". In den modernen, unübersichtlich gewordenen Krankenhausmaschinerien mag es schwerer geworden sein, Barmherzigkeit zu üben. Aussterben muß sie freilich auch hier keineswegs. Ein einziger Satz, aus dem Herzen kommend, dem Patienten ermutigend zugesprochen, genügt oft. Und schon wird aus einem sterilen, aseptischen, gekachelten oder geweißten Raum ein Ort der Bergung.

Dem Dienst der Besucher hat Christus selbst größte Bedeutung, ja ewiges Gewicht beigemessen (Mt 25,36.43). Der Blumengruß, ins Krankenzimmer gebracht, kann die Üppigkeit eines ganzes Urwaldes ersetzen. Eine Frau, die sechs Jahre lang gelähmt im Bett liegen mußte, sagte im Blick auf die Rose, die ich ihr mitgebracht hatte: „Diese Blume ist für mich wie ein Lächeln Gottes." Noch wichtiger ist das Gespräch. Besucher am Krankenbett sollten nicht vollmundig und vorschnell, sondern eher verhalten und behutsam reden. Im Talmud heißt es, man solle sich im Krankenzimmer leise verhalten, nicht nur, um den Kranken zu schonen, sondern vor allem, weil über seinem Bett der Glanz Gottes anwesend sei. Das will auch bei der schwierigen Frage „Die Wahrheit am Krankenbett" respektiert werden: Liebe ohne Wahrheit kann sentimental, Wahrheit ohne Liebe brutal sein. Es ist sicher fragwürdig, wenn die gute Nachricht, daß Gott dem Menschen gerade unter Schmerzen begegnet, verschämt verschwiegen wird. Aber damit, daß auswendig gelernte Sprüche heruntergesagt werden, ohne dem Kranken aufmerksam zuzuhören, ist es nicht getan.

In der Tiefe: Begegnung mit Gott

Aber trotz aller Gebete, trotz aller medizinischen Versorgung, trotz aller Pflege, trotz aller menschlichen Zuwendung kann es sein, daß die Krankheit die Oberhand behält. Sie kann sich als lebenslanger, als unheilbarer, ja sogar als tödlicher Prozeß erweisen. Was dann?

Auf dem schweren Krankenlager ist letzten Endes Gott alles, was uns bleibt. Liebende Menschen können uns ein Stück weit begleiten. Die Zeit für einen Krankenbesuch ist bemessen. Die Besucher gehen. Aber Gott bleibt. Nur Er. Auch dann noch, wenn wir sterben müssen.

Liliane Giudice schreibt: „Viel dürfen wir nicht mitbringen in das Krankenhaus, bloß ein Köfferchen voll. Aber die Worte Christi können wir in uns tragen. Und die Kranken, die niemanden haben, die von ihren Angehörigen vergessen werden? Auch wenn einer ganz allein an das Bett gefesselt ist: Wenn er die Worte Christi kennt, so ist Gott bei ihm."

Die entscheidende Frage ist also, ob wir wahrnehmen, daß die Krankheit – auch die schwere, bedrohliche Krankheit – ein Anruf Gottes ist. In der Krankheit führt Gott uns weg von der Oberflächlichkeit alltäglicher Gewohnheiten, Verhaltensweisen und Denkmuster in die Tiefe wesentlicher Erfahrungen, Veränderungen und Einsichten.

Die Krankheit annehmen

In einer Erzählung der Chassidim, wie Martin Buber sie aufgezeichnet hat, klagt ein Mensch, der vom Siechtum schwer heimgesucht worden ist, dem Rabbi, das Leiden verstöre ihm das Lernen und das Beten. Der Rabbi legt ihm die Hand auf die Schulter und spricht: „Woher weißt du denn, mein Freund, was Gott wohlgefälliger ist, deine Lehre oder dein Leid?“

Oft fällt ja beides ineinander: Lernen am Leiden, Lernen im Leiden. Heinrich Heine hat die kühne Behauptung aufgestellt: „Nur der kranke Mensch ist ein Mensch.“ Vielleicht ist uns dieser Satz zu steil angelegt. Adalbert Stifter könnte uns eher überzeugen: „Der Schmerz ist ein heiliger Engel, durch ihn sind Menschen größer geworden als durch alle Freuden der Welt.“ Im Ringen mit dem Schmerz können wir wachsen, indem wir auf eine besondere Weise offen werden für Gott. Wer wie Sigmund Freud im Blick auf eine Erkrankung sagt: „Höchst überflüssig“, kann in dieser Situation wohl kaum etwas dazulernen. Der Kranke kann in der Regel eine Zeit lang nicht mehr wie gewohnt seiner Arbeit nachgehen. Aber er hat eine andere, nicht minder schwere Art von Arbeit zu leisten, nämlich Trauerarbeit in der Auseinandersetzung mit der Frage: Was hat es für mich zu bedeuten, daß ich krank geworden bin, und wozu könnte mir das dienen?

Zwar gibt es Krankheiten, die wir uns selbst zuzuschreiben haben. Man kann die Gesundheit leichtfertig aufs Spiel setzen. Aber es gibt auch das unverschuldete Leiden. Es gibt ungelöste Rätsel, wenn Schmerzen uns überfallen haben. Es gibt die lebensgefährliche oder gar todbringende Krankheit, in der uns kein Mensch mehr bergen kann. Der erkrankte Mensch kann dann unter dem lastenden und lähmenden Eindruck stehen, daß Gott ihn zermalmen will. Die Krankheit annehmen ist etwas anderes als die Krankheit hinnehmen. Annehmen heißt: Wir müssen – wohl oder übel – lernen, die Schmerzen zu tragen, in der Krankheit nicht bitter zu werden, sondern uns ihr zu stellen, der Auseinandersetzung mit ihr nicht auszuweichen, sondern bei Gott unsere Zuflucht zu suchen. Friedrich Hölderlin schrieb: „Wo Gefahr ist, wächst das Rettende auch.“ Nicht, ob wir krank sind oder ob wir krank werden, ist die Frage, sondern wie wir mit der Krankheit umgehen und fertig werden. Zwei Beispiele dafür, wie dies gelingen kann, habe ich bei Liliane Giudice gefunden.

Sie berichtet von einem Mann, der von seinem Arzt erfährt, er sei an Krebs erkrankt. Im ersten Augenblick, als die Befürchtung zur Gewißheit wird, fühlt er sich wie betäubt. Doch dann nimmt er sich vor, von nun an an jedem Tag wenigstens einem Menschen eine Freude zu machen. Das ist wohl die Frage, die auf uns zukommt, wenn eine unheilbare Krankheit uns trifft: Ob wir die Zeit, die uns noch verbleibt, gierig für uns selbst in

Anspruch nehmen, oder ob wir – den Spruch „Heute ist der erste Tag vom Rest meines Lebens“ beherzigend – leidenschaftlich darauf aus sind, für andere da zu sein und offen zu bleiben.

Liliane Giudice erzählt auch die Geschichte zweier Frauen: Die Augenlinsen der einen trüben sich, wie es im Alter geschehen kann. Sie nimmt nur noch Schatten auf, und daß sie die Kostbarkeiten, die sie ein Leben lang für sich gesammelt hat, nun nicht mehr sehen kann, macht sie böse. Der anderen Frau muß ein Auge wegoperiert werden. Vor der Operation dankt sie Gott für das Schöne, das sie mit diesem Auge hat sehen können.

Und der Schmerz wird nicht mehr sein

„Es gibt drei Stufen des Leidens: Leiden müssen – leiden können – leiden dürfen.“ Mit dieser lakonischen Feststellung eines Pfarrers habe ich eingesetzt. Erst wenn wir wahrgenommen haben, daß Gott leiden kann, daß er nicht apathisch, sondern sympathisch ist, und das heißt: mit uns leidet, erst dann werden wir das „Leiden können“, wenn auch unter Schmerzen, lernen: Schritt um Schritt, manchmal auch zwei Schritte vorwärts und einen zurück, manchmal sogar nur einen vorwärts und zwei zurück. Und dann, erst dann, könnte es sein, daß ein Mensch zaghaft, keineswegs gleich im Brustton der Überzeugung, sondern zunächst stotternd und stammelnd vom „Leiden dürfen“ zu reden beginnt. Es mag sein, daß ich erst nachträglich zur Einsicht komme: Die mir auferlegten Schmerzen waren nicht nur eine Tortur, sondern sie haben mich in meinem Leben weitergebracht. Aber manche haben sich auch schon mitten in den Feuerzonen des Leides, weil sie Gott im Bild des gekreuzigten Christus erkannt haben, zu dem Glauben durchgerungen: Dies alles geschieht nicht, damit ich am Boden zerstört liegenbleibe, sondern es dient mir zum Besten (Röm 8,28).

Das Leiden ist also Störung und Element des Lebens zugleich. Es kann aus der menschlichen Biographie nicht weggedacht werden. Es gibt Erscheinungsformen des Leides, gegen die wir angehen dürfen: jene Erscheinungsformen, die vom Menschen selbst heraufbeschworen worden sind. Aber es gibt auch Beeinträchtigungen und Schädigungen des Lebens, mit denen sich der einzelne Mensch abfinden muß. Besser gesagt, die er annehmen sollte. Denn „sich abfinden“ hat den fatalen Beigeschmack von Resignation und Kapitulation.

„Annehmen“ – das Wort beschreibt kein bloßes Erleiden, keinen rein passiven Vorgang. Es bedeutet Einwilligung unter Schmerzen, Bejahung des Lebens selbst noch im Scheitern. Nicht alle unsere Blütenträume reifen. Aber wenn auch die Schatten als Element des Lebens begriffen und akzeptiert werden, können wir dennoch leben. Helmut Heißenbüttel hat in einem seiner Gedichte geschrieben:

Während ich stehe fällt der Schatten hin
Morgensonne entwirft die erste Zeichnung
Blüh'n ist ein tödliches Geschäft
Ich habe mich damit einverstanden erklärt
Ich lebe.

Es könnte nun freilich so scheinen, als hielten sich der Protest gegen das vermeidbare Leid und der Trost im unaufhebbaren Leiden die Waage. Aber das Pendel ist keineswegs zur Ruhe gekommen. Es wird nicht ewig nach der alten Leier weitergehen. Letzten Endes wird der von Schmerzen geplagte Mensch nicht niedergeschmettert bleiben, sondern aufgerichtet werden und heil und ganz dastehen: „Und Gott wird abwischen alle Tränen von ihren Augen, und der Tod wird nicht mehr sein, noch Leid, noch Geschrei, noch Schmerz wird mehr sein" (Offb 21,4).

Die endgültige Lösung des Krankheitsproblems steht also noch aus. Gott hat es sich vorbehalten, die Schmerzen endgültig aufzuheben und den leidvollen Gang der menschlichen Geschichte zu vollenden. Die Hoffnung darauf ermutigt dazu, das Leiden der Gegenwart als etwas Vorläufiges zu ertragen. Sie hilft zur Ergebung in das jetzt noch Unabänderliche. Sie verbündet sich aber mit der Empörung gegen das Leid, das nicht sein müßte. Sie umschließt beides: Widerstand und Ergebung, Protest und Trost. „Christen sind Protestleute gegen den Tod", meinte Christoph Blumhardt. Aber die Stoßrichtung der christlichen Hoffnung ist eindeutig. In ihrer Sicht verwandelt sich das augenscheinlich unaufhebbare Leid, das der Mensch nicht aus der Welt zu schaffen vermag, in das noch nicht überwundene Leid, dessen Tage gezählt sind.

Die Kraft der Schwachen

Schwach werden, Schwächen zeigen, in Schwachheit auftreten und Schwachstellen zugeben: Wer unter uns möchte das schon! Aber stark werden, stark sein und stark bleiben – wer unter uns wollte das nicht gern!

Unser Sprachgebrauch ist in dieser Hinsicht aufschlußreich, ja geradezu entlarvend. Da will einer „den starken Mann markieren". Oft ist dann im selben Atemzug vom – angeblich! – „schwächeren Geschlecht" die Rede. Schon Kinder haben das erklärte Ziel, möglichst bald groß und stark zu werden. Kein Wunder, daß der Bibelvers „Wachet, steht im Glauben, seid mutig und seid stark!" (1. Kor 16,13) sowohl bei Pfarrern als auch bei Heranwachsenden lange Zeit ein ausgesprochen beliebter Konfirmationsspruch war. Früher stand da ja sogar: „Seid mannhaft und seid stark!" Und auch später im Leben denken viele so ähnlich wie unser schwäbischer Landsmann Friedrich Schiller: „Nur der Starke wird das Schicksal zwingen, wenn der Schwächling unterliegt." Ziemlich weit verbreitet ist auch die Überzeugung des Alten Fritz, Gott sei „immer bei den stärksten Bataillonen". Deshalb wird unter uns die „Politik der Stärke" großgeschrieben. Und immer wieder wird nach einem „starken Mann" gerufen. Die meisten Menschen meinen, sie müßten im Leben ihre Stärke beweisen und ihre Stärken – das Wort steht auch in der Mehrzahl – hervorkehren: daheim, indem sie auf den Tisch schlagen; im Beruf, indem sie andere überflügeln; unter Freunden oder am Stammtisch, indem sie gehörig auftrumpfen.

Während das Kind groß und stark werden möchte, ist der älter werdende Mensch darauf aus, stark zu bleiben oder „fit", wie wir zu sagen pflegen. Was wird da nicht alles geboten: vom Fitneß-Center über alle möglichen Formen des Kraftsports bis hin zum Bodybuilding. Offenbar läßt der Mensch gern seine Muskeln spielen. In der Reklame wird das weidlich ausgenutzt: Meister Proper ist ein Beispiel für ungezählte andere. Stark bleiben heißt die Devise: nur keine Schwachheiten spüren lassen, sich nur ja keine Blöße geben, Schwachstellen, die jeder hat und um die jeder weiß, nur ja unter der Decke halten oder unter den Teppich kehren. Es gibt mir zu denken, wie viele Zeitgenossen, die ernstlich erkranken, nicht die Freiheit haben, das sich selbst oder gar anderen gegenüber offen einzugestehen. Niederlagen möchten die meisten Menschen weder erleiden noch zugeben.

„Die Tüchtigen", die Leistungsstarken, so las ich in dem Buch „Wozu ist das Christentum gut?" (Heinz Zahrnt), „sind die Pharisäer der modernen Leistungsgesellschaft, die durch ihre Stärke die Seligkeit zu erlangen trachten, zwar nicht mehr eine himmlische, aber doch eine irdische." Und die Zöllner dieser Gesellschaft? Die bleiben dann leicht auf der Strecke: die geistig und materiell Minderbemittelten, die sozial Schwachen, die Behinderten, die Angeschlagenen, die Schwerbeschädigten, die Schwachsinnigen – was ist das für ein Wort! Bestenfalls werden sie abgehängt, schlimmstenfalls werden sie abgeschafft. Friedrich Nietzsche schrieb, ausgerechnet in seinem Buch „Fröhliche Wissenschaft": „Die Schwachen und Mißratenen mögen zugrundegehen, das sei der erste Satz unserer Menschenliebe." Wenn er geahnt hätte, zu welch schauerlichen Konsequenzen dieser Satz im Dritten Reich führte, als das sogenannte „lebensunwerte Leben" erbarmungslos ausgelöscht wurde: ob er diesen Satz trotzdem niedergeschrieben hätte?

Umwertung gängiger Wertvorstellungen

„Die Kraft der Schwachen" – das ist eine spannungsvolle, fast ein wenig widersprüchlich klingende Formulierung. Ich habe sie nicht aus der

Luft gegriffen. Es gibt ein schönes Buch von Liliane Giudice mit dem Titel „Die Kraft der Schwachen. Über das Kranksein." Doch auch diese Autorin kann nicht als Erfinderin unseres Themas gelten. Es geht auf ein Wort des Apostels Paulus zurück. Im 12. Kapitel des 2. Korintherbriefes hat er sich auf einen Zuspruch des erhöhten Christus berufen: „Meine Kraft ist in den Schwachen mächtig" (V. 9). Und Paulus hat daraus – persönlich zugespitzt – die Folgerung gezogen: „Wenn ich schwach bin, so bin ich stark" (V. 10).

Was so widersprüchlich klingt, ist – bei Lichte besehen – umwälzend, geradezu revolutionär. Hier vollzieht sich eine Umwertung unserer gängigen Wertvorstellungen: Das Schwache und die Schwächen werden zu Ehren gebracht.

Wie konnte es dazu kommen? Was erfahren wir sonst noch in der Bibel über die Kraft der Schwachen? Ich gliedere meine Gedanken hierzu in vier Abschnitte:

1. Unsere menschliche Schwäche;
2. die Schwachheit Jesu;
3. die Kraft Christi und
4. die Kraft der Schwachen.

Unsere menschliche Schwäche

Ich könnte auch sagen: unsere menschlichen Schwächen. Hier ist nämlich nicht nur eine einzige, allen Menschen gemeinsame Befindlichkeit angesprochen. Hier schwingt ein ganzes Bündel von Erfahrungen mit. Es gibt menschliche Schwäche in der Mehrzahl.

Im Hebräerbrief steht der Satz: „Wir haben nicht einen Hohenpriester, der nicht könnte mit leiden mit unserer Schwachheit, sondern der versucht worden ist in allem wie wir" (Hebr 4,15). In älteren Bibelausgaben ist an dieser Stelle von „unseren Schwachheiten" die Rede. Das ist sprachlich durchaus korrekt und jedenfalls in der Sache zutreffend.

Das an dieser Stelle im Urtext stehende griechische Wort kommt 85mal im Neuen Testament vor. 42mal bezeichnet es eine Krankheit. 43mal beschreibt es eine andere menschliche Schwäche bis hin zum Gebrauch des Wortes im übertragenen Sinn. Die Bedeutungsskala dieses Begriffs ist in der Bibel weitgespannt: Er reicht von Krankheit und körperlicher Schwäche über Versuchlichkeit, Fehlsamkeit, Hinfälligkeit und Sterblichkeit bis hin zur Gottesferne.

a) Schwachheit als Krankheit

Davon ist schon im Alten Testament die Rede. So lesen wir in Dan 8,27: „Ich, Daniel, wurde schwach und lag krank." Die Krankheit als Vorbote des Sterbenmüssens, „die Krankheit zum Tode" (Søren Kierkegaard im Anschluß an Joh 11,4) wird in der ganzen Bibel ungemein ernst genommen. Die Heilige Schrift weiß um die Tragweite der menschlichen Anfälligkeit für körperliche Störungen: Erkrankungen, Behinderungen, Gebrechen, Siechtum, Alters- und Organschwäche – hier taucht das Stichwort ausdrücklich auf.

b) Schwachheit als Versuchlichkeit

In der Nacht, in der er verraten wurde, hat Jesus seine Jünger darauf hingewiesen: „Der Geist ist willig, aber das Fleisch ist schwach“ (Mt 26,41). Wir sagen ja auch im alltäglichen Sprachgebrauch im Blick auf einen Menschen, der einer Versuchung erliegt: Er ist „schwach geworden“. Auch in dieser Hinsicht bleiben Schwächeanfälle keinem von uns erspart.

c) Schwachheit als Fehlsamkeit

Auch der Sündenfall ist eine Spielart des Schwächeanfalls. In Römer 5,6 lesen wir: „Christus ist für uns gestorben, als wir noch schwach waren.“ Und zwei Verse später wird das so gedeutet: „als wir noch Sünder waren“. In unseren – wie wir zu sagen pflegen – „schwachen Stunden“ spüren wir, daß wir anfällig sind für den Abfall von Gott, weil wir unserer Entscheidungsschwäche, unserer Charakterschwäche oder unserer Gewissensschwäche erliegen. Schwache Stunden erlebt ein Mensch freilich nicht nur, wenn er einen Fehltritt begeht oder etwas Unmoralisches tut, sondern auch, wenn er die ihm gesetzten Grenzen nicht wahrnimmt, wenn er übermütig, größenwahnsinnig, vermessen wird und sein will wie Gott.

d) Schwachheit als Sterblichkeit

Im Buch der Weisheit bekennt Salomo: „Ich bin dein Knecht, ein schwacher Mensch, der nur ein kurzes Leben hat“ (9,5). Und im 71. Psalm heißt es ausdrücklich: „Verwirf mich nicht in meinem Alter, verlaß mich nicht, wenn ich schwach werde“ (V. 9). Wenn im Mittelalter von Humanität gesprochen wurde, dachte man nicht nur an erhabene Gedanken und beispielhafte Taten – frei nach dem Motto: „Edel sei der Mensch, hilfreich und gut“ –, sondern auch an die Gebrechlichkeit, Hinfälligkeit und Sterblichkeit des Menschen, ganz im Sinne der geläufigen Redensart: „Irren ist menschlich.“ Auch sterben ist menschlich, ist ein Datum unserer geschöpflichen Schwäche.

e) Schwachheit als Gottesferne

Römer 5,6 lautet ungekürzt: „Christus ist schon zu der Zeit, als wir noch schwach waren, für uns Gottlose gestorben.“ Je weiter wir von Gott entfernt sind, desto schwächer werden wir. Der 88. Psalm ist in der Lutherbibel mit den Worten „Von der Schwachheit des Elenden“ überschrieben. Dort lesen wir: „Meine Seele ist übervoll an Leiden, und mein Leben ist nahe dem Tode. Ich bin wie ein Mann, der keine Kraft mehr hat. Ich liege unter den Toten verlassen, wie die Erschlagenen, die im Grabe liegen, derer du nicht mehr gedenkst“ (V. 4f). Die Schwachheit des Elenden wird hier gedeutet als Gottesferne und Gottverlassenheit.

So ist in umfassender Weise in der Bibel von menschlicher Schwäche und von menschlichen Schwächen die Rede. Jeder von uns ist davon betroffen, und zwar „durch und durch“, „ganz samt Seele und Leib“ (1. Thess 5,23). In Psalm 6, dem ersten der Bußpsalmen, heißt es: „Herr, sei mir gnädig, denn ich bin schwach; heile mich, Herr, denn meine Gebeine sind erschrocken und meine Seele ist sehr erschrocken. Ich bin so müde vom Seufzen und schwemme mein Bett die ganze Nacht. Meiner Bedränger sind viele.“ Das ist ein Aufschrei aus der Schwachheit. Doch dann heißt es, zuversichtlich und kühn: „Weicht von mir, ihr Übeltäter, denn der Herr hört mein Weinen“ (V. 9).

Die Schwachheit Jesu

Im 2. Korintherbrief steht ein Wort, über das immer wieder einmal zu Weihnachten gepredigt wird: „Ihr kennt die Gnade unseres Herrn Jesus Christus: obwohl er reich ist, wurde er doch arm um euretwillen, damit ihr durch seine Armut reich würdet“ (8,9). Mit Fug und Recht läßt sich dieses Wort abwandeln und so formulieren: „Ihr kennt die Gnade unseres Herrn Jesus Christus: obwohl er stark ist (ihm „ist gegeben alle Gewalt im Himmel und auf Erden“), wurde er doch schwach um euretwillen, damit ihr durch seine Schwachheit stark würdet.“

Das Wort aus dem Hebräerbrief habe ich bereits erwähnt: „Wir haben keinen Hohenpriester, der nicht könnte mit leiden mit unserer Schwachheit, sondern der versucht worden ist in allem wie wir“ (4,15). Was es mit der Schwachheit Jesu auf sich hat, mache ich von daher an zwei Punkten fest: an seiner Versuchungs- und an seiner Leidensgeschichte.

a) Die Versuchungsgeschichte Jesu

Wir erinnern uns: Vierzig Tage war Jesus in der Wüste, und es hungerte ihn. Da trat der Versucher mit drei Ansinnen an ihn heran: Er solle aus Steinen Brot machen. Er solle ein Zauberkunststück vorführen, indem er von der Zinne des Tempels herabschwebe. Er solle niederfallen und ihn, den Widersacher Gottes, anbeten, dann werde er ihm alle Reiche dieser Welt geben. Alle drei Versuchungen laufen darauf hinaus, Jesus solle den starken Mann markieren: als Brotkönig Eindruck schinden und menschliche Bedürfnisse befriedigen; als Showman, als Superstar imponieren; als machtvoller Herrscher eine Politik der Stärke vorführen.

„Versucht wie wir“: stark zu werden, stark zu sein, stark zu bleiben. „Versucht wie wir“: nicht nur einmal am Ende der vierzig Wüstentage, sondern immer wieder, „in allem“. „Bist du Gottes Sohn, so sprich, daß diese Steine Brot werden“, hat ihm der Versucher einreden wollen (Mt 4,3). „Du bist Christus, des lebendigen Gottes Sohn“, hat Petrus bekannt (Mt 16,16); doch kurz darauf nach der ersten Leidensankündigung sagte er: „Gott bewahre dich, Herr! Das widerfahre dir nur nicht“ (Mt 16,22)! Jesus hat dieses Wort als satanische Versuchung entlarvt. „Wenn du Gottes Sohn bist, steig herab vom Kreuz“, riefen ihm die Vorübergehenden am Karfreitag zu (Mt 27,40). Er aber folgte der Stimme der Versucher nicht. Er entschied sich für den Weg der Schwäche und des Erleidens.

b) Die Leidensgeschichte Jesu

Die Passion wurde zu seiner Passion. Das Mitleiden wurde zu seiner Leidenschaft. Er hatte eine Schwäche für die Schwachheit. Er stieg nicht vom Kreuz herab, hielt aus bis zum bitteren Ende, erfuhr so die Schwachheit nicht nur als Versuchlichkeit, sondern auch als Hinfälligkeit, Sterblichkeit und Gottverlassenheit.

Jesus ist nicht der Starke, über alles Erhabene, „der nicht könnte mit leiden mit unserer Schwachheit“ (Hebr 4,15). Er gehört nicht zu denen, die von ferne her und von oben herab ihr Mitleid bekunden. Nein, er hat mit uns gelitten. Und „mit leiden“, das ist etwas anderes, das ist mehr als Mitleid verströmen. Von Sympathie ist im Urtext wörtlich die Rede: davon, daß Jesus auf unsere menschliche Schwachheit nicht apathisch reagiert hat, sondern sich von ihr in Mitleidenschaft ziehen ließ.

„Fürwahr, er trug unsere Krankheit und lud auf sich unsere Schmerzen“, steht in Jesaja 53,4. In Matthäus 8,17 wird dieser Vers so wiedergegeben: „Er hat unsere Schwachheit auf sich genommen, und unsere Krankheit hat er getragen.“ Das Mitleiden Jesu, seine Schwachheit um unseretwillen, wird in besonderer Weise erfahrbar in der Gethsemanegeschichte.

– Von Jesu Verlassenheit ist da die Rede. Im Matthäusevangelium heißt es: „Er ging ein wenig weiter.“ Und dann war er allein, mutterseelenallein. Seine Jünger haben ihn im Stich gelassen. Sie schlafen – „schlafen vor Traurigkeit“, wie der Evangelist Lukas erklärend hinzugefügt hat. Aber vielleicht schlafen sie auch, weil sie unfähig dazu sind, zu trauern und den Schmerz Jesu zu teilen.

Wie geht es uns, wenn wir in die Feuerzonen des Leides gerückt werden? Entscheidendes hängt dann davon ab, ob wir allein damit fertig werden müssen. Es ist hilfreich, wenn mir andere durch Worte, durch Besuche, durch Anrufe, durch Briefe oder sonstige sichtbare Zeichen zu verstehen geben: Wir bleiben in deiner Nähe. Gerade jetzt. Jetzt erst recht. Das tut unsagbar gut.

Vielleicht können wir von daher von ferne ahnen, wie Jesus zumute gewesen sein muß im Garten Gethsemane: allein im Dunkel der Nacht, zutiefst angefochten, nicht nur von seinen Jüngern, sondern augenscheinlich von allen guten Geistern verlassen.

– Das Zweite, das Jesus in dieser Nacht schwer zugesetzt hat, war die Todesangst: „Und fing an zu trauern und zu zagen und sprach: ‚Meine Seele ist betrübt bis an den Tod'" (Mt 26,38)! Es wird eng für einen Menschen, der bedrängt und angefochten ist, sehr eng sogar. Nicht nur sprachlich, sondern auch sachlich liegen Enge und Angst dicht beieinander. Der Evangelist Lukas berichtet, Jesus habe in dieser Nacht förmlich Blut geschwitzt. Er spricht in diesem Zusammenhang von „Agonie". Nur ein einziges Mal kommt dieses Wort im Neuen Testament vor, nämlich an dieser Stelle. Ich verstehe das als einen Hinweis darauf, daß es nicht nur die Agonie im medizinischen Sinn gibt, den Zustand des Menschen unmittelbar vor dem Sterben, sondern auch so etwas wie seelische Agonie: das schmerzliche Vorauswissen um die Unabwendbarkeit des Todes.

Und hier geht es ja nicht um irgend einen Tod. Es geht um das augenscheinliche Ende dessen, von dem die Emmausjünger gesagt haben: „Wir aber hofften, er sei es, der Israel erlösen werde" (Lk 24,21). Er, bei dessen Geburt Freude angesagt worden ist, große Freude, droht nun in einem Meer von Traurigkeit zu versinken. Er, der gekommen ist, um uns das Leben in seiner ganzen Fülle zu bringen, soll nun das Leben einbüßen. Stellvertretend, an unserer Statt, für uns ist er in diese tiefste Finsternis hineingegangen: „Und fing an zu trauern und zu zagen und sprach: ‚Meine Seele ist betrübt bis an den Tod.'"

– Schließlich ist das Geschehen im Garten Gethsemane durch das einzigartige Ringen Jesu mit Gott gekennzeichnet. Am Anfang seines Gebetskampfes hat Jesus noch um Verschonung gefleht: „Ist's möglich, so gehe dieser Kelch an mir vorüber" (Mt 26,39). Am Ende heißt es dann: „Doch nicht wie ich will, sondern wie du willst" (Mt 26,39). Im Matthäusevangelium steht zwischen diesen beiden Satzhälften schlicht ein Semikolon. In Wirklichkeit dürfte ein langes, zähes Ringen dazwischengelegen haben. Was Jesus am Anfang gesagt hat, können wir unschwer nachvollziehen. Ähnliche Stoßseufzer, ähnliche Bitte, das Unheil möge vorüberziehen, sind wohl den meisten von uns schon durch den Sinn oder über die Lippen gegangen. Und manche unter uns können bezeugen, daß es nicht umsonst war, das Herz vor Gott auszuschütten.

Wie aber, wenn das Gebet, der bittere Kelch des Leidens möge vorübergehen, kein Echo findet, so wie Jesus es im Garten Gethsemane erlebt hat? Dann bleibt auch uns nur das zähe Ringen mit Gott, der nächtliche Jakobskampf, bis wir so sprechen können, wie Jesus es getan hat. „Nicht wie ich will, sondern wie du willst" und „Mein Vater" hat er gesagt. Zu der Bitte „Dein Wille geschehe", die Jesus uns im Vaterunser in den Mund gelegt hat, nimmt er selbst Zuflucht in diesen Stunden, die ihn an den Rand der Verzweiflung gebracht haben. Stellvertretend nimmt er das auf sich, was eigentlich uns schuldig gewordene und versagende Leute treffen müßte, nämlich die Gottesferne. Ihre tiefste Tiefe erreichte sie am Kreuz, als Jesus schrie: „Mein Gott, mein Gott, warum hast du mich verlassen" (Mt 27,46)?

So stellt sie sich dar, die Schwachheit Jesu in seiner Leidensgeschichte. Doch wie hat Jesus dies alles bestehen können: die Verlassenheit, die Todesangst und Gottesverborgenheit?

Die Kraft Christi

Was gab Christus die Kraft, seine Versuchungen durchzustehen und seine Leiden auszuhalten? Eine ausschlaggebende Rolle hat dabei sein unerschütterliches Vertrauen zu Gott gespielt, nicht zuletzt genährt aus den fünf Büchern Mose und den Psalmen. Und wie bei Elia in der Wüste, so ist Gott auch Jesus in der Wüste und im Garten Gethsemane nahe. Der Evangelist Matthäus beschließt die Versuchungsgeschichte mit den Worten: „Da traten Engel zu ihm und dienten ihm" (Mt 4,11). Und der Evangelist Lukas berichtet in seiner Gethsemanegeschichte: „Es erschien ihm aber ein Engel vom Himmel und stärkte ihn" (Lk 22,43).

So wurde Jesus, dem Christus Gottes, die Kraft zuteil, dem Versucher zu widerstehen. Drei Worte aus dem 5. Buch Mose setzt er ihm entgegen. Selbst als der Versucher ihm mit einem Bibelwort aus den Psalmen beizukommen versucht, läßt er sich nicht irremachen. Im Vertrauen und im Gehorsam erweist sich seine Kraft.

Auch in der Leidensgeschichte gewinnt Jesus Stärkung aus Gottes Wort. In den sieben Worten, die er nach dem Zeugnis der Evangelien vom Kreuz herab gesprochen hat, wird das greifbar. Vom Beter des 22. Psalms übernahm er die Sprache, als er sein Herz vor Gott ausschüttete und sagte: „Mein Gott, mein Gott, warum hast du mich verlassen?" Und: „Mich dürstet" (Joh 19,28)! Mit den vertrauensvollen Worten des 31. Psalms auf den Lippen ist er gestorben, nur das Wort „Vater" hinzufügend: „Vater, ich befehle meinen Geist in deine Hände" (Lk 23,46)!

Das ist das Geheimnis der Kraft Christi mitten in seiner Schwachheit: sein unerschütterliches Vertrauen zu Gott und Gottes unverbrüchliche Nähe zu ihm.

In der Tiefe des Lebens

Damit bin ich beim vierten und letzten Punkt: „Die Kraft der Schwachen". Ich komme jetzt noch einmal auf das Wort des erhöhten Christus zurück: „Meine Kraft ist in der Schwachheit mächtig" (2. Kor 12,9). Paulus antwortet darauf, und das klingt wie ein Echo: „Wenn ich schwach bin, dann bin ich stark“ (V. 10).

Paulus kommt in diesem Zusammenhang, im 12. Kapitel des 2. Korintherbriefes, auf sich selbst zu sprechen. Er berichtet aus seinem Leben. Er tut das nicht im Stil eines Biographen, der seinen Lebenslauf von der Wiege bis – fast – zur Bahre noch einmal durchmißt. Er konzentriert sich auf das Schlüsselerlebnis, das bedeutungsvollste Ereignis in seinem Lebens.

Es hat einen absoluten Höhepunkt gegeben. Paulus deutet an, daß er – im Traum? – in einer Vision? – in Ekstase? – schon einmal im Paradies war. Unaussprechliche Worte hat er gehört. Ein Erlebnis, das ihn über alle Gottesmänner der Bibel, Mose und Elia eingeschlossen, weit hinaushebt.

Aber nicht auf diesem Gipfelpunkt geistlicher Erfahrungen hatte er sein Schlüsselerlebnis, nicht als er oben war, ganz oben, sondern als er ganz unten war, in der Tiefe des Lebens. Er berichtet, ein Engel Satans habe ihn mit Fäusten geschlagen und einen Pfahl ins Fleisch gegeben. Paulus meint, dies sei ihm widerfahren, damit er sich „der hohen Offenbarungen nicht überhebe“, damit er nicht überheblich werde (V. 7). Und dann sagt er: „Ich will mich meiner Schwachheit rühmen, damit die Kraft Christi bei mir wohne. Denn wenn ich schwach bin, so bin ich stark“ (V. 9f).

Höhepunkte und Talsohlen gibt es wohl auch in unserem Leben. Wenn jeder von uns erzählen könnte vom schönsten und vom schwersten Tag in seinem Leben, das gäbe wohl eine spannende Runde. Ich vermute: Dabei würden die meisten von uns lieber von einem Ereignis berichten, das sie himmelhoch jauchzen ließ, als von einer Begebenheit, durch die sie zu Tode betrübt wurden. Wie konnte es dazu kommen, daß für Paulus ein Tiefschlag zum Schlüsselerlebnis seines Lebens wurde? Eine dreifache Antwort höre ich aus dem Abschnitt im 2. Korintherbrief heraus:

– Er erkennt, daß er in der Schwachheit Christus nahe ist. Der „Pfahl im Fleisch“ ist sprichwörtlich geworden und doch rätselhaft geblieben. Was mag das gewesen sein? Eine Krankheit? Epilepsie, ein Augenleiden, Aussatz, eine schwere Depression? Alle diese Möglichkeiten sind schon von Auslegern erwogen worden. Doch keiner kann eine sichere Auskunft geben. Und es ist gut, wenn die Antwort offenbleibt. Das gibt jedem von uns Gelegenheit, an seinen eigenen „Pfahl im Fleisch“ zu denken: ein steifes Gelenk vielleicht, eine lästige Wetterfühligkeit, eine Amputation oder irgendeinen anderen „aktiven Befall“, wie die Ärzte sagen, wenn jemand eine Krankheit zeitlebens mit sich herumschleppen muß. Und dann gibt es ja auch noch den Pfahl im Fleisch, der uns an die Grenzen gemahnt, die uns gesetzt sind, und uns unserer Schwachheit innewerden läßt. Auch ein herber Verlust, eine gestörte Beziehung, ein nicht wiedergutzumachendes Versäumnis, ein folgenschweres Versagen kann zu einem tiefen Einschnitt in unserem Leben werden. Wie auch immer: Die Rede ist hier von einem schweren Leid, einem tiefen Schmerz, der sich wie ein zugespitzter Pfahl ins eigene Fleisch und Blut hineingebohrt hat. Vergeblich hat Paulus um Befreiung von dieser Last gebetet, dreimal vergeblich. War er hier, als er diabolischen Schlägen ausgesetzt war, nicht Christus am fernsten?

Paulus meint: Ganz im Gegenteil! Nicht bei seinem Ausflug ins Paradies, sondern hier, fast am Boden zerstört, war er Christus am nächsten. Hier war er einer von denen, die Jesus selig gepriesen hat: „Selig sind, die da geistlich arm sind, denn ihrer ist das Himmelreich. Selig sind, die da Leid tragen, denn sie sollen getröstet werden“ (Mt 5,3f). Als er ganz unten war, hat Christus zu ihm gesagt: „Laß dir an meiner Gnade genügen.“ Gnade bedeutet Zuwendung und hilfreiche Nähe auch und gerade dort, wo wir schwach werden, geplagt sind oder versagt haben. Die Schwäche wird zum Ort der Begegnung mit Christus. Komme, was mag, er bleibt uns gnädig zugewandt. Ist das nicht genug? „Laß dir an meiner Gnade genügen!“

– Paulus erkennt auch, daß er in der Schwachheit den Menschen ganz nahe ist. Seine Gegner, die von ihm selbst so genannten „Superapostel“, die ihm das Apostelamt streitig machen wollten, haben sich den Leuten angebiedert. Sie haben viel von sich selbst geredet, von ihren sagenhaften geistlichen Erfahrungen, von ihren Gebetserhörungen, Visionen und Heilungswundern. Wer von den Höhenflügen des Lebens erzählt, mag Bewunderer finden. Aber Freunde hat er nicht. Denn er schafft Abstand und nicht Nähe. Man kann nur zu ihm aufschauen: er so groß und so stark – wir dagegen so schwach und so klein.

Paulus dagegen, der offen davon spricht, daß er Prügel bezogen hat, der zugibt, daß ihm eine wichtige Gebetserhörung versagt worden ist, der sich mit der Gnade begnügen muß, er war und blieb den Korinthern nahe. Er kommt auch uns, die wir fragwürdige, armselige, schwächliche Leute sind, ganz nahe. Der Weltapostel bekennt sich zu seinen Schwachheiten, weil er erkannt hat: „Wenn ich schwach bin, dann bin ich stark.“ Dann bin ich nicht nur Christus, sondern auch den Mitmenschen ganz nahe.

– Schließlich erkennt Paulus, daß er in der Schwachheit auch sich selbst am nächsten kommt. Denn er muß nun sich selbst und anderen nichts mehr vormachen. In aller Offenheit kann er von seinen Schwächeanfällen und seinen Enttäuschungen erzählen.

Auch wir kennen aus unserem Leben ähnliche Erfahrungen. Doch was fangen wir damit an? Ist es nicht so, daß wir sie am liebsten ausstreichen, vergessen oder verdrängen? Vor dem Zubettgehen wird im Schwabenland den Kindern gern noch ein lustiges Verslein gesagt: „Schlaf wohl und g'sund und kugelrund bis morgen früh der Kaffee kommt.“ Ja, so sollte das Leben sein: wohl, gesund und kugelrund, unbeschädigt, glücklich und erfolgreich. Alles in allem: eine runde Sache. Paulus dagegen kann sagen: Wenn es mir unwohl ist, wenn ich angeschlagen bin, wenn mein Leben Ecken und Kanten hat, kurz: „Wenn ich schwach bin, dann bin ich stark." Denn der erhöhte Christus hat ihm zu verstehen gegeben: „Meine Kraft ist in den Schwachen mächtig." Wörtlich steht da sogar: „Meine Kraft wird in den Schwachen vollendet." Im Griechischen steht hier dasselbe Wort, das uns nach dem Johannesevangelium auch im letzten Wort Jesu am Kreuz begegnet: „Es ist vollbracht" (Mt 19,30). Die Kraft Christi kommt in dem, der sich zu seiner Schwachheit bekennt, zur Vollendung.

Darin also besteht die Kraft der Schwachen: In unserer Schwachheit finden wir die Kraft Christi, den Zugang zum leidenden Mitmenschen und die Freiheit, „ja" zu sagen dazu, daß unser Leben bruchstückhaft ist. Christi Kraft ist in den Schwachen mächtig. Er wendet unsere Lebensnacht zum Tage, er trägt unsere Schwäche, unsere Krankheit und unser Versagen mit. Seine Gnade genügt. Zwar werden wir von Gott mit dem, was wir zur Meisterung des Lebens brauchen, nicht im Überfluß und nicht auf Vorrat ausgestattet. Doch: „Er gibt dem Müden Kraft und Stärke genug dem Unvermögenden" (Jes 40,29).

Menschlicher im Annehmen von Schwäche

Ich schließe mit dem Hinweis auf ein Buch. Es trägt den Titel: „Ich muß nicht immer stark sein." Die Verfasserin, Luise Habel, erkrankte im Alter von einem Jahr an Kinderlähmung und ist seitdem behindert. In ihrem Buch berichtet sie: „Mein Leben lang bin ich eigentlich eine Frau gewesen, die sich stark gab. Die das auch ausstrahlte. Daraus ist mir manche Bewunderung erwachsen. Es war ein gutes Gefühl, stärker als die widrigen Umstände zu sein. Meist kämpfte ich wie ein Löwe. Das brachte manchen Sieg. Aber dabei habe ich auch viele Wunden und Verletzungen erfahren. Sie heilten, und ich zeigte die zurückbleibenden Narben niemandem. Aber immer häufiger dachte ich erschöpft: ‚Ich möchte einmal schwach sein dürfen und sagen: Das ist mir zu schwer. Das überfordert mich.'

Mir begegnete das Christuswort: ‚Laß dir an meiner Gnade genügen, denn meine Kraft ist in den Schwachen mächtig.' Das gefiel mir. Aber ich konnte es in meinem Leben noch nicht umsetzen. Später lernte ich Menschen kennen, die krank waren und nichts mehr leisten konnten und von deren Schwäche etwas ausging, das mich mit Staunen erfüllte.

In einer Gruppenstunde weinte ich einmal. Hinterher sagte ein Teilnehmer – er war ein großer, kräftiger Mann mit breiten Schultern –: ‚Mir hat sehr geholfen, daß du geweint hast. Auf mich hast du immer so stark gewirkt. Jetzt kann ich viel besser mit dir umgehen.'

Heute weiß ich, daß ich im Annehmen von Schwäche menschlicher werde, menschlicher gegen mich, aber sicher auch gegen andere. Aus dieser Erfahrung heraus habe ich beschlossen, meinen nächsten Rundbrief unter das Thema zu stellen: ‚Ich muß nicht immer stark sein.' Werden meine Leser das offensive Thema verstehen? Werden sie nicht denken, jetzt, wo sie älter wird, propagiert sie die Schwäche?

Ich muß nicht immer stark sein – was würde das für mich konkret bedeuten? Vielleicht dies:

– nicht mehr verbissen gegen Schmerzen zu kämpfen, sondern sie anzunehmen;
– zuzulassen, daß meine körperlichen Kräfte weniger werden;
– zu einem Freund zu sagen: ‚Ich weiß nicht mehr weiter. Ich brauche dich'
– anzuerkennen, daß die Grenzen enger werden;
– mich nicht ständig zu überfordern;
– Verletzungen nicht mehr hinwegzulachen.

Alles Dinge, die ich mir früher kaum einmal erlaubt habe, die aber ein Leben erst menschlich machen. Je länger ich darüber nachdenke, desto mehr verliert der Satz ‚Ich muß nicht immer stark sein' seinen für mich bedrohlichen Klang."

Wir können unsere Schwächen offen zugeben. Und dabei Zuversicht gewinnen. Denn den Unvermögenden gilt die Verheißung: „Die auf den Herrn harren, kriegen neue Kraft, daß sie auffahren mit Flügeln wie Adler, daß sie laufen und nicht matt werden, daß sie wandeln und nicht müde werden" (Jes 40,31).

Nahrung auf dem Weg

Predigt über 1. Könige 19, 1-9

Stundenlang ist er unterwegs gewesen an diesem Tag, der Prophet Elia. Von Beerscheba aus, der Stadt im Süden Israels, war er am Morgen aufgebrochen. „Eine Tagesreise weit in die Wüste" ist er gegangen. Dann, gegen Abend, hat er sich unter einem Wacholderbusch niedergesetzt – ausgepumpt, müde, erschöpft. Es war eine Tagesreise besonderer Art. Sie brachte ihn, den Propheten Elia, an den Rand der Verzweiflung.

Ein glaubensmüder Prophet

Ich kann mir gut vorstellen, wie er unterwegs war, unterwegs in der Wüste. Zuerst hat er wohl die Beine unter die Arme genommen, ist im

Laufschritt gerannt, so schnell er nur konnte. Denn die rachgierige Königin Isebel war hinter ihm her. Und er? „Er fürchtete sich“, wird von dem sonst so glaubensstarken Propheten berichtet. „Er lief um sein Leben.“

Doch dann, gegen Ende seiner Tagesreise, müssen seine Schritte schleppend geworden sein. Da ließ er den Kopf hängen. Er war fix und fertig. „Er wünschte sich zu sterben und sprach: Es ist genug.“ Im Hebräischen steht hier nur ein einziges Wort: „Raw“. Drei Buchstaben nur wie bei unserem Wort „aus“. Hoffentlich ist es bald aus und vorbei, dachte Elia: „So nimm nun, Herr, meine Seele.“ Müde war er geworden, sehr müde, glaubensmüde, todmüde und lebensmüde zugleich.

Wie kann es dazu kommen, daß ein Mensch, der im Dienst Gottes steht, der zu den Freudenboten gehört, so hart an den Rand der Verzweiflung gerät? Zwei Gründe läßt der biblische Bericht erkennen.

Da ist zum einen die Anfechtung: die bittere Enttäuschung darüber, daß die leidvollen Erfahrungen einfach kein Ende nehmen wollen. Kurz zuvor, auf dem Berg Karmel, hatte Elia eine Sternstunde seines Glaubens erlebt: „Die falschen Götzen macht zu Spott, der Herr ist Gott, der Herr ist Gott.“ Die Baalspriester mußten verstummen. Doch nun erheben bald danach die widergöttlichen Mächte schon wieder ihr Haupt. Kennen wir das nicht auch: Wir haben die Erfahrung der spürbaren Nähe und Durchhilfe Gottes gemacht, etwa in schweren Krankheitstagen. Doch dann ist alles wieder wie gehabt: der Schmerz kehrt zurück. Oder wir leiden an den Mißerfolgen treuer Arbeit im Predigtdienst und in der Seelsorge. Dann kann es sein, daß einer, der als Freudenbote angetreten ist, eines Tages – oder auch eines Abends – sagt: „Es ist genug.“ Ich kann nicht mehr.

Aber zur Anfechtung kommt noch etwas anderes dazu: das Wissen um das eigene Unvermögen. Elia hat ja nicht nur die bösen Zeiten beklagt. Er hat auch an seine eigene Brust geschlagen: „Ich bin nicht besser als meine Väter.“ Das ist so etwas wie eine Beichte. Offensichtlich hat Elia auch unter seinem Mangel an Vertrauen, seinem Versagen, seinen Schwächen gelitten. Gewiß: Er hatte sich um Gott verdient gemacht. Und doch hat er seine Verdienste nicht im Gebet zur Schau gestellt wie der Pharisäer im Gleichnis Jesu. Er hat, wie der Zöllner, sein Ungenügen eingestanden: „Gott, sei mir Sünder gnädig“ – „ich bin nicht besser“ als andere. Ich bin nicht einmal gut, befriedigend oder ausreichend. Ich bin mangelhaft und ungenügend vor Gott. Wer unter uns müßte das nicht auch zugeben? Bedeutet das nicht – für uns wie für Elia –: „Raw“, aus und vorbei?

Nein, es war nicht „gar aus“ mit Elia. Gott hat ihn, seinen glaubens- und lebensmüden Diener, wieder auf die Beine gestellt, und zwar auf dreifache Weise:

– Er schickt einen Boten.
– Er läßt ihm gut zureden.
– Er gibt ihm Wegzehrung.

Gott schickt einen Boten

Das ist das erste: „Und siehe, ein Engel rührte ihn an." Die Königin Isebel hatte Elia einen Boten geschickt, einen Todesengel. Nun schickt Gott auch einen, einen Schutzengel. Gott läßt also den, der mutterseelenallein in der Wüste an den Rand der Verzweiflung geraten ist, nicht im Stich.

Engel sind in der Bibel schlicht Gottes Boten. Sie „brauchen keine Flügel" (Claus Westermann). Sie können auch in menschlicher Gestalt auftreten. Wie könnten wir sonst, ohne es zu merken, Engel beherbergen (Hebr 13,2)?

Auch für uns ist es entscheidend, daß wir dann, wenn schwermütige Gedanken uns überfallen, nicht auf uns selber gestellt bleiben, sondern Gott uns einen Boten über den Weg schickt, der uns anrührt. Das muß kein Pfarrer, das kann auch ein Laie sein: ein Freund, ein Berater, ein Arzt, eine Schwester oder auch ein Lektor, der uns nicht nur die Leviten liest.

Gottlob gibt es sie auch noch in unseren Tagen, die Sendboten Gottes, die Helfer und Tröster unter unseren mancherlei Wacholderbüschen!

Gott läßt dem Elia gut zureden

Gleich zweimal richtet ihm der Bote im Auftrag Gottes aus: „Steh auf!" Das ist mehr als der Appell: Reiß dich doch zusammen! Das ist ein ermutigender Zuspruch: Es geht weiter. Du wirst nicht auf der Strecke bleiben. „Du hast einen weiten Weg vor dir."

Immer wieder werden wir in der Bibel dazu ermuntert, aufzustehen und weiterzuleben. Doch wenn wir nicht hochkommen, immer wieder zu Boden gedrückt werden, wenn Krankheiten wie ein Bumerang zu uns zurückkehren, wenn die Schwermut uns die Kehle zuzuschnüren droht? Vergessen wir nicht: Auch Elia ging, als er aufgestanden war, nicht durch blühende Gärten, sondern weiter durch die Wüste. Und machen wir uns klar: Der Weg Jesu war noch steiniger, noch durstiger, noch dornenvoller. Unter den Bäumen im Garten Gethsemane ging auch er in die Knie, war auch er auf die Stärkung durch einen Engel angewiesen. Doch dann, als andere seine Seele von ihm nahmen, sagte er nicht: „Es ist genug", sondern: „Es ist vollbracht." Und dann stand er auf.

Er, der Lebendige, bleibt bei uns alle Tage bis an der Welt Ende. Und wenn dann aller Tage Abend gekommen ist, wird er noch einmal auf uns zukommen und uns so ansprechen: „Steh auf!" Auch mit uns wird es nicht aus und vorbei sein.

Gott gibt Elia Wegzehrung

Er hat ihm nicht nur ausrichten lassen: „Steh auf!“, sondern auch – ebenfalls zweimal – „und iß!“ Dabei ging es zunächst einmal um eine leibliche Wohltat ganz im Sinne des Sprichworts: „Essen und trinken hält Leib und Seele zusammen.“ Aber hier ist noch mehr gemeint. Ein holländischer Maler hat auf einem großen Altarbild dargestellt, daß es im Alten Testament mancherlei Vorzeichen für das Abendmahl gibt: das Manna, das Passahmahl und eben auch die Speisung des Elia in der Wüste. Im Text ist von der anhaltenden „Kraft dieser Speise“ die Rede.

„Steh auf und iß!“, ist Elia gesagt worden. „Nehmt hin und eßt“, hat Jesus zu den Seinen gesagt. Wenn er uns an seinen Tisch einlädt, dann geht es um seine Vergebung und unsere Gemeinschaft untereinander, um Freude und Hoffnung, aber auch um dies: um Wegzehrung für die vor uns liegende Zeit.

Gott hat dem glaubensmüden Elia einen Boten geschickt. Er ließ ihm gut zureden. Und er gab ihm Wegzehrung. „Und Elia stand auf und aß und trank und ging durch die Kraft der Speise vierzig Tage und vierzig Nächte bis zum Berg Gottes.“ Gebe Gott, daß auch wir nach diesem Gottesdienst zuversichtlich nach Hause aufbrechen – gestärkt durch Gottes Boten, durch Gottes Wort und Gottes Wegzehrung – und daß wir unsere Straße fröhlich ziehen.

Amen.

II. Die großen Worte des Glaubens neu buchstabieren

Leben in einer gnadenlosen Welt

Ich bin zur Karikatur geworden.
Das Volk verachtet mich.
Man spottet über mich in allen Zeitungen.
Panzerwagen umgeben mich,
Maschinengewehre zielen auf mich,
elektrisch geladener Stacheldraht schließt mich ein.
Jeden Tag werde ich aufgerufen,
man hat mir eine Nummer eingebrannt
und mich hinter Drahtverhauen fotografiert.
Meine Knochen kann man zählen
wie auf einem Röntgenbild.
Alle Papiere wurden mir weggenommen.
Nackt brachte man mich in die Gaskammer,
und man teilte meine Kleider und Schuhe unter sich.
Ich schreie nach Morphium, und niemand hört mich.
Ich schreie in den Fesseln der Zwangsjacke,
im Irrenhaus schreie ich die ganze Nacht,
im Saal der unheilbar Kranken,
in der Seuchenabteilung und im Altersheim.
In der psychiatrischen Klinik
ringe ich schweißgebadet mit dem Tod.
Ich ersticke mitten im Sauerstoffzelt.
Ich weine auf der Polizeistation,
im Hof des Zuchthauses,
in der Folterkammer
und im Waisenhaus.

Das ist die Stimme eines Zeitgenossen, der Aufschrei eines Menschen, der sich in einer gnadenlosen Welt vorfindet. Ernesto Cardenal – damals Priester auf der Insel Solentiname im Großen See von Nicaragua – hat diesen Text in den sechziger Jahren unseres Jahrhunderts geschrieben (Zerschneide den Stacheldraht, Lateinamerikanische Psalmen. Wuppertal 1968).

In bedrängender Dichte sind in diesen Versen menschliche Leidenserfahrungen aneinandergereiht worden. Der Eindruck könnte entstehen, wir lebten in einer besonders brutalen und mörderischen Zeit. Aber die Tatsache, daß Ernesto Cardenal einen alten Klagepsalm, der vor mehr als zweieinhalb Jahrtausenden zum ersten Mal laut wurde, in unsere Zeit übertragen hat, gibt zu denken. Offenbar sind schon damals Menschen gedemütigt, gequält, gefoltert und getötet worden. Und als Jesus der Prozeß gemacht worden war, ein gnadenloser Prozeß, hat er die Qual seines Herzens mit den Anfangsworten eben dieses Psalms hinausgeschrien: „Mein Gott, mein Gott, warum hast du mich verlassen" (Ps 22)? In früheren Zeiten, auch im Mittelalter oder während des Dreißigjährigen Krieges, ist es genauso unmenschlich zugegangen wie heute, vielleicht sogar noch grausamer. Offensichtlich leben wir nicht nur in einer gnadenlosen Zeit, sondern in einer gnadenlosen Welt.

Es ist weder zu übersehen noch zu überhören, daß Ernesto Cardenal die menschliche Lebenswirklichkeit bewußt einseitig und überspitzt dargestellt hat. Es wird wohl kaum je ein Mensch auf dieser Erde gelebt haben, der diesen langen Katalog von Leidensstationen in der ganzen Breite und Tiefe durchmessen mußte. Das unaufhörliche Eintreffen von Hiobsbotschaften und die unerträgliche Häufung von Nackenschlägen ist nicht die Regel, sondern die Ausnahme. Es gibt in dieser Welt nicht nur die Erfahrung von Unbarmherzigkeit, Grausamkeit und Brutalität. Es gibt gottlob auch das Gegenteil: Erbarmen, Freundlichkeit und Humanität – nur nicht genug.

Die in dem alten Klagepsalm verdichteten Erfahrungen sind noch immer von bestürzender Aktualität. Brutale Übergriffe, die im Rampenlicht der Öffentlichkeit geschehen und uns durch die Massenmedien Tag für Tag vor Augen gestellt werden, aber auch unmenschliche Taten, die der Öffentlichkeit vorenthalten bleiben sollten und dennoch enthüllt worden sind, beweisen das zur Genüge. Noch immer leben wir in einer gnadenlosen Welt. Ob dies das Letzte ist, was über uns Menschen zu sagen ist, ob wir uns damit wohl oder übel abfinden müssen, das steht auf einem anderen Blatt. Doch zunächst kommt es darauf an, wahrzunehmen, daß es heute noch und auch hier bei uns, mitten im christlichen Abendland, Menschen gibt, die augenscheinlich keine Chance mehr haben und keinen Ausweg mehr sehen.

Sicher wollte Ernesto Cardenal mit seiner Aufzählung verzweifelter Lebenslagen keinen Anspruch auf Vollständigkeit erheben. Auch die folgenden Beispiele sind weder systematisch ausgewählt noch umfassend. Aber wer über die Verletzung von Menschenrechten klagt, muß Roß und Reiter nennen. Und wer die gnadenlose Welt beschreiben will, muß konkrete Situationen aufzeigen, in denen Menschen sich verraten und verkauft, verlassen und verloren vorkommen.

Unbarmherzige Nächste

Da ist das bejammernswerte Los von Kindern in dieser Zeit. Die Waisen werden schon in der Bibel erstaunlich oft erwähnt. Zu allen Zeiten hat es Kinder gegeben, die ohne ihre Eltern aufwachsen mußten. Die Einrichtung von Waisenhäusern war eine soziale Notwendigkeit, auch wenn damit die Gefahr des Hospitalismus verbunden ist. Aber wenn Eltern im Krieg umkommen, einem Verbrechen oder der Rücksichtslosigkeit im Verkehr zum Opfer fallen, dann ist ihr Verlust der Unbarmherzigkeit von Menschen zuzuschreiben und bekommt für die Kinder den Charakter der Gnadenlosigkeit.

Im gleichen Atemzug hat Ernesto Cardenal das Waisenhaus und die Folterkammer erwähnt. Das Erpressen von Geständnissen oder Denunziationen, die mit körperlicher Peinigung oder seelischer Grausamkeit verbunden sind, ist in jedem Fall eine gnadenlose Tortur, auch wenn erwachsene Menschen davon betroffen sind. Aber wenn wehrlose Kinder inhaftiert, gewaltsam von den Eltern getrennt und obendrein mißhandelt werden, dann ist dies wohl noch ärger. „Schreckliche Wärterinnen sind an die Stelle der Mütter getreten. Überall brütet es in den Nestern des Grauens. Angst saugt die Kleinen“, schrieb Nelly Sachs in ihrem Gedicht „O der weinenden Kinder Nacht“ (Ausgewählte Gedichte, Frankfurt 1963, S. 10).

Doch auch in scheinbar friedlichen Zeiten gibt es unzählige gemarterte Kinder. Die Zahl der hungernden, ja verhungernden Kinder in den Ländern der Zweidrittelwelt geht in die Millionen. Die Zahl der mißhandelten oder erschlagenen Kinder, für die das Kinderzimmer zur Folterkammer geworden ist, geht auch hierzulande noch immer in die Tausende. Das zu Beginn des zwanzigsten Jahrhunderts von Optimisten ausgerufene „Jahrhundert des Kindes“ ist längst zu einem Jahrhundert des Kindermordes geworden. Einer der beiden Brüder Karamasow in Dostojewskis Roman will angesichts des sinnlosen Leidens der kleinen Kinder die Eintrittskarte in die von Gott geschaffene Welt zurückgeben. Das ist ein begreiflicher Protest. Aber angemessener ist der Versuch, den gemarterten Kindern beizustehen. Die Skala der Gruppen und Einrichtungen, denen es darum geht, ist weitgespannt: Sie reicht vom Kinderschutzbund über die Aktion Gemeinsinn und Terre des hommes bis hin zur UNICEF, dem Kinderhilfswerk der Vereinigten Nationen.

Da ist die verzweifelte Lage von Strafgefangenen, die aus dem Gefängnis entlassen worden sind. Ernesto Cardenal hat zwar in seinem Buch „Zerschneidet den Stacheldraht“ in erster Linie das Geschick politischer Gefangener vor Augen gehabt. Die Erfahrung, in einer gnadenlosen Welt zu leben, machen aber auch die anderen Häftlinge, die schuldhaft hinter Schloß und Gitter gekommen sind. Nach Verbüßung ihrer Strafe oder nach vorzeitiger Entlassung aus dem Gefängnis finden sie den Weg in „das normale Leben“ nur schwer zurück.

Ein Gefängnispfarrer hat – gestützt nicht nur auf eigene Erfahrungen, sondern auch auf eine Umfrage des Infas-Institutes – darauf hingewiesen, daß etwa die Hälfte der Bürger unseres Staates den Kontakt mit Vorbestraften rundweg ablehnt. Deren Chance, einen neuen Arbeitsplatz und wieder ein Dach über dem Kopf zu finden, wird dadurch erheblich beeinträchtigt. Die Zahl der Obdachlosen und Nichtseßhaften steigt infolgedessen spürbar an. Viele Zeitgenossen fordern härtere und längere Strafen für Gesetzesübertreter. Sie erhoffen sich davon eine abschreckende Wirkung. Die Abschaffung der Todesstrafe wird von zahlreichen Mitbürgern geradezu als Anreiz für das Begehen schwerer Straftaten empfunden. Die Kirchgänger – das hat die erwähnte Umfrage gezeigt – unterscheiden sich übrigens, was diese Urteile und Vorurteile betrifft, kaum von den anderen Bürgern.

Zwar gibt es für entlassene Strafgefangene im dichten Netz sozialer Dienste mancherlei Hilfsangebote. Besonders ist hier an den Einsatz von Bewährungshelfern zu denken. Und doch sehen sich viele aus der Haft Entlassene der Chance beraubt, neu anzufangen. Wen kann es wundern, wenn sie ihr Schicksal als gnadenlos empfinden?

Ähnliche Erfahrungen machen übrigens auch viele, die eine Psychiatrische Klinik aufsuchen mußten. Hinterher fühlen sie sich abgestempelt: „Bei dem tickt es nicht richtig" oder abgeschrieben: „Auf den ist kein Verlaß. Wer weiß, ob der nicht demnächst wieder durchdreht". Wer aus dem Abseits des „Knasts" oder der „Klapsmühle" herauskommt, findet sich meistens in einer Sackgasse oder auf dem Abstellgleis vor. Schon dieser Sprachgebrauch verrät die Abwesenheit auch nur der geringsten Spur von Gnade.

Gnadenlose Zustände

Da ist die schwierige Situation von Heranwachsenden, deren berufliche Aussichten empfindlich geschmälert und getrübt sind. Ernst Lange hat schon vor fast zwanzig Jahren neben den Kindern und den Alten, der ständig wachsenden Gruppe der Schlechtangepaßten und der Außenseiter ausdrücklich die Jugendlichen zum „Ensemble der Opfer der Zeit" gerechnet (Chancen des Alltags, Stuttgart/Gelnhausen 1965, S. 295ff). Die angespannte Lage auf dem Arbeitsmarkt hat ihre Lage noch verschlimmert.

Es ist allerdings in jedem Fall schwer, das Los einer länger andauernden Arbeitslosigkeit zu bewältigen, auch für ältere Arbeitnehmer. Gnadenlos wird dieses Los dort, wo es Heranwachsende trifft, die nach abgeschlossener Ausbildung keinen Arbeitsplatz oder gar nach ihrem Hauptschulabschluß nicht einmal eine Lehrstelle finden. Die Parole „No future", ursprünglich einmal Ausdruck der nihilistisch-anarchistischen Grundhaltung einer kleinen Gruppe von Aussteigern, droht immer mehr zur herrschenden Grundstimmung einer ganzen Generation zu werden. „Ich weiß gar nicht, warum die Erwachsenen uns dauernd Vorwürfe machen. Schließlich haben sie doch diese Welt kaputtgemacht“, meinte eine Sechzehnjährige. Ob sie dabei an das Waldsterben, an Giftmüllskandale, an Waffenarsenale oder die Arbeitsmarktlage gedacht hat, mag offen bleiben. Offensichtlich stehen die Heranwachsenden unter dem Eindruck, die Welt sei verdorben und die Zukunft verbaut, in zunehmendem Maße in Gefahr, mit der Devise „Null Bock“ auszusteigen oder gar Desperados zu werden. Wie sollen sie auch das Leben meistern in einer derart gnadenlosen Welt?

Da ist schließlich der bedrängende Rechtfertigungszwang von Leistungsschwachen, die davor Angst haben, nicht mehr mitzukommen oder gar abgehängt zu werden. Der Begriff „Leistung“ ist freilich schillernd und vieldeutig. Nicht jeder, der sich darüber beschwert, unter Leistungsdruck zu stehen, tut das mit Recht. Die in einem Buchtitel gestellte Frage „Ist Leistung unanständig?“ (Helmut Schoeck, Stuttgart 1971) ist wirklich nicht schwer zu beantworten. Leistung an und für sich ist weder fragwürdig noch überflüssig. Im Gegenteil: Die Menschheit kann es sich wirklich nicht leisten, nichts mehr zu leisten. Leistungen im Sinne von produktiver Aktivität sind nach wie vor notwendig, gerade dort, wo es darum geht, den Folgen technisch-industrieller Fehlentwicklungen entgegenzuwirken. Die Leistung des Menschen wird nach Meinung von Robert Jungk künftig „nicht in Kilowatt, nicht in Mark, nicht in Kilometern und nicht in Brutto-Tonnen zu erfassen sein, sondern an ihrer Wirkung ..., ob sie zum Unglück oder zum Glück der Lebenden und der Kommenden beiträgt“ (Mehr Freiheit oder noch mehr Leistung? In: Radius 1/1972). Er fügt hinzu, in diesem Sinne werde auch der Träumende und der Betende etwas „leisten“. Was mit dem Stichwort „Leistung“ angesprochen ist, darf also nicht in Bausch und Bogen verdächtigt oder gar verteufelt werden.

Dort freilich wird das in unserer Gesellschaft geltende Leistungsprinzip fragwürdig, wo nur der Ertrag, das Produkt einer Anstrengung gesehen wird, ohne die aufgewandte Mühe mit gleichem Gewicht zu veranschlagen. Wenn die Startbedingungen und Voraussetzungen wie die vorangegangene Ausbildung, der Gesundheitszustand, der Grad der Behinderung oder das erreichte Alter bei der Beurteilung einer Leistung nicht berücksichtigt werden, wird das ganze System ungerecht und unbarmherzig. Zwar herrschen in der Tretmühle einer überzogenen, falsch verstandenen Leistungsgesellschaft andere Zwänge als in einem Gefängnis oder in einem Arbeitslager. Aber auch sie engen das menschliche Leben ein und drohen es zu ersticken.

Viele Krankheiten, die dem Menschen im zwanzigsten Jahrhundert zu schaffen machen – z.B. Kreislaufstörungen, Stoffwechselbeschwerden und Herzinfarkte –, haben ihre Ursache in einer andauernden Überbeanspruchung. Ungezählte Menschen leiden in unserer Zeit physisch und psychisch unter dem Streß, dem sie ausgesetzt sind oder vielleicht auch: dem sie sich selbst aussetzen. Neben den Arbeitnehmern – vor allem den älter werdenden, die um ihren Arbeitsplatz bangen müssen, nachdem sich der sogenannte Leistungsknick bemerkbar gemacht hat – stehen besonders die freiberuflich Tätigen unter erheblichem Leistungszwang. Was sie ins Werk setzen, brauchen sie nicht nur für die Altersversorgung, sondern auch zu ihrer Selbstbestätigung.

Es ist schlimm, wenn der Mensch nur soviel gilt, wie er zu leisten vermag – frei nach dem Motto „Kannst du was, dann bist du was". Das erinnert auf fatale Weise an die Rechtfertigung aus den Werken, die im Neuen Testament so entschieden abgelehnt wird. Das Leistungsvermögen eines Menschen darf nicht zum entscheidenden Maßstab für seine Einschätzung werden. Die Schwachen und die Behinderten, die Versehrten und die Abgearbeiteten geraten dabei hoffnungslos ins Hintertreffen.

Die Frage nach dem gnädigen Nächsten

Die angeführten Beispiele zeigen: Es gibt gnadenlose Verhältnisse, Lebensumstände, die den Menschen jeglicher Chance berauben. Es gibt aber auch unbarmherzige Mitmenschen, ungnädige Nächste, die brutal und mit unerbittlicher Strenge andere in die Enge treiben. Alles in allem kann das dem Menschen so zusetzen, daß er schließlich zu dem Schluß kommt, das ganze Dasein sei gnadenlos. Die Tatsache, daß viele Menschen das eigene Leben wegwerfen wie ein lästiges Stück Abfall – jährlich annähernd so viele, wie im Verkehr unter die Räder kommen –, ist sicher auf ein ganzes Bündel von Anlässen und Ursachen zurückzuführen. Aber die Empfindung, in einer gnadenlosen Welt leben zu müssen und doch nicht recht leben zu können, spielt dabei zweifellos in vielen Fällen mit. „Ohne Gnade sind wir verflucht, vereinsamt, vereinzelt und verloren" (Richard Kroner, Freiheit und Gnade. Tübingen 1969, S. 60). Worauf ist das erschütternde Ausmaß der Gnadenlosigkeit in der Welt zurückzuführen? Teilweise sicher auf das Verhalten und Versagen anderer Menschen.

„Die vielen Zwänge und unwürdigen Bedingungen, unter denen der Mensch steht: die unmenschliche Fron der Arbeit mit ihrem Leistungszwang, gesellschaftliche und politische Pressionen, Zwangsherrschaft von Menschen über Menschen, die Entwürdigung einzelner Gruppen, die kollektive Entwertung sittlicher Werte und – nicht zu vergessen – die den Menschen entfremdenden Lebensbedingungen von Ungerechtigkeit, Not, Hunger, Armut, Einsamkeit sind Folgen menschlicher Schuld" (Gisbert Greshake, Signale des Glaubens. Gnade neu bedacht. Freiburg 1980, S. 31).

Die Frage „Wie bekomme ich einen gnädigen Nächsten?“ drängt sich von daher in den Vordergrund. Denn daß er auf die Nachsicht und Rücksicht seines Nächsten angewiesen ist, erfährt der Mensch täglich: zu Hause, am Arbeitsplatz, auf der Straße. Aber die Frage Luthers: „Wie bekomme ich einen gnädigen Gott?“ wird dadurch weder zweitrangig noch nebensächlich noch überflüssig. Diese Frage hat ja nicht nur einen einzelnen, einen besonders skrupulösen Menschen umgetrieben. Sie ist auch nicht nur in einer bestimmten Zeit, die von der Angst vor dämonischen Mächten und dem drohenden Weltende geprägt war, laut geworden. Sie ist heute nicht weniger bedrängend und aktuell.

„Der Mensch fragt sich in dieser anonymen Welt in zunehmendem Maße, welche Rolle er in ihr spielt, ob er überhaupt eine Rolle in ihr spielt, und gelangt so wieder zu der Frage: Wer bin ich eigentlich“ (Heinz Zahrnt, Gott kann nicht sterben. München 1970, S. 242)?

Gerade in einer Zeit, in der unbarmherzige Verhältnisse, ungnädigste Nächste und obendrein quälende Zweifel an sich selbst dem Menschen den Eindruck vermitteln, das Dasein insgesamt sei gnadenlos, bekommt die Frage besonderes Gewicht: Gibt es irgendwo in dieser Welt einen Ort, an dem dies alles aufgehoben, an dem ich selbst gut aufgehoben bin? Gibt es einen Ausweg aus der Gnadenlosigkeit dieser Welt?

Die Botschaft vom gnädigen Gott

Durchgängig wird in der Bibel bezeugt, daß Gott sich von dieser aus den Fugen geratenen Welt nicht zurückgezogen, daß er sich vielmehr in seiner Gnade ihr immer wieder zugewendet hat. Allein im Neuen Testament kommt der Hinweis auf Gottes Gnade, die in Christus mitten in dieser gnadenlosen Welt Gestalt angenommen hat, mehr als einhundertfünfzigmal vor. In der Reformationszeit wurde das „sola gratia“, das „allein aus Gnaden“, als das Herz des Evangeliums wiederentdeckt. Der Mensch, der von sich aus keine Chance hat, aus seiner verzweifelten Situation herauszukommen, soll von Gott zurechtgebracht werden. Allen Erfahrungen der Gnadenlosigkeit in dieser Welt und im eigenen Herzen zum Trotz wird ihm das Lebensrecht ausdrücklich zugesprochen. Zwar ist es bemerkenswert, daß das Wort „Gnade“ nach dem biblischen Zeugnis nie im Munde Jesu auftaucht. Aber an dem, was er gesagt, getan und gelebt hat, ist wie nirgendwo sonst in dieser Welt ablesbar, was das ist: Gnade.

„Den Verrätern, Betrügern und Ehebrechern wird gegenüber den Frommen und Gerechten recht gegeben. Dem zu Hause hart Arbeitenden wird der heruntergekommene Gammler-Bruder vorgezogen. Den Einheimischen wird ein verhaßter Ausländer und dazu noch Ketzer als Vorbild hingestellt. Und am Ende werden dann alle denselben Lohn erhalten! Was sollen all die großen Reden zugunsten des Verlorenen? Sollen die Schuldiggewordenen etwa Gott näher stehen als die Gerechtgebliebenen? ...

Jedem ist da offensichtlich eine Chance angeboten, unabhängig von sozialen, ethnischen, politisch-religiösen Grenzen. Und zwar ist er schon angenommen, bevor er umkehrt. Zuerst die Gnade, dann die Leistung! Der Sünder, der alle Strafe verdient hat, ist begnadigt: Er braucht den Gnadenakt nur anzuerkennen. Vergebung ist ihm geschenkt: Er braucht das Geschenk nur anzunehmen und umzukehren. Eine eigentliche Amnestie – umsonst: Er braucht nur vertrauensvoll daraus zu leben. So gilt denn Gnade vor Recht. Oder besser: Es gilt das Recht der Gnade“ (Hans Küng, Christ sein. München 1974, S. 263f)!

Nur dort, wo Gnade waltet, eröffnet sich dem Menschen inmitten aller Zwänge dieser Welt die Möglichkeit, frei zu werden und zu sich selbst zu finden. Er erfährt, daß er „wer“ ist. Als Cromwell am Ende seines Lebens zurückblickend gesagt hat: „Ich war in der Gnade“, dann wollte er damit vermutlich nicht sagen, es sei nie etwas schiefgegangen, und auch nicht, er habe nie einen Fehler gemacht. Dieser Satz ist eher ein Hinweis darauf, daß Gott ihn angenommen hat, so wie er war, obwohl er so war, wie er war. Daß er aus seinem Leben etwas Bedeutendes gemacht hat, schrieb er der Gnade Gottes zu.

Ob uns das Leben gelingt oder mißlingt, hängt also nicht von der Größe unseres Einsatzes, auch nicht von dem Maß an Bestätigung durch mehr oder weniger gnädige oder ungnädige Mitmenschen ab, sondern allein davon, daß er sich des Menschen annimmt, daß Gott den Menschen annimmt. Gerade in einer gnadenlosen Welt gewinnt der Mensch das Leben nicht durch seine Tat, seine Leistung, sein Werk, sondern er empfängt es als Geschenk und Widerfahrnis.

Die Kirche hat den Auftrag, Gottes Gnade allen Menschen mitzuteilen. Sie soll sie gerade mit denen teilen, die in einer augenscheinlich gnadenlosen Welt unter die Räder zu kommen drohen. Das ist freilich leichter gesagt als getan. Die Gewißheit, daß es inmitten ungnädiger Mitmenschen und gnadenloser Zustände einen Ort gibt, an dem Gnade waltet, kann zwar durch die Predigt geweckt und im persönlichen, seelsorgerlichen Zuspruch bestärkt werden. Aber die begleitenden, die „mitfolgenden“ Zeichen, die nach Mk 16,16-20 mit der Predigt des Evangeliums einhergehen sollen, sind an dieser Stelle von besonderem Gewicht. Wo der Gnadenlosigkeit in dieser Welt ein Ende gesetzt werden soll, müssen wohl auch böse Geister ausgetrieben werden. Zwar gilt Gottes Gnade auch und gerade dort, wo der Mensch von allen guten Geistern verlassen zu sein scheint. Sie bleibt in Geltung selbst dort, wo der Mensch in der Welt nicht als Ungnade und Unheil erfährt. Und doch wird immer dann, wenn in dieser Welt Gnade vor Recht ergeht, ein Zeichen aufgerichtet für die Tragfähigkeit und die Tragweite des Evangeliums.

Begnadigung

Am spürbarsten hat sich das im Bereich der Rechtsprechung niedergeschlagen. Dort gibt es den Vorgang der Amnestie: die Begnadigung als das letzte Wort in einem Prozeß. Es geht dabei um etwas anderes als die Zubilligung mildernder Umstände. Eine Amnestie ist nicht einklagbar. Das Urteil ist rechtskräftig. Aber es wird nicht vollstreckt. Es wird aufgehoben. Das entspricht ziemlich genau dem, was die Bibel unter Vergebung versteht: Die Sünde wird nicht verharmlost, vielmehr wird der Sünder gerechtfertigt.

„Wenn der Verbrecher begnadigt wird, so wird die durch das Gesetz vorgeschriebene Strafe aufgehoben, eine in genauem Sinn Gott zustehende Handlung. Wenn der Richter oder das Gericht den Schuldigen begnadigen, so übernehmen sie diese göttliche Barmherzigkeit gleichsam vertretungsweise. Sie lassen dann ‚Gnade vor Recht ergehen'. Sie handeln brüderlich im Geiste des Evangeliums" (Richard Kroner, aaO, S. 50).

Dieses brüderliche Handeln, in dem das gnadenlose Verurteilen des Mitmenschen überwunden wird, sollte es freilich nicht nur im juristischen, sondern auch im sozialen Bereich geben. Nicht nur vor den Schranken der ordentlichen Gerichte, sondern inmitten des weitgespannten Geflechtes mitmenschlicher Beziehungen werden Tag für Tag unzählige Menschen verurteilt. Neben der Rechtsprechung im Gerichtssaal gibt es eine Art private Justiz, die zu Hause, im Büro, in der Fabrik oder anderswo stattfindet. Anklagen werden dabei ausgesprochen, manches Verdammungsurteil wird gefällt. Wie schnell wird über einen anderen Menschen der Stab gebrochen. So wird ihm die Chance, neu anzufangen, unbarmherzig verbaut, vielleicht sogar der Mut genommen, weiterzuleben. Es ist kein mangelndes Vertrauen in die Vollmacht des Wortes, sondern eine Konsequenz aus dem „sola gratia", wenn Christen in dieser gnadenlosen Welt für mehr Barmherzigkeit und Gerechtigkeit eintreten. Das Gleichnis vom Schalksknecht (Mt 18, 23-35) macht den Zusammenhang zwischen erfahrener Begnadigung und dem daraus folgenden gnädigen Umgang mit dem Nächsten besonders deutlich.

Geschehenes Unrecht soll nicht unter den Teppich gekehrt, es darf beim Namen genannt werden. Aber es soll alles „zum Besten gekehrt" werden, wie Luther es im Kleinen Katechismus ausgedrückt hat. Wer den anderen auf seine Vergangenheit festlegt, macht ihn fertig. Wer ihm gegenüber Gnade vor Recht ergehen läßt, erleichtert es ihm, die Botschaft von Gottes Gnade anzunehmen. Albert Camus hat bemerkt, wir könnten nicht ganz und gar verhindern, daß in dieser Welt Kinder gemartert werden; aber wir könnten die Zahl der gemarterten Kinder verringern. Es steht nicht in unserer Macht, alle gnadenlosen Erfahrungen vollends aus der Welt zu schaffen. Doch wir können Zeichen dafür aufrichten, daß wir in einer Welt leben, die allen Leiden und Enttäuschungen zum Trotz nicht aus der Gnade Gottes herausgefallen ist.

Aus: „Das Missionarische Wort", jetzt „BRENNPUNKT GEMEINDE" 5/1983

Der Preis der Gnade

Das Wort „Gnade" kommt in unseren Tagen im gängigen Sprachgebrauch seltener vor als in früheren Zeiten. Wer heutzutage das Wort „Gnade" noch in den Mund nimmt, kann nicht damit rechnen, daß es beifällig aufgenommen wird und ungeteilte Zustimmung findet. Im Gegenteil: Bei Menschen, die nicht mehr in der Kirche zu Hause sind, löst der Begriff „Gnade" sogar Unbehagen und Widerspruch aus.

Der Begriff ist vorbelastet. Er erinnert fatal an die Zeit der Feudalherren. Da versahen viele Kaiser und Könige ihren Herrschertitel mit dem anspruchsvollen Zusatz „von Gottes Gnaden". Es wurde verlangt, die Grafen und Gutsbesitzer devot mit „Euer Gnaden" oder „gnädiger Herr" anzureden. Mit dem Wort „Gnade" wird eine vergangene Zeit heraufbeschworen, in der „von oben herab" regiert wurde, herablassend, so, daß die Untertanen ihre Abhängigkeit von den Höherstehenden kräftig zu spüren bekamen. Helmut Gollwitzer hat festgestellt: „Ein Mensch, der von der Gnade eines anderen lebt, betrachtet sich als abhängiges Wesen" (Befreiung zur Solidarität, Einführung in die Evangelische Theologie, München 1978, S. 157ff).

Er spricht in diesem Zusammenhang von „Anti-Gnaden-Ressentiments", die heute außerhalb der Kirche weithin anzutreffen seien. Welcher Schüler möchte schon auf die Gnade eines Lehrers oder welcher Lehrling auf die seines Chefs angewiesen sein?

Der ursprüngliche Sinn

Zwar konnte es nicht ausbleiben, daß der Protest gegen die Ansprüche der Herren „von Gottes Gnaden" auch auf die Einstellung zum kirchlichen Reden von Gottes Gnade abfärbte. Die Aufklärer hatten das erklärte Ziel, den Menschen aus seiner Unmündigkeit zu befreien. Kein Wunder, das Immanuel Kant deshalb von der Rechtfertigung aus Gnaden nichts wissen wollte. Und in seinem Sinn schrieb Johann Gottfried Seume (1763-1810) im „Spaziergang nach Syrakus": „Aus Gnaden wird kein guter, rechtlicher, vernünftiger Mann selig werden wollen, und wenn es auch ein Dutzend Evangelisten sagen" (aaO, S. 168).

Trotz dieses neuzeitlichen Aufstands gegen jede Spielart von Gnade, die sich – tatsächlich oder vermeintlich – herablassend gibt, ist das Wort in der Umgangssprache nicht gänzlich abhanden gekommen. Und wo es uns begegnet, schimmert die ursprüngliche, in der Bibel verwurzelte Bedeutung des Begriffs spürbar durch.

Wir sprechen von einer „Gnadenhochzeit", wenn Eheleute den 70. Jahrestag ihrer Trauung miteinander feiern können. Gnade wird hier als ein Widerfahrnis begriffen, das ganz und gar nicht selbstverständlich ist.

Wir sprechen von „begnadeten" Künstlern. Damit bekunden wir, daß die Qualität eines Kunstwerks nicht allein dem Fleiß und dem Geschick eines Dichters, Malers oder Komponisten zuzuschreiben ist. Das Wort Gnade weist auf eine Gabe hin, die unverfügbar ist und die der Mensch nur empfangen kann. In der Rechtsprechung gibt es die Möglichkeit der „Begnadigung". Ein Straftäter kann freilich erst begnadigt werden, wenn er seine Schuld eingesehen und eingestanden hat. Er hat keinen Rechtsanspruch auf Amnestie. Gnade ist ihrem Wesen nach unverdient und nie einklagbar.

Gnade in den Augen eines anderen

Ganz und gar nicht selbstverständlich; unverfügbar; unverdient: Diese drei Aspekte kommen dem sehr nahe, was die Bibel unter Gnade versteht. Eberhard Jüngel sagte in seinem Vortrag „Gericht und Gnade", den er beim Deutschen Evangelischen Kirchentag 1989 in Berlin gehalten hat (epd-Dokumentation 29/89, S. 37ff):

„Selbst die zur bloßen gesellschaftlichen Formel erstarrte Anrede ‚Gnädige Frau' läßt noch erkennen, daß Gnade etwas mit Wohlwollen zu tun hat, mit einem Wohlwollen, das man zwar nicht erzwingen kann, aber doch gerne auf sich lenken würde. Gnade finden heißt: Anerkennung finden, und zwar ohne dafür irgend etwas getan zu haben oder tun zu können. Die im Alten Testament häufig begegnende Wendung, daß man Gnade in den Augen eines anderen findet, macht deutlich, daß Gnade nicht blind ist.

Während man die Gerechtigkeit gern mit verbundenen Augen darstellt, muß man sich die Gnade immer so vorstellen, daß da eine Person eine andere des Blickes würdigt und daß dieser Blick für den derart Angeschauten eine unverdiente Zuwendung bedeutet. Hinterher kann man sich dann der erfahrenen Gnade würdig erweisen, aber vorher ist man der Gnade niemals würdig. Gnade ist immer zuvorkommend. Feudalismus hin, Feudalismus her – wer liebt und nach Gegenliebe begehrt, der wünscht noch immer, Gnade in den Augen des anderen zu finden. Zur Liebe gehört der erwählende Augen-Blick der Liebe, und der ist der Augenblick der Gnade."

Unverdiente Zuwendung

Das deutsche Wort Gnade ist vom altnordischen „nath" abgeleitet. Das bedeutet: sich neigen, nahe sein, zur Ruhe bringen. Mit „ginada" –

nicht wie die fränkischen Missionare mit „Huld“ = Herablassung – haben die iroschottischen Mönche das lateinische Wort „gratia“ übersetzt.

Davon ist auch unser Lehnwort „Gratifikation“ hergeleitet. Es beschreibt eine freiwillige Zuwendung, die nicht auf einem Rechtsanspruch beruht, sondern „gratis“ erfolgt. Im griechischen Wort „charis“ schwingt etwas mit von Freude, Anmut und Dank: Gnade schafft eine vertrauensvolle Atmosphäre. Und sie stiftet Gemeinschaft.

Das hebräische Wort „chesed“ ist ein im Alten Testament häufig vorkommender Schlüsselbegriff, der das Verhältnis zwischen Gott und dem von ihm erwählten Volk beschreibt: ein durch nichts zu erschütterndes Treueverhältnis. Auch durch etymologische Untersuchungen wird erhärtet: Der ursprüngliche, biblische Sinn von „Gnade“ hat etwas mit Zuneigung, Zuwendung, Nähe, Gemeinschaft, ja sogar Treue zu tun. Und dies alles aus freien Stücken: „sola gratia“.

Die Gnade als Widerfahrnis

Allein durch Gottes Gnade ist der Mensch, was er ist. Allem Handeln geht ein Empfangen voraus. Das ist schon bei der Geburt so. Niemand verdankt sein Dasein sich selbst, sondern einer Empfängnis. Daß Gott die Welt geschaffen hat und uns Menschen das Leben gönnt, schon das ist als Gnadenakt zu begreifen. Aber erst recht im Ablauf des späteren Lebens ist der Mensch darauf angewiesen, daß ihm Gnade widerfährt. Der Mensch ist nicht der Riese Atlas, der die ganze Welt auf seinen Schultern zu tragen vermag. Er kann sich auch nicht an den eigenen Haaren aus dem Sumpf ziehen. Alles hängt für uns Menschen davon ab, daß Gott unbeirrbar an uns festhält, daß Gnade nicht nur das erste, sondern auch das letzte Wort ist, das Gott über unserem Leben ausruft, selbst im Gericht.

Es ist alles umsonst

Wie kann dem Menschen das Leben gelingen? Wie kann er trotz aller Selbstentfremdung und trotz der Verfehlung seiner Bestimmung zu einem erfüllten Leben gelangen? Wie wieder heil und ganz werden? Dazu hat Heinz Zahnt angemerkt (Wozu ist das Christentum gut?, München 1971, S. 202):

„Die Antwort auf diese Frage läßt sich in einem Wort zusammenfassen: umsonst. Dieses Wort hat einen doppelten Sinn. Wenn wir sagen: ‚Es ist alles umsonst‘, so kann dies heißen: ‚Es ist alles vergeblich.‘ Es kann aber genauso bedeuten: ‚Es ist alles Gnade.‘ Recht verstanden, schließen sich beide Aussagen gegenseitig nicht aus, sondern ein. Miteinander machen sie jenen Vorgang aus, der nach alter theologischer Sprachtradition als die ‚Rechtfertigung des Menschen vor Gott allein aus dem Glauben‘ bezeichnet wird. Dabei überwiegt das Bekenntnis: ‚Es ist alles Gnade‘ die

Klage: ‚es ist alles vergeblich‘ genau um jenes Maß, als die Liebe Gottes größer ist als alle Bemühung und Verfehlung des Menschen, also unendlich.“

So plausibel das klingt, der aufklärerische, im Namen menschlicher Eigenmächtigkeit und Mündigkeit erhobene Einspruch gegen das „sola gratia“ ist bis heute nicht verstummt. Dazu schreibt Manfred Linz (Gnade, in: Theologie für Nichttheologen, 2. Folge, Stuttgart 1964, S. 51):

„Um sein Heil müht sich der Mensch, auch wenn ihm Gott gleichgültig geworden ist, und sein Wunsch, dieses Heil sich selbst zu verdanken, ist so alt und so modern wie er selbst. Noch immer stehen Gnade und eigene Leistung sich gegenüber, noch immer und immer mehr gibt es die Rechtfertigung des Menschen aus seiner Leistung.“

Die billige Gnade

Um so verblüffender ist die Tatsache: Es gibt auch eine innerkirchliche Problematisierung der Gnade, einen theologischen, im Namen des Evangeliums erhobenen Einspruch gegen den lässigen, leichtfertigen und gefährlichen Umgang mit der Gnade. Nachdrücklich hat Dietrich Bonhoeffer aufgedeckt, daß Gottes Gnade, die ihm teuer ist, weil sie ihn viel gekostet hat, bei ihren Empfängern zur billigen Gnade verkommen kann. Nachzulesen ist das in seinem Buch „Nachfolge“, das auf Vorlesungen zurückgeht, die er in den Jahren 1935 bis 1937 auf dem Zingsthof und im Predigerseminar Finkenwalde gehalten hat.

So wie in der Ouvertüre eines musikalischen Werks die wichtigsten Themen schon einmal anklingen, hat er auf den ersten drei Seiten seines Buchs den gravierenden Unterschied zwischen der teuren und billigen Gnade im wahrsten Sinn des Wortes herausgemeißelt – seine Sätze klingen wie Hammerschläge (Nachfolge, München 1989, S. 29f):

„Billige Gnade heißt Gnade als Schleuderware, verschleuderte Vergebung, verschleuderter Trost, verschleudertes Sakrament, Gnade als unerschöpfliche Vorratskammer der Kirche, aus der mit leichtfertigen Händen bedenkenlos und grenzenlos ausgeschüttet wird; Gnade ohne Preis, ohne Kosten. Das sei ja gerade im Wesen der Gnade, daß die Rechnung im voraus für alle Zeit beglichen ist. Auf die gezahlte Rechnung ist alles umsonst zu haben.

Billige Gnade heißt Rechtfertigung der Sünde und nicht des Sünders. Weil Gnade doch alles allein tut, darum kann alles beim alten bleiben. ‚Es ist doch unser Tun umsonst.‘ Welt bleibt Welt, und wir bleiben Sünder ‚auch in dem besten Leben‘. Es lebe also auch der Christ wie die Welt, er stelle sich der Welt in allen Dingen gleich und unterfange sich ja nicht – bei der Ketzerei des Schwärmertums! –, unter der Gnade ein anderes Leben zu führen als unter der Sünde!

Billige Gnade ist Predigt der Vergebung ohne Buße, ist Taufe ohne Gemeindezucht, ist Abendmahl ohne Bekenntnis der Sünden, ist Absolution ohne persönliche Beichte. Billige Gnade ist Gnade ohne Nachfolge, Gnade ohne Kreuz, Gnade ohne den lebendigen, menschgewordenen Christus."

In einer späteren Vorlesung hat Bonhoeffer aufgezeigt, daß die billige Gnade „unbarmherzig" ist. Sie wirkt sich verheerend aus: für die organisierten Kirchen, die mit der von ihnen praktizierten Unverbindlichkeit zum „billigen Jakob" verkommen, aber auch für die einzelnen Christen, die dadurch daran gehindert werden, bewußt, entschieden und konsequent den Weg der Nachfolge zu beschreiten.

Die teure Gnade

In bewegenden Worten beschreibt Bonhoeffer dann, was dabei verspielt wird:

„Teure Gnade ist der verborgene Schatz im Acker, um dessentwillen der Mensch hingeht und alles verkauft, was er hatte; der Ruf Jesu Christi, auf den hin der Jünger seine Netze verläßt und nachfolgt. Teuer ist sie, weil sie in die Nachfolge ruft, Gnade ist sie, weil sie in die Nachfolge *Jesu Christi* ruft; teuer ist sie, weil sie dem Menschen das Leben kostet, Gnade ist sie, weil sie ihm so das Leben erst schenkt; teuer ist sie, weil sie die Sünde verdammt, Gnade ist sie, weil sie den Sünder rechtfertigt. Teuer ist die Gnade vor allem darum, weil sie Gott teuer gewesen ist, weil sie Gott das Leben seines Sohnes gekostet hat – ‚ihr seid teuer erkauft' – und weil uns nicht billig sein kann, was Gott teuer ist."

Gnade empfangen, ohne in die Nachfolge Jesu Christi einzutreten, das ist für Bonhoeffer ein Widerspruch in sich selbst. Schon in den letzten Jahren der Weimarer Republik hat ihn dieser Gedanke bewegt und umgetrieben. Aber es waren dann doch wohl die Erfahrungen aus der Zeit des Kirchenkampfes, die maßgeblich zu seiner Ausprägung und Zuspitzung beigetragen haben. Von seinem Tod im Konzentrationslager Flossenbürg her fällt ein besonderes Licht auf seine Sätze über die teure Gnade. Was er seiner Kirche und seinen Vikaren ins Stammbuch geschrieben hat, dafür hat er selbst seinen Kopf hingehalten: „Teuer ist sie, weil sie dem Menschen das Leben kostet, Gnade ist sie, weil sie ihm so das Leben erst schenkt."

Bleibende Aktualität

Dennoch: Bonhoeffers Warnung vor der Unbarmherzigkeit der billigen Gnade stieß nicht von Anfang an und nicht überall auf ungeteilte Zustimmung. Karl Barth äußerte sich zunächst sehr zurückhaltend zu Bonhoeffers „Nachfolge". Er sehe Bonhoeffer „mit dem unerschöpflichen Thema von Rechtfertigung und Heilung beschäftigt", und „zwar nicht ohne Sorge". „Ich werde sehr genau sehen müssen, wie der Hase läuft, um Ihnen eventuell sagen zu können, daß es auch meiner Meinung nach so, wie Sie es sich denken, möglich ist" (Brief vom 14.10.1936, GS II, S. 288-290).

Vermutlich waren Barths Bedenken darin begründet, daß er die Bedingungslosigkeit der göttlichen Gnade gefährdet sah, die in seiner Theologie ebenso stark verankert ist wie in der des Paulus, Augustins und Luthers. Zwanzig Jahre später freilich konnte man in der Kirchlichen Dogmatik lesen: „Mit Abstand das Beste, was dazu geschrieben ist, scheint mir in dem Buch ‚Nachfolge‘ von Dietrich Bonhoeffer vorzuliegen: Nicht in allen Teilen, wohl aber in einigen ..." (KD IV/2, S. 604).

Aber Bonhoeffer wollte die volle Gültigkeit von Luthers „allein aus Gnaden" überhaupt nicht in Frage stellen. Ausdrücklich und mit Nachdruck wehrt er sich gegen den Verdacht, daß hier etwas verbogen oder verraten werde. Die Rechtfertigung bleibt unbestrittene Voraussetzung. Sie bedarf keiner Ergänzung. Im Gegenteil: Die Gnade soll in ihrer Kostbarkeit wiederentdeckt und vor Verschleuderung bewahrt werden. Nachfolge ist Resultat empfangener Gnade. Sie ist nicht Vorbedingung für ihren Empfang (vgl. dazu Eberhard Bethge, Dietrich Bonhoeffer. Eine Biographie, München 1967, S. 520).

Wie aktuell ist Bonhoeffers Unterscheidung von billiger und teurer Gnade? Es ist müßig, darüber zu streiten, von woher der Gnade Gottes größere Gefahr droht: vom menschlichen Ehrgeiz, das Leben aus eigener Kraft zu meistern, oder von Voltaires billiger Behauptung: „Vergeben, das ist Gottes Metier." Angesichts der Überforderung des Menschen in der heutigen Leistungsgesellschaft hat Heinz Zahrnt die kritische Frage gestellt: „Gewiß gibt es eine billige Gnade, aber ist es heute wirklich an der Zeit, die Gnade noch teuer zu verkaufen?"

Dennoch: Angesichts der Lässigkeit und Unverbindlichkeit, die in der evangelischen Kirche nach wie vor an den Tag gelegt werden, behält Bonhoeffers Angriff auf die Unbarmherzigkeit der billigen Gnade ihr Recht, ihre provokative Kraft und bleibende Aktualität.

Aus: „Das missionarische Wort", jetzt „BRENNPUNKT GEMEINDE" 4/1991

Viel Glück und viel Segen

Es gibt Menschen, die in einer bestimmten Phase ihres Lebens von sich behaupten, sie seien „wunschlos glücklich". „Wunschlos glücklich." Das klingt ein wenig kühn. Aber es besteht meines Erachtens kein Anlaß, solche Feststellungen grundsätzlich zu verdächtigen. Warum sollte sich jemand, der zur Zeit so gut wie alles hat, was das Herz begehrt, nicht rundum wohl fühlen? Freilich: Ob der Mensch über den Augenblick hinaus, auf Dauer also, „wunschlos glücklich" sein kann? Und ob das wirklich erstrebenswert wäre? Diese beiden Gegenfragen müssen wohl gestellt werden.

Das menschliche Leben, so wie es nun einmal ist, läßt ja einiges zu wünschen übrig. Daß der Mensch Wünsche hat, das ist menschlich-allzumenschlich. Wünsche weisen darauf hin, daß unser Leben noch nicht abgeschlossen ist. Sie machen unser Dasein auf Erden spannend. Der Wunschzettel, den wir als Kinder in der Zeit vor Weihnachten abends auf die Fensterbank gelegt haben, war doch eine herrliche Sache. Nicht nur im Märchen, sondern auch im wirklichen Leben dürfen wir uns manches erträumen. Es ist bemerkenswert, daß auch in der Bibel menschliche Wünsche nicht nur erwähnt, sondern sogar hervorgelockt werden. So hat Gott eines Nachts im Traum den König Salomo ausdrücklich aufgefordert: „Bitte, was ist dir geben soll" (1. Kön 3,5). Und er hat dann auch munter von diesem Angebot Gebrauch gemacht.

Das menschliche Leben läßt manches zu wünschen übrig. Was hätte es sonst für einen Sinn, Glückwünsche auszusprechen oder auch zu verschicken: zum Jahresbeginn oder zum Geburtstag, vor einer wichtigen Verhandlung oder anläßlich eines bestandenen Examens.

Was wünschen wir da einander nicht alles: Freude, Gesundheit, Erfolg, Glück, Gnade, Segen und vieles andere mehr. Es gibt zu denken, daß es gar nicht so leicht ist, einen Glückwunsch zu formulieren. Wer sich davor scheut, dabei einfach auf Vorgestanztes zurückzugreifen, wer nicht formelhaft „alles Gute" wünschen möchte, der kommt nicht darum herum, gründlich nachzudenken. Das gilt auch im Blick auf einen Geburtstagskanon, der unter Christenmenschen ziemlich bekannt ist: „Viel Glück und viel Segen auf all deinen Wegen ...". Übrigens: Der Fortgang des Textes verrät einige Unsicherheit. Manche pflegen weiterzusingen: „,... Gesundheit und Wohlstand sei'n auch mit dabei." Andere wünschen statt dessen „Gesundheit und Frohsinn ...". Wohlstand? Frohsinn? Was ist wohl besser? Was wichtiger? Aber auch der Auftakt dieses Kanons ist im positiven Sinn des Wortes fragwürdig: „Viel Glück und viel Segen" – was ist damit gemeint? Ist das ein- und dasselbe? Oder sind Glück und Segen zweierlei Paar Stiefel?

Die Antwort, die ich darauf gebe, läßt sich in einem einzigen Satz zusammenfassen: Der Segen kann das, was wir unter Glück verstehen, einschließen, aber er reicht weit darüber hinaus. Kurz und prägnant hat der am Ende des Zweiten Weltkriegs von den Nationalsozialisten ermordete evangelische Theologe Dietrich Bonhoeffer festgestellt: „Nicht alle unsere Wünsche, aber alle seine Verheißungen erfüllt Gott." Dieser Satz bedarf der Erläuterung. Ich will versuchen, fünf aufeinander bezogene und doch in fruchtbarer Spannung zueinander stehende Behauptungen über das Glück und den Segen zu entfalten.

Glück – ein verschwommener Begriff

Offenbar sind die Grenzen dessen, was Menschen unter Glück verstehen, fließend. Der Begriff „Glück" gleiche einer „Sonne, die eine ganze Schar von Wort-Trabanten um sich hat: Behagen, Vergnügen, Lust, Zufriedenheit, Freude, Seligkeit, Heil", hat Ludwig Marcuse bemerkt (zitiert in H.J. Baden, Das Glück der Tüchtigen – Das Glück der Süchtigen, Wuppertal 1972). Die Umrisse des Begriffs verschwimmen also. Das verrät auch unser alltäglicher Sprachgebrauch. Im Blick auf andere Menschen wird festgestellt: „Der hat aber Glück gehabt." Oder: „Der ist glücklich." Doch ob „Glücklichsein" dasselbe ist wie „Glück haben„? Und wenn von einem Glückspilz gesagt wird: „Dem glückt einfach alles", wenn von einem geglückten Unternehmen oder gar von einem geglückten Leben gesprochen wird, dann ist das wohl noch einmal etwas ganz anderes. Das Glück entzieht sich dem menschlichen Zugriff, auch dem gedanklichen.

Was meine ich, wenn ich demgegenüber behaupte: Segen – das ist ein weitgespanntes Wort? Weitgespannt ist etwas anderes als verschwommen. Was die Bibel meint, wenn sie von den Segnungen und Verheißungen Gottes spricht, ist nur deshalb schillernd und schwer einzufangen, weil es in einem ganz weiten Horizont eingezeichnet ist, weil es Himmel und Erde umspannt. Von „allerlei geistlichem Segen in himmlischen Gütern" ist im Neuen Testament die Rede (Eph 1,3ff). Die Bibel spricht aber auch von mancherlei handfestem Segen in irdischen Gütern. Die alttestamentliche Vorstellung von Gottes Segen ist an manchen Stellen geradezu aufreizend weltlich: der Kindersegen gehört dazu, der Haussegen und der Erntesegen.

Es gibt dafür eine klassische Belegstelle: „Gesegnet wirst du sein in der Stadt, gesegnet wirst du sein auf dem Acker. Gesegnet wird sein die Frucht deines Leibes, der Ertrag deines Ackers und die Jungtiere deines Viehs. Gesegnet wird sein dein Korb und dein Backtrog. Der Herr wird gebieten dem Segen, daß er mit dir sei in dem, was du tust, und in allem, was du unternimmst" (5. Mose 28,3-8 in Auswahl).

Auch im Neuen Testament klingt diese recht irdische Segensvorstellung noch nach: „Die Erde, die den Regen trinkt, der oft auf sie fällt, und nützliche Frucht trägt denen, die sie bauen, empfängt Segen von Gott" (Hebr 6,7f).

Im Neuen Testament wird über den Segen noch mehr gesagt: Er schließt den geistlichen Segen ein und wird so zu einem Stück „Himmel auf Erden". Im Epheserbrief heißt es, nachdem Absender und Empfänger des Briefes genannt sind und der übliche Gruß vorangestellt worden ist, im dritten Vers des ersten Kapitels: „Gelobt sei Gott, der Vater unseres Herrn Jesus Christus, der uns gesegnet hat mit allerlei geistlichem Segen in himmlischen Gütern durch Christus." An dieser Stelle ist der Satz noch lange nicht zu Ende. Er geht im Urtext weiter bis Vers 12. Die Ausleger haben herausgefunden, daß es sich hier um den längsten Satz handle, der sich im Neuen Testament, ja in der gesamten überlieferten altgriechischen Literatur findet. Wie ist dieser Satzbandwurm zustandegekommen? Dafür gibt es eine ganz schlichte Erklärung. Der Begriff „geistlicher Segen" ist weitgespannt: er reicht von der Erwählung über die Gotteskindschaft, die Erlösung, die Vergebung, den Reichtum der Gnade, allerlei Weisheit und Klugheit, das Wissen um Gottes Geheimnis und Ratschlag bis hin zum ewigen Leben, das uns von Gott zugedacht ist.

So weitgespannt ist der Begriff „Segen", daß er sogar Gott selbst einschließt. Gott schenkt nicht nur etwas. Er schenkt nicht nur viel. Er schenkt alles: sich selbst.

Glück – das ist eine widersprüchliche Erfahrung

An einer Reihe von Sprichwörtern und Dichterworten ist das leicht abzulesen. Menschliche Erfahrungen, die sich in Sprichwörtern oder klassischen Zitaten niedergeschlagen haben, verraten, daß das Glück offensichtlich ein widersprüchliches Phänomen ist.

Das Glück kann dem Menschen in den Schoß fallen, unversehens, unberechenbar, unverdient. „Das Glück, kein Reiter kann's erjagen", schrieb Theodor Fontane. Und Bertolt Brecht hat das noch zugespitzt: „Ja, renn' nur nach dem Glück, doch renne nicht zu sehr. Denn alle rennen nach dem Glück. Das Glück rennt hinterher."

Auf der anderen Seite gibt es eine ebenso elementare Erfahrung, bei der es so aussieht, als hätten wir das Glück in der Hand. „Jeder ist seines Glückes Schmied", heißt es im Sprichwort. Und Moltke hat hinzugefügt: „Glück hat auf die Dauer doch wohl nur der Tüchtige." Der Glückspilz wird vom Glück ereilt, obwohl er keinen Finger gerührt hat. Der Glücksritter dagegen zieht aus, um sein Glück zu schmieden. So widersprüchlich stellt sich das Phänomen „Glück" in unserer menschlichen Erfahrung dar.

Segen ist ein eindeutiges Geschehen

Ihn kann der Mensch nicht herbeiführen und schon gar nicht erzwingen. Vielleicht kann er ihn sich erschleichen, wie die Geschichte von Jakob und Esau zeigt. Aber er hat den Segen nicht in der Hand und bekommt ihn schon gar nicht in den Griff. Zwar meint ein Sprichwort: „Sich regen bringt Segen." Doch im Buch der Sprüche steht zu lesen: „Der Segen des Herrn macht reich ohne Mühe" (10,22). Der Vorgang ist unzweideutig: Was der segnende Gott tut, geht allem voran, was der Mensch von sich aus in Gang bringen kann.

Glück – das ist eine menschliche Sehnsucht

Dies meine ich weder abfällig noch abwertend. Ich spreche von der echten, unverdächtigen Sehnsucht nach Glück, nach positiven Lebenserfahrungen. Das ist doch nichts Böses. Ganz im Gegenteil. Das Verlangen nach Glück, „the pursuit of happiness“, ist sogar in der amerikanischen Verfassung verankert worden. Mit Recht!

Psychologen vermuten, die Glückserwartung des Menschen sei eine unterschwellige Erinnerung an das verlorene Paradies der Kindheit, das der Mensch gern wiederfinden möchte. Wie schön, wenn da und dort die Sehnsucht nach einem Leben, das glückt, das gelingt, in Erfüllung geht!

Dietrich Bonhoeffer schrieb in einem seiner Briefe aus der Haft: „Wenn es Gott gefällt, uns ein überwältigendes irdisches Glück genießen zu lassen, dann soll man nicht frömmer sein als Gott und dieses Glück durch wildgewordene religiöse Phantasie, die an dem, was Gott gibt, nie genug hat, wurmstichig werden lassen.“

Was meine ich, wenn ich dem Satz „Glück – das ist eine menschliche Sehnsucht“ nun den Satz „Segen – das ist eine göttliche Verheißung“ gegenüberstelle?

Ich erinnere noch einmal an meine grundlegende Antwort: Der Segen schließt das, was wir unter Glück verstehen, ein, aber er reicht darüber hinaus. Eine Verheißung ist eine Zusage, ein Versprechen. Gott hat uns Menschen nicht verheißen, uns wie ein Automat all das, was wir suchen und ersehnen, umgehend frei Haus zu liefern. Er ist nicht der Erfüllungsgehilfe all unserer großen und kleinen Wünsche. Aber eines hat er uns in Aussicht gestellt: seine Nähe dort, wo wir in den Wechselfällen des Lebens nach Sinn und Geborgenheit suchen, und so etwas wie „freies Geleit“ „auf all unsern Wegen“.

Beispielhaft wird das daran deutlich, daß der sonntägliche Gottesdienst mit dem Segen schließt. Dabei wird in der Synagoge und in der Evangelischen Kirche eine Weisung aus dem 4. Buch Mose aufgegriffen: „So sollt ihr sagen zu den Kindern Israel, wenn ihr sie segnet: ‚Der Herr segne dich und behüte dich; der Herr lasse sein Angesicht leuchten über dir und sei dir gnädig; der Herr hebe sein Angesicht auf dich und gebe dir Frieden.‘ Denn ihr sollt meinen Namen auf die Kinder Israel legen, daß ich sie segne“ (6,23ff). In einer Predigtmeditation über diesen Abschnitt stehen die Sätze: „Gott segnet verschwenderisch. Darum bin ich gern Pfarrer. Wie schwer wäre mein Dienst, wenn ich die guten von den bösen Menschen trennen müßte, zum Beispiel am Ende des Gottesdienstes, wenn ich allen Gottes Segen wünsche. Aber ich muß nicht trennen. Ich darf es jedem zusprechen: Der Herr segne dich“ (Reinhold Lindner, in: Gottesdienstpraxis V, 2, Gütersloh 1983).

Es ist etwas Großartiges, wenn einer den Segen Gottes anderen mitteilen und mit anderen teilen darf. Ihm ist damit freilich auch ein hohes

Maß an Verantwortung auferlegt. Kann er das eigentlich, den Segen „austeilen", den Segen „spenden"? Ist da nicht schon der Sprachgebrauch verräterisch? Der biblische Text selbst rückt die Gewichte zurecht: „Ihr sollt meinen Namen auf die Kinder Israels legen, daß ich sie segne", hat Gott geboten. Segnen und den Segen spenden kann Gott allein. Seine Diener können nur seinen Namen auf die Gemeindeglieder legen. Mehr nicht. Aber auch nicht weniger.

In manchen Gegenden beschließen die Pfarrer den Gottesdienst mit den Worten: „Wir bitten um Gottes Segen." Und dann sprechen sie den Segen wie ein Gebet: „Der Herr segne uns und behüte uns ..." Man kann das als Ausdruck der dem Menschen gebotenen Bescheidenheit verstehen oder auch als deutliche Absage an das magische Mißverständnis, der Segen sei so etwas wie eine Zauberformel. Aber es steht nun einmal da: „So sollt ihr sagen, wenn ihr sie segnet: ‚Der Herr segne dich und behüte dich ...'" Offenbar ist das mehr als die bescheidene Bitte: „Der Herr segne uns", mehr als ein frommer Wunsch: „Möge Gott dich segnen" und auch mehr als eine bloße Information: „Gott ist ein segnender Gott." Es ist Anrufung Gottes und göttlicher Zuspruch für uns Menschen zugleich.

Glück – das ist ein zerbrechliches Geschenk

Das Glück, das sich eingestellt hat, kann dem Menschen über kurz oder lang wieder abhanden kommen. „Glück und Glas, wie leicht bricht das", sagt ein Sprichwort. Freilich ist das nicht nur ein Verhängnis. Glück kann der Mensch ja nur deshalb als wirkliches Glück empfinden, weil es auch das andere gibt: Enttäuschungen, Pechsträhnen, Nackenschläge. George Bernard Shaw meinte, Glück ein Leben lang könnte niemand ertragen, das wäre die Hölle auf Erden. Und auch Bonhoeffer hat, nachdem er sich dagegen gewehrt hatte, das menschliche Glück madig zu machen, noch im selben Atemzug hinzugefügt: „Gott wird den, der sein irdisches Glück gefunden hat und dafür dankbar ist, schon daran erinnern, daß das Irdische nur etwas Vorläufiges ist und daß es gut ist, das Herz beizeiten an die Ewigkeit zu gewöhnen." Das Glück ist also ein zerbrechliches Geschenk.

Beim Segen Gottes geht es um eine unverbrüchliche Zuwendung. Zwar kann in dieser Welt der Eindruck entstehen, die Unheilsmächte – das Böse und die Schuld, das Leiden und der Tod – behielten die Oberhand. Sie können den Menschen in die Tiefe der Anfechtung führen, indem sie ihm vorgaukeln, ein Fluch sei an die Stelle des Segens getreten. Aber auch am Rand der Verzweiflung behält der Zuspruch Gottes „Ich will dich segnen" und „Ich will mit dir sein" den Charakter der unverbrüchlichen Zuwendung Gottes zu uns Menschen. In vielen christlichen Kirchen wird bei der Erteilung des Segens das Zeichen des Kreuzes geschlagen: am Schluß des Gottesdienstes, bei der Taufe, bei der Konfirmation, bei der Austeilung des Abendmahls, bei der Trauung, am Sterbebett oder bei der Trauerfeier auf dem Friedhof. Katholische Christen pflegen sich nicht nur beim Betreten oder Verlassen der Kirche, sondern auch mitten im Alltag zu bekreuzigen, nicht zuletzt bei Schreck, Gefahr und Bedrohung.

Doch was geschieht eigentlich, wenn durch das Nachzeichnen des Kreuzes beim Sprechen des Segens die Erinnerung an Christus, der am Kreuz für uns gestorben ist, heraufbeschworen wird? Ganz gewiß keine magische Beschwörung. Im Gegenteil! Wenn einer, der wie kein anderer zu den in den Psalmen erwähnten „Gesegneten des Herrn" gehörte, nämlich Christus, wenn der leiden und sterben mußte, dann bedeutet dies doch: Gottes Segen ist keine Garantie dafür, daß im Leben alles glatt geht. Der Segen ist weder ein Talisman noch ein Amulett. Der Segen behütet nicht vor, sondern im Leiden und Sterben. Der Heidelberger Theologieprofessor Claus Westermann hat das so formuliert: „Das Kreuz wird nicht abgesegnet." Es ist nicht End-, sondern Durchgangsstation. „Aber der Segen wird auch nicht durchkreuzt." (Der Segen in der Bibel und im Handeln der Kirche, 1968). Unverbrüchlich gilt Gottes Verheißung mitten im scheinbaren Scheitern.

Glück – das ist ein zweifelhafter Lebensinhalt

Hier werde ich nun doch kritisch gegenüber dem, was wir unter Glück verstehen. Glücklich sein kann ein zweifelhaftes Vergnügen sein. Alexander Solschenizyn hat in seinem Buch „Krebsstation" geschrieben: „Nicht nach Glück sollen die Menschen streben, weil das Glück weithin nur ein Idol des Marktes ist, sondern nach gegenseitiger Sympathie. Glücklich mag auch ein Tier sein, das seine Beute frißt; aber Sympathie können nur die Menschen einander entgegenbringen. Das Glück ist eine Fata Morgana der billigsten Sorte. Wenn wir das Brot vor lauter Überfluß mit Füßen treten und in Milch ertrinken, werden wir noch lange nicht glücklich sein."

Im Alten Testament kommt das Wort „Glück" zwar fünfundzwanzigmal vor, freilich durchweg im Sinn von „gesegnet sein". Im Neuen Testament dagegen begegnet uns der Begriff kein einziges Mal. Das gibt zu denken. aber wir sollten daraus keine voreiligen Schlüsse ziehen. Die Rede von der Glückseligkeit, die im Mittelalter eine große Rolle spielte, ist durchaus im Evangelium begründet. Es ist mehr als eine saloppe Eindeutschung, wenn die Seligpreisungen der Bergpredigt in manchen zeitgenössischen Bibelübersetzungen mit den Worten „Glücklich sind ..." eingeleitet werden. Allerdings hat Jesus die Menschen, denen er sich zuwandte, auf eine neue und überraschende Weise „glückselig" gemacht. Er nahm sich ihrer an, er nahm sie selbst an, obwohl ihnen im Leben manches mißglückt war. Er sagte „Ja“ zu ihnen, auch und gerade dann, wenn ihr Leben von Krankheit, Hunger und anderen Formen scheinbaren Unglücks überschattet war. So hat er die Bedeutung des Glücks für das menschliche Leben relativiert.

Und darum behaupte ich: Glück, für sich allein genommen, im Sinne von Warenhausglück – das ist ein fragwürdiger Lebensinhalt.

Segen vermittelt Lebenssinn

Gottes Segen dagegen vermittelt einen tragfähigen Lebenssinn, und einen umfassenden. „An Gottes Segen ist alles gelegen“, sagt das Sprichwort in unüberbietbarer Kürze. Wer Gottes Segen empfangen hat, verendet nicht wie ein Tier, er kann, wenn er stirbt, „das Zeitliche segnen“. Aber zuvor schon kann er selbst zu einem Segen werden wie einst Abraham. Nicht nur Gott segnet die Menschen. Umgekehrt „segnen“ die Menschen auch Gott. An vielen Stellen der Bibel, die in unseren Übersetzungen mit „Gelobt sei Gott ...“ beginnen, heißt es im Urtext der Bibel eigentlich: „Gesegnet sei Gott ...“ So wie das lateinische Wort für danken „gratiam referre“ wörtlich bedeutet: „die Gnade zurückbringen“, so bedeutet „Gott segnen“ für den Menschen, daß er Gott den empfangenen Segen in Lob und Dank zurückbringt.

Doch der Segen, den der Mensch empfängt und erwidert, hat nicht nur Gott, sondern auch den Mitmenschen zum Adressaten. Der Mensch kann anderen zum Segen werden, entweder, wenn er Gottes Segen wie Abraham an die nachfolgenden Generationen weitergibt, oder aber, wenn er ihn schon jetzt in der Gegenwart anderen Menschen gönnt. Das kann durch Worte geschehen, schon dadurch, daß ein anderer in Gottes Namen gegrüßt wird. Vielen Menschen ist gar nicht bewußt, daß das „Grüß Gott“ ursprünglich bedeutete: „Gott grüße dich.“ Wenn man in Schwaben „Ade“ sagt oder in Norddeutschland „Tschüß“ – beides kommt vom französischen Adieu und bedeutet wörtlich: „Ich grüße dich von Gott her“ –, dann ist auch dies eigentlich ein Segenswunsch. Was schwingt alles mit, wenn sich in Israel noch heute die Menschen auf der Straße mit dem letzten Wort des aaronitischen Segens grüßen: „Schalom!“

Freilich wird an dieser Stelle auch deutlich, daß es mit Worten allein nicht getan ist, wenn wir für andere ein Segen sein sollen. „Segnet, die euch verfluchen“, heißt es mehrfach im Neuen Testament. Es handelt sich dabei um eine der wenigen Stellen, die sich in den Evangelien und den Paulusbriefen in fast wörtlicher Übereinstimmung finden. Offenbar hat sich dieses Wort der Urchristenheit tief eingeprägt. Wer zum Träger des Segens Gottes in dieser Welt werden will, kann sich nicht damit begnügen, anderen mit Worten Segenswünsche auszusprechen. Er muß „in der

Tat“ segnen. Der Mensch soll den Segen, den er empfangen hat, nicht – wie wir entlarvend zu sagen pflegen – für sich behalten, sondern weitergeben und verschenken.

In wunderbarer Anschaulichkeit bringt das Märchen vom Sterntaler das zum Ausdruck. Menschen und zumal Christenmenschen sollten deshalb auch ihr Glück nie dort suchen, wo das Glück anderer auf dem Spiel steht oder gar deren Unglück heraufbeschworen wird. Das parasitäre Glück, das Glück auf Kosten anderer, fällt in der Regel über kurz oder lang wie ein Kartenhaus in sich selbst zusammen.

Gottes Segen schließt das, was Menschen als Glück empfinden, nicht aus. Aber er reicht weit darüber hinaus. Die menschliche Suche nach dem Glück und der göttliche Zuspruch des Segens sind nicht deckungsgleich. Bonhoeffers Feststellung, Gott erfülle nicht alle unsere Wünsche, aber alle seine Verheißungen, erweist sich von daher als eine notwendige kritische Orientierungshilfe.

Wenn wir uns nun einem Text aus dem 20. Jahrhundert, dem Schutzbrief von Werner Bergengruen, zuwenden, wird das besonders deutlich. Ich lese zunächst nur die ersten zwanzig Zeilen:

Dieser Brief ist geschrieben
aus Glauben, Hoffen, Lieben.
Wer ihn in seinem Hause hält,
dem schlägt kein Hagel ins Weizenfeld.
Seine Kirschen sind sicher vor Spatzen,
kein Wasserrohr darf ihm platzen,
kein böses Maul ihn verklagen,
kein Fieber die Kinder ihm plagen.
Das Feuer muß vor ihm weichen,
der bittre Hunger desgleichen,
das Reißen in Schulter und Knie
und die dunkle Melancholie.

Es dürfen Ratten und Maden
seinem Rauchfleisch und Mehl nicht schaden.
Rost, Diebe und Polizei
gehen an ihm vorbei.
Hat nie im Schuh einen Stein
und Blase und Nier obendrein.
Denselben wird Gott bekräften
zu allen seinen Geschäften.

Würde der Schutzbrief an dieser Stelle enden, er wäre schwer zu ertragen. Keinem Menschen ist garantiert, daß er vor jeglichem Leid verschont bleibt und daß alle seine Geschäfte gelingen. Gott ist weder der Erfüllungsgehilfe unserer Wünsche noch der Garant unseres Wohlseins. Er hat uns nicht lauter Glück versprochen. Wäre das, was Bergengruen eingangs in seinem „Schutzbrief" geschrieben hat, der Weisheit letzter Schluß, so müßten alle Geplagten und zu Schanden Gekommenen den fatalen Schluß ziehen, sie stünden nicht unter Gottes Schutz.

Darum ist es gut, daß Bergengruen fortfährt und noch einmal ansetzt:

Dieser Brief ist geschrieben
aus Glauben, Hoffen und Lieben.
Was stehet darin?
Daß ich Gottes Befohlener bin.
Gottes güldener Thron
ist meine Bastei und Bastion.
Jesu Christi heiliges Fleisch und Blut
ist mein Küraß und Eisenhut.
Daß mich niemand kann fällen
mit Granaten und Schrapnellen.
So bleib ich von Stahl und Blei,
von Gift und Handschellen frei.
Der Tod geht nur hart an die Haut,
aber dann ist der Weg ihm verbaut.
Das Feuer mag mich umloh'n,
die bittre Flut mich bedroh'n,
sie steigt mir doch nur bis ans Kinn,
weil ich Gottes Befohlener bin.
Jedes Elend soll mich anfassen,
ich bleibe ihm nicht überlassen.

Soll leiden alle Beschwerden
und von keiner ertötet werden.
Manche Nacht soll ich wachen und bangen
und doch den Morgen erlangen.
Und was meine Feinde auch hecken
in ihren Kanzlein und Verstecken,
kein Haar auf meinem Haupt
ist ihnen zu krümmen erlaubt.
Ich lebe – und solchergestalt
hat die Welt an mir kein' Gewalt.
Muß alles sich schicken und fügen

zu Gottes und meinem Vergnügen.
Dieser Brief ist geschrieben
aus Glauben, Hoffen, Lieben.
Es ist nichts weiter zu schreiben.
Ich soll Gottes Befohlener bleiben.

In diesen Versen kommt das Kreuz mit in den Blick. Daß dem Menschen das Wasser bis zum Hals stehen kann, daß Elend ihn anfaßt, Beschwerden über ihn kommen, er manche Nacht wachen und bangen muß und ihm der Tod hart an die Haut gehen kann, das wird hier nicht retuschiert. Aber in dem allen bleibt er „Gottes Befohlener", wird ihm Gottes Segen und Schutz nicht entzogen.

Es ist schön und gut, wenn wir einander „viel Glück" wünschen. Aber es gilt, davor auf der Hut zu sein, einem zweifelhaften, illusionären Wunschdenken zu verfallen. Rasch bricht das Glück, wenn Tage des Unglücks kommen. „Viel Segen" dagegen wird durch das Kreuz nicht zunichte gemacht. Seine Tragweite und Tragfähigkeit erweist sich gerade angesichts des unausweichlichen Leidens und Sterbens. Darum sollte sich kein Mensch auf seine Wünsche versteifen, aber dem, was Gott im Segen zuspricht, viel, ja alles zutrauen.

„... und vergib uns unsere Schuld"

„... und vergib uns unsere Schuld ..." – wie oft in unserem Leben mögen wir sie wohl schon gesprochen haben, diese fünf Worte? Tausendmal? Zehntausendmal? Oder noch viel öfter? Wohl niemand unter uns wird diese Frage exakt beantworten können.

Viele von uns haben das Vaterunser schon auswendig gelernt, als sie noch gar nicht in die Schule gingen. Und ungezählte Male ist es uns seitdem über die Lippen gegangen: in Gottesdiensten, bei Andachten, bei Gemeindeveranstaltungen und daheim im stillen Kämmerlein. Und jedes Mal kam dann auch die fünfte Bitte vor: „Und vergib uns unsere Schuld."

Aber ob wir da jedes Mal ganz bei der Sache gewesen sind? Es mag sein: Manchmal, in Stunden tiefster Verzweiflung, haben wir uns an diese Worte vielleicht schon einmal geklammert wie ein Ertrinkender an einen Strohhalm. Aber oft sagen wir das Vaterunser einfach auf, ohne uns viel dabei zu denken. Oder wir sprechen es so schnell, daß Herz und Seele beim besten Willen nicht mitkommen können. Darum wird es gut sein, wenn wir uns einmal Gedanken machen über diese fast telegrammstilartig formulierte Bitte.

Am 31. Oktober begeht die evangelische Christenheit das Reformationsfest. Vor 471 Jahren hat Martin Luther am Abend dieses Tages seine 95 Thesen an der Tür der Schloßkirche in Wittenberg angeschlagen. Diese Gebetsworte stehen in einem engen Zusammenhang mit dem jahrelangen Prozeß im Leben Luthers, den die Kirchengeschichtler als den „reformatorischen Durchbruch" bezeichnen.

Heute schreiben wir den 31. Oktober 1988. Auch diese Jahreszahl ist für das Thema von Bedeutung. In neun Tagen jährt sich zum 50. Mal der Tag – nein: die Nacht –, in der in Deutschland die Synagogen brannten und die Schaufenster jüdischer Geschäfte zersplitterten. Im Blick auf diese Nacht, die – und das ist beschönigend und verharmlosend – als „Reichskristallnacht" in die deutsche Geschichte eingegangen ist, werde ich danach fragen, was es mit Schuld und Vergebung auf sich hat, wenn wir als Deutsche an unsere noch immer unbewältigte jüngste Vergangenheit denken.

„... wie auch wir vergeben"

Die Vaterunserbitte „... und vergib uns unsere Schuld ..." steht nicht isoliert.

Sie geht weiter, und in ihrem zweiten Teil, im selben Atemzug noch, sprechen wir: „... wie auch wir vergeben unsern Schuldigern." Worte werden da gesprochen, die wichtig sind und gewichtig. Ein zentnerschweres Gewicht scheint an ihnen zu hängen. Im Kleinen Katechismus hat Luther gefragt: „Was ist das?" Und dann erklärt:

„Wir bitten in diesem Gebet, daß der Vater im Himmel nicht ansehen wolle unsere Sünden und um derselben willen solche Bitten nicht versagen; denn wir sind der keines wert, daß wir bitten, haben's auch nicht verdient; sondern er wolle es uns alles aus Gnaden geben, denn wir täglich viel sündigen und wohl eitel Strafe verdienen. So wollen wir wiederum auch herzlich vergeben und gerne wohltun denen, die sich an uns versündigen."

Von daher möchte ich in gebotener Kürze etwas sagen über die Notwendigkeit der Vergebung, die Gewißheit der Vergebung und die Konsequenzen aus der Vergebung.

Die Notwendigkeit der Vergebung

Die fünfte Bitte des Vaterunser beginnt mit einem kleingeschriebenen „und". Christus hat die Bitte um Vergebung und die Bitte um das tägliche Brot auf diese Weise eng aneinandergekoppelt. Ausdrücklich steht im griechischen Urtext das Wort „kai". Dadurch entsteht eine Doppelbitte, die sich auf die kurze Formel bringen läßt: „Gib und vergib." Damit wird geradezu demonstrativ hervorgehoben, daß wir auf beides in gleicher

Weise angewiesen sind: auf das Brot und auf die Vergebung. Der Mensch lebt auch vom Brot. Angesichts der Hungernden und Verhungernden in dieser Welt wäre es geradezu zynisch, das zu verschweigen. Aber: „Der Mensch lebt nicht vom Brot allein“, hat Jesus gesagt. Der Mensch braucht beides: das Brot für den Magen, weil er sonst verhungert, und die Vergebung für die Seele, weil er sonst an seiner Schuld erstickt. Der Mensch braucht beides „täglich“. Gleich in der ersten der 95 Thesen hat Luther hervorgehoben, Christus wolle, daß das ganze Leben der Gläubigen fortwährend Buße sei. Wie das Brot benötigt der Mensch auch das wichtigste „Wort, das aus dem Mund Gottes geht“ – nämlich „Vergebung“ – täglich.

Der Schweizer Prediger Walter Lüthi hat aber in seiner Auslegung des Vaterunsers darauf hingewiesen: Der Magen ist besser dran als die Seele. Er knurrt, wenn er kein Brot bekommt. Ihm ist die lautstarke Wächtersprache des Hundes verliehen. Die Seele dagegen spricht eine leisere Sprache. Sie knurrt nicht. Sie seufzt nur. Sie kann deshalb leicht überhört werden. Doch von Zeit zu Zeit macht sie sich dennoch bemerkbar.

In einer Zeitung las ich vor einiger Zeit die Schlagzeile: „Immer mehr Menschen tut die Seele weh.“ Ich denke, das kommt nicht nur daher, daß – wie es im Katechismus heißt – „wir täglich viel sündigen“, daß sich unsere Verfehlungen und Unterlassungen aneinanderreihen wie die Perlen einer Kette. Das liegt vor allem daran, daß wir „ganz, samt Seele und Leib“ schuldig werden. Wir sind ganz und gar auf Gott angewiesen. Wir fallen aber aus der Abhängigkeit von ihm heraus. Wir verfallen anderen Mächten und Dingen – „Woran du nun dein Herz hängst, das ist dein Gott“ –, und wir spielen uns selbst wie kleine Herrgötter auf.

Es stimmt schon: „Immer mehr Menschen tut die Seele weh.“ Die Frage ist nur, wie wir damit umgehen. Schuld kann auf andere abgeschoben und Schuld kann ins eigene Unterbewußtsein verdrängt werden. Doch weder so noch so werden wir sie los. Nur indem wir sie uns, den Mitmenschen und Gott gegenüber eingestehen, kann sie aufgearbeitet und weggeräumt werden.

Vergebung ist im wahrsten Sinne des Wortes not-wendig. Sie allein wendet die Not des Menschen, der eine wunde Seele und ein verletztes Gewissen hat. Luther ist nicht müde geworden, darauf hinzuweisen, daß der alte Adam in uns durch tägliche Reue und Buße ersäuft werden muß. Ein Zeitnosse hat freilich dazu angemerkt, leider könne der alte Adam erstaunlich gut schwimmen. Von einem Tag auf den anderen kann er wieder Oberwasser bekommen. Weil wir die Vergebung so nötig brauchen wie das tägliche Brot, weil sich niemand von uns gern an seine Schuld und an seine Schulden erinnern läßt und weil es uns offenbar schwerfällt, offen zuzugeben, wie es um uns steht, darum hat Jesus uns nahegelegt, ihm –

nicht nur einmal, sondern immer wieder – die Worte „... und vergib uns unsere Schuld ..." nachzusprechen.

Die Gewißheit der Vergebung

Hat diese Bitte Aussicht auf Erhörung? Gibt es eine Gewißheit der Vergebung?

Ja, die gibt es. Hätte Jesus uns sonst diese Bitte wohl förmlich in den Mund gelegt? An keiner Stelle in den Evangelien kann der Verdacht aufkommen, er habe auch nur einen Menschen durch seine Ratschläge hinters Licht oder aufs Glatteis geführt. Und zudem: Immer wieder und überaus deutlich hat Jesus darauf aufmerksam gemacht: Vergebung ist die große Vorgabe Gottes. Im Großen Katechismus lesen wir: Gott „hat uns das Evangelium, darin eitel Vergebung ist, geschenkt, ehe wir darum gebeten oder jemals daran gedacht haben". Ja: Bedingungslos und ohne Vorleistung hat Jesus Menschen wie dem Gelähmten in Kapernaum oder der Frau beim Gastmahl des Simon zugesprochen: „Deine Sünden sind dir vergeben." Und sogar für die, die ihm den Garaus machen wollten, ist er fürbittend vor Gott eingetreten: „Vater, vergib ihnen, denn sie wissen nicht, was sie tun."

Aber wenn das so ist, warum müssen wir dann überhaupt noch darum bitten: „vergib uns unsere Schuld"? Können wir dann nicht einfach Gott einen guten Mann sein lassen, frei nach dem Motto Voltaires „Vergeben, das ist Gottes Metier" – das ist sein Geschäft, dafür hat er gefälligst dazusein? Aber die uns von Jesus selbst in den Mund gelegte Bitte ist um der Gewißheit und um der Vergewisserung willen unerläßlich.

Im Großen Katechismus heißt es: „Es ist darum zu tun, daß wir solche Vergebung erkennen und annehmen." Erkennen: Wer seine Schuld nicht einsieht und nicht bekennt, sie nicht äußert und nicht ausspricht, der wird sie nicht los und wird der Vergebung nicht gewiß. Annehmen: Wer sich nicht klarmacht, daß er vor Gott mit leeren Händen dasteht – „wir sind Bettler, das ist wahr", dieses Fazit hat Luther gegen Ende seines Lebens gezogen –, der nimmt nicht wahr und nimmt nicht an, daß Gott ihm – nicht weil es sein Metier ist, sondern sola gratia, allein aus Gnaden – die leeren Hände füllt. Weil es notwendig ist und weil wir der Vergewisserung bedürfen, darum beten wir: „... und vergib uns unsere Schuld ...".

Die Konsequenz der Vergebung

„... wie auch wir vergeben unsern Schuldigern", so geht es dann weiter. Damit kommt ein dritter Aspekt in den Blick: Es geht auch um die Konsequenzen aus der empfangenen Vergebung.

Jesus hat in seinem Gleichnis vom Schalksknecht auf einen zum Himmel schreienden Widerspruch aufmerksam gemacht. Wenn einer, dem eine große Schuld erlassen worden ist, kurz darauf das, was andere ihm schulden, kleinlich und brutal eintreibt, so ist es unfaßlich und empörend. Aber so etwas gibt es mitten unter uns. Noch einmal zitiere ich Walter Lüthi:

„Was für eine schandbar lange Zeit des Lebens verschwatzt der Mensch doch über die Sünden der anderen. Wir belachen und kritisieren sie. Wir richten über sie, als ob wir nichts Gescheiteres und Dringlicheres zu tun hätten, nämlich: ihnen die erhaltene Vergebung weiterzugeben. Die Sonne kann nicht anders als scheinen. Der Vogel ist da zum Singen. Die Blume will blühen. Zum Brennen gibt es das Feuer. So ist die Vergebung da zum Vergeben. Eine Vergebung, die nicht vergibt, ist keine Vergebung. Daher kommt's, daß die Welt so wenig Licht und Salz verspürt von der Kirche her, weil uns die Schuld der anderen mehr interessiert als die Vergebung, die wir ihnen weiterzugeben hätten. Es heißt aber: ‚Wie auch wir vergeben unsern Schuldigern!'"

Ein württembergischer Lektor hat mir von einem bemerkenswerten Vorgang erzählt. Er fuhr zu einer Kur in ein rheinisches Heilbad und besuchte dort einen evangelischen Gottesdienst. Ihm fiel auf, daß der Pfarrer das Vaterunser nicht beten ließ. Er dachte: Er wird's wohl vergessen haben! Das kann vorkommen. Doch am Sonntag darauf: wieder kein Vaterunser! Als der Kurgast den Pfarrer daraufhin ansprach, erfuhr er: Ganz bewußt läßt er das Gebet des Herrn weg. Und warum? Eben wegen der fünften Bitte. Weil wir die zweite Hälfte dieser Bitte so sträflich mißachten, sprächen wir uns doch jedes Mal selbst schuldig. Da sei er zu dem Schluß gekommen, es sei besser, das Vaterunser lieber ganz wegzulassen.

Bei allem Respekt vor dem Ernstnehmen frommer Texte, das hier zu spüren ist: Ich halte diese gottesdienstliche Praxis doch für höchst fragwürdig. Und zwar aus zwei Gründen. Erstens: Wenn Jesus ausdrücklich zu seinen Jüngern gesagt hat: „Euer Vater weiß, was ihr bedürft, bevor ihr ihn bittet. Darum sollt ihr so beten" – und dann folgt der Text des Vaterunser –, dann wird er schon gewußt haben, warum er das tat. Es steht nicht in unserem Belieben, seiner Aufforderung nachzukommen oder auch nicht. Und zweitens: Im Großen Katechismus wird diese so brandgefährlich klingende zweite Hälfte der fünften Bitte nicht nur als ein nötiger, sondern auch als ein tröstlicher Zusatz bezeichnet. Es wird daran erinnert, daß Christus bald nach dem Vaterunser gesprochen habe (Mt 6,14): „Denn so ihr den Menschen ihre Fehler vergebt, so wird euch euer himmlischer Vater auch vergeben." Daraus wird gefolgert: „Vergibst du aber, so hast du den Trost und die Sicherheit, daß dir im Himmel vergeben wird." Die eigene Vergebungsbereitschaft wird – so wörtlich – zum „Wahrzeichen" der Vergebungsbereitschaft Gottes.

Der „reformatorische Durchbruch"

Im Leben Luthers vollzog sich ein langjähriger Prozeß, ehe es zu dem von Kirchengeschichtlern sogenannten „reformatorischen Durchbruch“ kam. Über den Zeitpunkt, an dem sich dieser Durchbruch ereignete, streiten sich bis auf den heutigen Tag die Gelehrten. Nach Meinung vieler Forscher hat Luther seine reformatorische Entdeckung des Zusammenhangs zwischen der Gerechtigkeit Gottes und der Rechtfertigung des Menschen bereits 1514 gemacht. Andere datieren sie jedoch auf 1518 – das wäre erst nach dem von uns gefeierten Reformationstag und würde auf die 95 Thesen ein ganz neues Licht werfen! Daß die Annahmen so weit auseinanderliegen, deutet darauf hin, daß wir es mit einem Prozeß zu tun haben, der sich über Jahre erstreckte.

Daraus dürfen nun freilich keine falschen Schlüsse gezogen werden. Selbst die Fachwelt ist der Versuchung nicht entgangen, sich Luther vor allem in der Rolle des Schreibstubengelehrten vorzustellen. Der Eindruck ist entstanden, er habe zielstrebig ein Forschungsprogramm bis zum Ende verfolgt: Da mußte nur der richtige Ausgangspunkt gefunden werden, dann galt es einzelne exegetische Ergebnisse zu ordnen und kontrolliert die richtigen Konsequenzen zu ziehen, und damit sei Luther dann zur Reformation vorgestoßen. Doch so planmäßig verläuft nicht einmal der Weg eines deutschen Professors. Auch und gerade Luther war es nicht gegeben, programmgemäß seinen Weg zu gehen. Überraschend und nicht selten verwirrend öffneten sich für ihn die Aussagen der Heiligen Schrift. Immer neue Stellen entdeckte er, die ihn unmittelbar ansprachen. Mit Schreibtischforschung allein wäre er damit nie zurande gekommen. Heiko A. Oberman schreibt in seinem Lutherbuch: „Chorgebet und Beichtgespräch, Bibellektüre und Meditation, Unsicherheit und Zweifel, Fasten und Wachen bis zur Grenze seiner physischen Möglichkeiten begleiteten die ersten Versuche, den Studenten die Schrift zu öffnen und Auslegungsergebnisse in akademischen Streitgesprächen auf ihre Haltbarkeit hin zu überprüfen.“

Irgendwann freilich muß es auf diesem Weg zu einem bewußt erlebten Durchbruch gekommen sein, zu dem vielzitierten Turmerlebnis. Luther selbst hat später davon oft gesprochen.

Die Frage nach dem „Wann“ und „Wo“ des „reformatorischen Durchbruchs“ können wir getrost den Historikern überlassen. Wichtiger für uns ist, danach zu fragen, worum es in der Sache ging. Luther war ein angefochtener Mensch. Letztlich ging es ihm um das Problem, ob und wie der Mensch vor Gott bestehen kann, also um die Frage: „Wie kriege ich einen gnädigen Gott?“ Als Mönch durchlebte er Augenblicke tiefster Verzweiflung. Sein Fall schien, wie ein späteres Selbstzeugnis zeigt, hoffnungslos. Er sprach von sich selbst, als er ein wenig verfremdend berichtete: „Ich kenne einen Menschen, der versicherte, solche Qualen oft durchlitten zu haben, zwar nur in ganz kurzer Zeitspanne, doch so schwer und so höllisch, daß keine Zunge es aussprechen, keine Feder es niederschreiben, keiner es glauben kann, der es nicht selber durchgemacht hat. Würden sie nur eine halbe Stunde, ja nur den zehnten Teil einer Stunde andauern, müßte der Mensch darüber zugrundegehen, seine Gebeine würden in Asche verwandelt. Da erscheint Gott in fürchterlichem Zorn und zugleich mit ihm die ganze Schöpfung. Da gibt es nirgends ein Entrinnen, nirgends einen Trost, weder innen noch außen, alles klagt uns an ... In solchen Augenblicken vermag die Seele nicht mehr zu glauben, daß sie jemals erlöst würde, sie fühlt nur: Noch ist die Qual nicht zu Ende ... Da bleibt nichts anderes übrig als der nackte Schrei nach Hilfe, ein schreckliches Seufzen, das nicht weiß, wo Hilfe zu finden ist. Da ist die Seele mit dem gekreuzigten Christus weit ausgespannt, daß man alle ihre Gebeine zählen kann; kein Winkel ist in ihr, der nicht angefüllt wäre mit tödlicher Bitternis, mit Entsetzen, Angst und Traurigkeit – und dies alles scheint ewig zu währen."

In der Mühle unlösbarer Fragen

Selbst wenn wir in Rechnung stellen, daß diese Darstellung – Jahrzehnte später aus der Erinnerung heraus niedergeschrieben – manches überzeichnet, so viel steht doch wohl fest: Der angefochtene Luther hat schwer an Gott und sich selbst gelitten. Was ist da nicht alles gemutmaßt worden, um den Ursachen dieser Qualen auf die Spur zu kommen! Manche, besonders gern Psychoanalytiker wie der Däne Reiter vor 50 Jahren und der Amerikaner Erikson von 25 Jahren, haben düstere Einflüsse des Elternhauses dafür haftbar gemacht, einen überaus strengen Vater und eine ungemein herbe Mutter. Erikson diagnostiziert eine lang andauernde Identitätskrise, Reiter spricht sogar von einer in früher Kindheit entstandenen Angstneurose. Ich erinnere mich deutlich an das Theaterstück „Luther" des Engländers John Osborne, das ich in den 60er Jahren gesehen habe: Da wurde der Reformator ganz einseitig als ein in der Kindheit geschädigter und verhaltensgestörter Mensch dargestellt. So läßt sich die Reformation dann allenfalls als Akt der Notwehr erklären, „aus Protest gegen gnadenlose Väter, seien sie nun Hans, Papst oder Gott genannt" (Oberman). Doch ein so unverdächtiger Zeuge wie der katholische Lutherforscher Peter Manns stellt doch wohl mit Recht die Gegenfrage: Hätten seine Beichtväter einen notorischen Skrupulanten und Neurotiker zum Noviziat, zur Profeß, zur Priesterweihe, zum theologischen Lehramt und zu leitenden Funktionen in seinem Orden zugelassen?

Die Spuren führen doch eindeutiger ins Kloster. Luther suchte nicht so sehr einen Ort der Meditation, auch nicht den Hort der Sittenstrenge. Er wollte den gnädigen Gott finden. Das allein war der Grund seines Klostereintritts. Später hat Luther ausdrücklich hervorgehoben, was ihm umgetrieben hat: „Im Kloster gedachte ich nicht an Weib, Geld oder Gut, sondern das Herz zitterte und zappelte, wie Gott mir gnädig wurde." Vieles mag zu seiner Verunsicherung beigetragen haben: Erfahrungen aus der Gebetspraxis – Luther hatte Schwierigkeiten mit dem reglementierten Chorgebet –, die nach seinem Gewittererlebnis immer wieder aufsteigenden Ängste im Blick auf den möglicherweise bald nahenden Tod, das wöchentlich stattfindende sogenannte „Schuldkapitel", in dem alle Verstöße gegen die Klosterordnung geahndet wurden, vor allem aber die Selbstprüfung im Zusammenhang mit der Beichte. Luther hat weit über die Vorschrift der Regel hinaus von der Beichte Gebrauch gemacht. Die „Galgenreue", bei der es dem Beichtenden in erster Linie um sich selbst geht, darum, den eigenen Hals aus der Schlinge zu ziehen, galt in seinem Orden als unzureichend. Gefordert war die „Liebesreue", eine Beichte, bei der – ich sage es mit Luthers späteren Worten – Gott über alle Dinge zu fürchten, zu lieben und zu vertrauen war. Diese Liebesreue erschien Luther unerreichbar. So geriet er in die Mühle unlösbarer Fragen. Er stellt von daher die Wirksamkeit der Lossprechung in Frage. Dann quält ihn die Angst, ob er vollständig gebeichtet habe. Er will zurückgelaufen sein zum Priester, wenn ihm nach abgelegter Beichte noch eine Sünde einfiel. Sogar während der Messe soll er gelegentlich erneut gebeichtet haben. „Wir machten", so sagt er, „die Beichtväter müde."

Die Pforte des Paradieses

Mit einem Wort: Die Schuld drückte Luther zu Boden, weil ihm Gottes Vergebung in unerreichbare Ferne gerückt zu sein schien. Erst die Entdeckung, die er beim anhaltenden Studium des Römerbriefes machte, führte ihn aus seiner Sackgasse heraus. Die zentrale Aussage in 1,17: „Im Evangelium wird die Gerechtigkeit Gottes offenbart" hatte ihm lange sperrig im Wege gestanden. In einer seiner Tischreden hat Luther selbst es so beschrieben: „Das Wort ‚Gottes Gerechtigkeit' ist vor Zeiten in meinem Herzen wie ein Donnerschlag gewesen. Ich dachte, Gerechtigkeit wäre der grimmige Zorn Gottes, damit er die Sünde straft. Ich war Paulus von Herzen feind, wenn ich las, ‚die Gerechtigkeit Gottes wird durchs Evangelium offenbart'. Aber danach, als ich sah, wie es weitergeht, wie dann geschrieben steht: ‚Der Gerechte lebt seines Glaubens', und auch Augustin über diesen Spruch las, da wurde ich froh, denn ich lernte und sah, daß Gottes Gerechtigkeit seine Barmherzigkeit ist, durch die er uns für gerecht achtet und hält. So wurde ich getröstet. Und mit so großem Haß, wie ich zuvor das Wort ‚Gerechtigkeit Gottes' gehaßt hatte, mit so großer Liebe hielt ich jetzt dieses Wort als mein allerliebstes hoch. So ist mir diese Stelle des Paulus in der Tat die Pforte des Paradieses gewesen." Die lutherische Rechtfertigungslehre war geboren.

Luther erkannte: Der Mensch kann von sich aus Gott nicht gerecht werden, aber Gott bringt ihn, den Menschen, zurecht. Die im Glauben empfangene Rechtfertigung schloß für ihn ein: die Vergebung begangener Schuld und die jetzt schon ansatzweise beginnende Gerechtmachung durch Gott. In diesem Sinne empfand er den bei Habakuk, Paulus und Augustin vorkommenden Satz „Der Gerechte wird seines Glaubens leben" als befreiendes Evangelium. Von diesem Augenblick an war für ihn auch die Vaterunserbitte „... und vergib uns unsere Schuld ..." aus einem beschwerlichen zu einem tröstlichen Satz geworden.

Es wäre naheliegend, anzunehmen, daß Luther, nachdem er zuvor seine Beichtväter müde gemacht hatte, von nun an einen weiten Bogen um den Beichtstuhl gemacht hätte. Doch weit gefehlt. Lukas Cranach, der Maler der Reformationszeit und Freund Luthers, hat auf seinem Altarbild in der Wittenberger Stadtkirche der Gemeinde nicht nur die Predigt, das Abendmahl und die Taufe vor Augen gemalt, sondern auch das Bußsakrament. Luther hat zwar den mit der Ohrenbeichte verbundenen Zwang abgelehnt, selbst aber zeitlebens an der regelmäßigen und häufigen Privatbeichte festgehalten. Er merkt dazu an: „Ich wäre längst vom Teufel erwürgt, wenn mich die freiwillige Beichte nicht erhalten hätte." Es war ein gräßliches Mißverständnis seiner Rechtfertigungslehre, als die evangelische Christenheit das Bußsakrament verkommen ließ.

Rückschauend auf meine aktive Dienstzeit muß ich feststellen: Ich habe viel zu selten Beichte gehört und viel zu wenig selbst gebeichtet. Vor 40 Jahren – das geht aus einem Brief hervor, den ich dieser Tage wieder las – hat ein Bub in einer Jungschar den klassischen Satz geprägt: „Buße, das ist, wenn einer hingeht und sagt: ‚Ich bin's gewesen'." Warum gehen wir eigentlich so selten hin und stehen für unsere Schuld ein? Ich denke dabei zum einen an das Gespräch mit dem Mitmenschen, an dem wir schuldig geworden sind, zum anderen aber auch an das brüderliche oder schwesterliche Gespräch mit einem anderen Christen. Ich behaupte: Mit dem Aufgeben des Bußsakraments haben wir evangelischen Christen uns einer entscheidenden seelsorgerlichen Hilfe beraubt. Es wäre gut, wenn es an diesem Punkt zu einem Umdenken käme. Luthers Einsicht sollte uns zu denken geben: „Die Schuld kann man nicht anders vertreiben: Sie will offenbart und bekannt werden."

Die Schuld unseres Volkes

Schuld „will offenbart und bekannt werden". Dieses Wort Luthers gilt nicht nur für den Privatbereich. Es hat Konsequenzen bis hinein ins öffentliche Leben.

Bald ist es 50 Jahre her, seit in unserem Land die „Reichskristallnacht" inszeniert wurde. Was ist im Blick auf dieses beschämende Datum unserer Geschichte zum Thema „Schuld und Vergebung" zu sagen?

Ich kann mich noch an den 9. November 1938 erinnern. Ich war damals gerade zehn Jahre alt geworden, hatte mein erstes Fahrrad geschenkt bekommen und war „Pimpf“ geworden. In der Stadt, in der ich zur Schule ging, gab es ein einziges jüdisches Geschäft. Über Nacht waren die großen Schaufensterscheiben eingeschlagen worden. Das muß sich rasch herumgesprochen haben. Ich hätte sonst auf dem Heimweg von der Schule zum Bahnhof gewiß keinen Umweg gemacht. Gegen Mittag stand ich vor dem jüdischen Geschäft, sah die Scherben draußen und die Verwüstungen drinnen. Ich war wohl erschrocken: Daß Scheiben nicht zum Kaputtschlagen da sind, war uns in der Erziehung mühsam beigebracht worden. Ich war wohl verwundert: Weit und breit war keine Polizei zu sehen. Aber empört? Empört war ich nicht. Damals dachte ich noch: Das wird schon seine Ordnung haben. Die werden das schon verdient haben, daß sich der Volkszorn so öffentlich gegen sie richtet. Empörung und Aufbegehren regten sich erst sechseinhalb Jahre später, im April 1945, als ich mit eigenen Augen den Abtransport von Häftlingen des Konzentrationslagers Buchenwald mit ansehen mußte. Da habe ich begriffen, daß der Sprachgebrauch „Konzertlager“ für dieses Konzentrationslager eine unglaubliche Verharmlosung der Brutalität war, mit der das Dritte Reich über Leichen ging.

Ob es damals Zeitgenossen gegeben hat, die – anders als ich – nichts von der Existenz von Konzentrationslagern gewußt haben, weiß ich nicht mit Sicherheit. Aber keinem, der damals so alt wie ich oder älter war, kann die Kristallnacht verborgen geblieben sein. Denn darüber haben auch Radio und Zeitungen ausgiebig berichtet. Nach dem Zweiten Weltkrieg wurde ein Unterschied gemacht zwischen Hauptschuldigen und Mitläufern. Die Entnazifizierung war ein problematischer Prozeß. Natürlich können die, die selbst zugeschlagen, und die, die „nur“ zugeschaut haben, nicht ohne weiteres in einen Topf geworden werden. Aber wer das zersplitterte Kristall und die brennenden Synagogen gesehen oder auch nur davon gehört und dazu geschwiegen hat, kann seine Hände nicht in Unschuld waschen.

Im nachhinein ist es schwer zu begreifen, daß es damals so wenig Empörung gab, nicht nur in der Öffentlichkeit, sondern auch in der Kirche. Es gab zwar rühmliche Ausnahmen. Dietrich Bonhoeffer hat in seiner Bibel an den Rand von Sprüche 31,8 („Tue deinen Mund auf für die Stummen“) das Datum 9.11.1938 geschrieben und in einem anderen Zusammenhang gesagt, man könne nicht länger gregorianisch beten, ohne für die verfolgten Juden aufzuschreien. In Oberlenningen hat Pfarrer von Jahn in seiner Bußtagspredigt im November 1938 öffentlich gegen Lynchjustiz und Terrorakte protestiert, das Niederbrennen der jüdischen Gotteshäuser beklagt und darum zur Trauer über – ich zitiere – „unsre und unsres Volkes Sünden“ aufgerufen. Die Schlußsätze seiner Predigt lauteten: „Es ist herausgesagt vor Gott und in Gottes Namen! Nun mag die Welt mit uns tun, was sie will. Wir stehen in unseres Herren Hand.“ Er hat dafür mit Haftstrafe und Landesverweis bezahlen müssen. Aber als Alibi für das Stummbleiben der vielen anderen können diese Ausnahmeerscheinungen nicht gelten.

In der „Böblinger Kreiszeitung“ steht heute die Schlagzeile: „Die Kirchen haben damals versagt.“ So hart diese Feststellung klingt, so berechtigt ist sie aufs Ganze gesehen. Keine evangelische Kirchenleitung, auch nicht die 2. Vorläufige Kirchenleitung der Bekennenden Kirche, meldete öffentlich Protest an. Zwei deutschchristliche Landesbischöfe gaben sogar zu den Geschehnissen der Kristallnacht ihre Zustimmung. Schulz, Mecklenburg, gab eine Erklärung ab, die im Amtsblatt veröffentlicht wurde und heute noch dort steht. Sasse, Thüringen, schrieb ein Buch mit dem Titel: „Luther über die Juden: Weg mit ihnen!“ In diesem Zusammenhang müssen wir heute, am Reformationstag, leider offen eingestehen, daß auf dem Reformator, dem wir so viel verdanken, im Blick auf seine Altersschriften über die Juden ein schwerer Schatten fällt. „Schuld will offenbart werden“, hat er gesagt. Wir zelebrieren am Reformationstag keine protestantische Heldenverehrung. Frei heraus ist am 31. Oktober 1988 von der Mitschuld Luthers an den späteren Judenpogromen zu reden.

In einer Erklärung des Gesprächskreises „Juden und Christen“ beim Zentralkomitee der Deutschen Katholiken las ich dieser Tage: „Es gibt die Schuld, etwas Böses getan, und die, etwas Gutes nicht getan zu haben.“ Schon in der Zeit der alten Kirche wurde die acedia, die Trägheit, zu den Todsünden gerechnet. Ob denen, die 1938 nicht empört aufgeschrien, sondern dem Terror schweigend und stumm zugeschaut haben, die Augen wenigstens nachträglich, als das ganze Ausmaß des Pogroms an den Tag kam, aufgegangen sind? Niemand läßt sich gern an seine Schuld erinnern, und die Versuchung ist groß, Schuld auf andere abzuschieben oder ins Unterbewußtsein zu verdrängen. Leider trifft auch das nicht nur für den Privatbereich, sondern auch für die Öffentlichkeit zu.

„Schuld will offenbart und bekannt werden“ – ganz ohne Echo ist dieses Wort Luthers nicht geblieben. Der Rat der Evangelischen Kirche in Deutschland gab im Oktober 1945 die „Stuttgarter Schulderklärung“ ab. Dort heißt es: „Durch uns ist unendliches Leid über viele Völker und Länder gebracht worden.“ Doch die Judenverfolgung wird nicht ausdrücklich erwähnt. Gestapo-Häftlinge wie Hanns Lilje und Martin Niemöller haben damals Buße getan und öffentlich eingestanden, „daß wir nicht mutiger bekannt, nicht treuer gebetet, nicht fröhlicher geglaubt und nicht brennender geliebt haben“. In einer von Landesbischof Sorg und Synodalpräsident Seitter unterzeichneten Erklärung zum 50. Jahrestag des Judenpogroms heißt es: „Im November 1938 blieb bis auf wenige Ausnahmen jeder öffentliche Protest aus. Auch die Kirchen waren weithin sprachlos und blind. Als Christen leiden wir schwer unter der schweren Last dieser Vergangenheit. Wir erkennen und bekennen unsere Schuld vor Gott und vor dem jüdischen Volk und bitten den Herrn, daß er uns helfe zur Umkehr im Glauben und Tun." Auch wenn in diesem Zusammenhang das Eingeständnis, daß der Evangelische Oberkirchenrat damals Pfarrer von Jahn im Regen stehenließ, fehlt, ist dieses öffentliche Schuldbekenntnis von Gewicht.

Nicht vergessen und verschweigen

Es hebt sich nämlich ab von der allgemeinen Tendenz, die in der Zeit nach dem Zweiten Weltkrieg um sich griff. Da wurde begangene Schuld aufgerechnet und abgeschoben nach dem sattsam bekannten Motto: „Die anderen haben auch Verbrechen begangen." Als ob wir mit Dresden Coventry und mit der Massenvertreibung aus den deutschen Ostgebieten Auschwitz entschuldigen könnten. Begangene Schuld wurde verschwiegen, verdrängt und vergessen. Vor einem Jahr erschien ein viel beachtetes Buch von Ralph Giordano mit dem Titel „Die zweite Schuld". Wenn die erste Schuld unter anderem im Schweigen bestand, so – das ist die Hauptthese dieses Buches – die zweite Schuld im Vergessen und Verschweigen.

Vergessen können und dürfen wir aber beide nicht, Juden und Deutsche. Der Jude Elie Wiesel hat geschrieben: „Vergessen wäre Verrat: Wenn wir überlebt haben, um die Toten zu verraten, wäre es besser, wir hätten nicht überlebt." Und in Yad Waschem, der Gedenkstätte für die jüdischen Opfer des Dritten Reichs in Jerusalem, steht das Leitwort: „Verdrängen hält die Erlösung auf, Sich-Erinnern bringt sie näher." Als ich im Jahr 1961 zur Zeit des Eichmann-Prozesses zum ersten Mal in Israel war, sagte uns Herr Waron, ein Sprecher des israelischen Außenministeriums: „Wir können vergeben, wenn ihr nicht vergeßt." Mir hat sich dieser Satz unauslöschlich ins Gedächtnis eingeprägt.

„Vergeben" – damit ist nach Schuld das zweite Schlüsselwort gefallen. Gibt es Vergebung angesichts des Todes von 6 Millionen Juden? Der israelische Staatspräsident Herzog hat bei seinem Besuch in der Bundesrepublik Deutschland gesagt: „Nur die Toten haben das Recht zu verzeihen, und den Lebenden ist nicht erlaubt, zu vergessen." Dietrich Bonhoeffer meinte, Vergebung sei nicht zwischen Völkern, sondern nur persönlich von Mensch zu Mensch möglich. Den Schuldigern vergeben kann hier auf Erden nur der, der von begangener Schuld persönlich betroffen ist. Daß es in diesem Sinn Vergebung gibt, habe ich auch im Jahr 1961 erfahren. Im Hause eines aus Ungarn stammenden Juden war ich gastlich aufgenommen worden. Am Abend erfuhr ich, daß fast alle seine Angehörigen im Konzentrationslager umgekommen waren. Als ich ihn fragte, weshalb er dennoch einen jungen Deutschen bei sich aufnähme, antwortete er: „Im ‚Stürmer' hieß es in jeder Ausgabe: ‚Die Juden sind unser Unglück.' Ich weigere mich, nun den Spieß umzudrehen und zu sagen: ‚Die Deutschen sind unser Unglück.'" Hier habe ich erfahren, wie praktizierte Vergebung aussieht.

Schuld bei Christus ablegen

Vor zwanzig Tagen stand ich in der Gedenkhalle, die im alten Turm der Kaiser-Wilhelm-Gedächtnis-Kirche in Berlin eingerichtet worden ist. Sie soll ein Ort der Mahnung gegen Krieg und Zerstörung sein und ein Ruf zur Versöhnung in Jesus Christus. Neben einer Christusstatue ist rechts das Nagelkreuz von Coventry zu sehen. Es ist aus drei riesigen Nägeln hergestellt worden, die aus den verbrannten Dachbalken der dortigen Kathedrale stammen, die bei einem deutschen Bombenangriff 1940 in Schutt und Asche fiel. Darunter stehen die Worte Jesu: „Vater vergib".

Links neben der Christusstatue steht als Zeichen der Versöhnung ein Ikonenkreuz der Russisch-Orthodoxen Kirche. Es wurde in der Osternachtfeier 1988 von Erzbischof German an Bischof Kruse überreicht „zur Erinnerung an die von unseren Kirchen und Völkern während des Zweiten Weltkriegs getragenen Opfer des Nazismus und als Zeichen des Friedens auf Erden".

So wichtig für mich beim Besuch der Gedenkhalle diese beiden Kreuze als Zeichen der Versöhnung und Vergebung uns Deutschen gegenüber, den Schuldigern anderer Völker, waren, noch wichtiger war mir die Christusstatue, die ehemals auf dem Altar der alten Kirche ihren Platz hatte. Nicht so sehr als Kunstwerk hat sie mich berührt, sondern weil auf der steinernen Tafel vor ihr die Worte aus dem Vaterunser stehen: „Und vergib uns unsere Schuld, wie auch wir vergeben unsern Schuldigern." Weil er, Christus, uns diese Bitte in den Mund gelegt hat, weil er Gottes Vergebung in diese Welt gebracht und das Wort von der Versöhnung unter uns aufgerichtet hat, darum können wir unsere persönliche Schuld und unsere Schuldverhaftung bei ihm ablegen, indem wir beten: „... und vergib uns unsere Schuld, wie auch wir vergeben unsern Schuldigern."

Vollmacht – verliehene Macht

Für die meisten Zeitgenossen gehört das Wort „Vollmacht" gewiß nicht zu ihrem alltäglichen Sprachgebrauch. Es gibt aber zwei Lebensbereiche, in denen es nach wie vor gebräuchlich ist: bei der Abwicklung von Rechtsgeschäften – und in der Kirche.

In der Wirtschaft und im Bankwesen ist klar umrissen, wer eine Vollmacht geben darf und wie der, dem sie gegeben wird, damit umzugehen hat. Jeder Kontoinhaber kann unter bestimmten Voraussetzungen einem anderen eine Bankvollmacht erteilen. In Gewerbebetrieben gibt es Handlungsbevollmächtigte. Ihre Befugnisse müssen nicht wie die der Prokuristen ins Handelsregister eingetragen werden, aber sie sind fest umrissen. Namhafte Weltfirmen haben, um die Bedeutung des damit verbundenen Auftrags zu unterstreichen, sogar den Titel „Generalbevollmächtigter" eingeführt.

Ursprünglich ist aber der Begriff „Vollmacht" im Bereich der christlichen Gemeinde zuhause gewesen. Das Wort geht auf den im Neuen Testament häufig vorkommenden griechischen Begriff „exousia" zurück. Die beiden Vokale, die ihm zugrundeliegen, weisen darauf hin: Was der einzelne Christ für die Gemeinde und für die Kirche bedeutet, ist er nicht von sich aus, kraft eigener Vollkommenheit, sondern aus einer anderen Existenzgrundlage heraus. „Vollmacht" ist keinem Christen in die Wiege gelegt. Sie wird ihm im Laufe des Lebens zuteil. Genauer gesagt: Sie wird ihm verliehen. Nie gehört sie ihm allein. Er hat darüber Rechenschaft abzulegen, ob er sie sachgerecht wahrgenommen oder mißbraucht hat.

Ob ein Christ in Vollmacht redet und handelt, muß sich also erweisen. Zwar gibt es nachprüfbare Daten dafür: eine Beauftragung, eine Einsetzung, eine Ordination oder eine Investitur. Aber die Frage bleibt, ob der ausgestellte Scheck gedeckt ist. Viele Christen sehen sich der kritischen Anfrage ihrer Mitmenschen gegenüber: „Du willst ein Bevollmächtigter Gottes sein? Stimmt das eigentlich mit deiner persönlichen Lebensführung überein?" Und sie müssen sich ja wohl auch selbst immer wieder einmal im Spiegel betrachten und sich fragen: „Rede und handle ich vollmächtig? Oder nehme ich vielleicht den Mund zu voll, wenn ich das von mir behaupte?"

Zwischen Anspruch und Wirklichkeit

Ganz bewußt mache ich die angedeutete Problematik nicht an der Existenz des Pfarrers, des klassischen „Berufschristen" fest. Ich denke an die Laien, die sonntags als Lektoren auf die Kanzel steigen und predigen. Die Spannung zwischen Anspruch und Wirklichkeit spitzt sich dadurch noch zu. Woran ist eigentlich abzulesen, ob sie in Vollmacht reden oder nur wie die Schriftgelehrten?

Ich stelle mir eine Frau vor, die eines Tages von ihrem Pfarrer oder ihrem Dekan gefragt wird, ob sie nicht den Dienst einer Lektorin (Predigthelferin) übernehmen wolle. Was mag in ihr vorgehen?

– Ob sie bei sich denkt: „Na endlich! Endlich hat jemand meine schlummernden Talente entdeckt!" Oder ob sich in ihr ein innerer Widerstand regt: „Warum ich? Ausgerechnet ich?"

– Wie mag es sein, wenn sie dann zum ersten Mal auf der Kanzel steht? Ob sie selbstgefällig bei sich denkt: „Was bin ich und was kann ich noch werden?" Oder ob sie sich erdrückt fühlt von dem Anspruch, im Namen Gottes reden zu sollen?

– Wie mag ihr zumute sein, wenn das Amen nach der Predigt gesprochen worden ist? Ob sie auf ein Echo wartet? Auf dankbaren oder auch kritischen Widerhall? Werden die Predigthörer zu dem Ergebnis „tauglich“ gekommen sein – oder aber zu dem entgegengesetzten: „gewogen und zu leicht befunden“?

– Schließlich: Welche Erfahrungen wird sie in ihrem Familien- oder Berufsalltag sammeln? Wie reagieren ihre Kinder daheim oder ihre Kollegen am Arbeitsplatz darauf, daß sie hin und wieder am Sonntag auf der Kanzel steht? Ob sie gelegentlich danach gefragt wird, wie sich eigentlich ihr alltägliches Verhalten mit ihrem sonntäglichen Kanzeldienst verträgt?

Karl Barth hat in einem 1922 gehaltenen Vortrag festgestellt: „Wir sollen als Prediger von Gott reden. Wir sind aber Menschen und können als solche nicht von Gott reden. Wir sollen beides, unser Sollen und unser Nicht-Können, wissen und eben damit Gott die Ehre geben“ (Das Wort Gottes und die Theologie, München 1925, S. 158).

Beides, das „Sollen“ und das „Nicht-Können“, begegnet uns schon in der Bibel und spiegelt sich dort in den Berufungsgeschichten der Apostel und Propheten wider.

Das Sollen: „So geht nun hin. Ich will dich zu Pharao senden“ bei Mose. „Wen soll ich senden? Wer will unser Bote sein? Geh hin und sprich zu diesem Volk!“ bei Jesaja. „Du sollst gehen, wohin ich dich sende, und predigen alles, was ich dir gebiete“ bei Jeremia. „Fürchte dich nicht! Von nun an wirst du Menschen fangen“ bei Petrus.

Wie wird dieses „Nicht-Können“ überwunden? Allein dadurch, daß Gott beruft, sendet, befähigt, kurz: bevollmächtigt. „So gehe nun hin: Ich will mit deinem Munde sein und dich lehren, was du sagen sollst.“ So Gott zu Mose. „Siehe, hiermit sind deine Lippen berührt, daß deine Schuld von dir genommen werde.“ So Gott zu Jesaja. „Sage nicht: Ich bin zu jung. Ich bin bei dir. Siehe, ich lege meine Worte in deinen Mund.“ So Gott zu Jeremia. „Ihr werdet die Kraft des Heiligen Geistes empfangen und werdet meine Zeugen sein.“ So der auferstandene Christus zu seinen Jüngern.

Der den Menschen Vollmacht gegeben hat

Vollmacht gibt es nach biblischem Verständnis nie ohne Bevollmächtigung. Sie ist immer „gegeben“. Sie wird, wie wir zu sagen pflegen, „verliehen“. Das ist die Regel. Allein Gott ist eine Ausnahme. Nur er hat Vollmacht an und für sich. Viermal wird das Wort „exousia“ auf Gott bezogen: Der Töpfer hat Vollmacht über das Gefäß, das er formt. Gott hat es sich vorbehalten, die Zeit und Stunde zu bestimmen, in der sein Reich aufgerichtet wird. Er hat die Vollmacht, in die Hölle zu werfen. Aber auch die Verfügungsgewalt über die endzeitlichen Plagen gibt er nicht aus der Hand (Röm 9,21; Apg 1,6f; Lk 12,5; Offb 16,9).

Insgesamt kommt das Wort „exousia“ im Neuen Testament 73mal vor. 69mal ist das Wort im Sinne von abgeleiteter, weitergegebener, verliehener Vollmacht zu verstehen. Jedesmal geht es um Machtbefugnisse, die sich keiner von sich aus anmaßen darf, weil Gott allein sie einräumt.

In geradezu klassischer Kürze wird das im Verhör Jesu durch Pilatus deutlich. Der römische Statthalter wirft sich in Pose und sagt zu Jesus: „Weißt du nicht, daß ich Macht habe, dich loszugeben, und Macht habe, dich zu kreuzigen?“ Jesus antwortet: „Du hättest keine Macht über mich, wenn es dir nicht von oben her gegeben wäre“ (Joh 19,10f).

Ein Bevollmächtigter darf nicht selbstherrlich und eigenmächtig, nicht auf eigene Faust und auf eigene Rechnung handeln. Er ist strikt weisungsgebunden, hat strikt im Sinne des Auftraggebers zu handeln. Zwei Aussageketten im Neuen Testament machen das überaus deutlich: die Textstellen, die etwas über die Vollmacht Jesu aussagen, und die Worte, in denen von der auf seine Jünger übertragenen Vollmacht die Rede ist.

Auch Jesus mußte sich ausweisen. Er wurde nach seiner Legitimation gefragt: „Aus welcher Vollmacht tust du das, und wer hat dir diese Vollmacht gegeben“ (Mt 21,23)? Zwar hat Jesus diese nach der Tempelreinigung an ihn gerichtete Frage an dieser Stelle nicht eindeutig beantwortet. Er hat sie als Fangfrage entlarvt. Aber an vielen Stellen wird in den Evangelien über seine Vollmacht klipp und klar Auskunft gegeben:

– Im Blick auf seine Verkündigung: „Er lehrte sie mit Vollmacht und nicht wie die Schriftgelehrten“ (Mt 7,29).

– Im Blick auf den Zuspruch der Vergebung: „Damit ihr aber wißt, daß der Menschensohn Vollmacht hat, auf Erden die Sünden zu vergeben ...“ (Mt 9,6).

– Im Blick auf Dämonenaustreibungen und Heilungen: „Und sie entsetzten sich alle und sprachen: Was ist das? Eine neue Lehre von Vollmacht! Er gebietet auch den unreinen Geistern, und sie gehorchen ihm!“ (Mk 1,27).

– Im Blick auf Gericht und ewiges Leben: „Der Vater hat dem Sohn die Vollmacht gegeben, das Gericht zu halten“ (Joh 5,27).

– Und schließlich ganz umfassend: „Mir ist gegeben alle Gewalt“ – wörtlich steht da: alle Vollmacht – „im Himmel wie auf Erden“ (Mt 28,18). Jesus hat sich also selbst – und die Evangelisten haben ihn – vorgestellt als den Bevollmächtigten, den Statthalter Gottes auf Erden. Doch im Neuen Testament vollzieht sich ein geradezu erregender Vorgang: Christus hat die ihm von Gott gegebene Vollmacht auf seine Jünger übertragen, an sie delegiert.

Zunächst hat er denen, die an seinen Namen glauben, die Vollmacht gegeben, „Gottes Kinder zu werden“ (Joh 1,12). Darüber hinaus hat er sie ermächtigt, in seinem Namen in der Welt aufzutreten, zu reden und zu handeln: „Und er setzte zwölf ein, ... daß er sie aussendete zu predigen und daß sie Vollmacht hätten, die bösen Geister auszutreiben“ (Mk 3,15). An einer anderen Stelle heißt es: „Was ihr auf Erden binden werdet, soll auch im Himmel gebunden sein, und was ihr auf Erden lösen werdet, soll auch im Himmel gelöst sein“ (Mt 18,18). Zwar fehlt hier im Urtext das Wort „exousia“, doch in der Sache geht es dabei eindeutig um einen Akt der Bevollmächtigung.

Daß Jesus die ihm verliehene Vollmacht delegiert hat, kommt in besonders markanter Weise in der Geschichte vom Gichtbrüchigen zum Vorschein. Da hatte Jesus – sowohl im Blick auf die Sündenvergebung als auch im Blick auf die Heilung – davon gesprochen, „daß der Menschensohn Vollmacht hat“. Der Text schließt dann aber überraschenderweise mit der Bemerkung: „Das Volk pries Gott, der solche Vollmacht den Menschen gegeben hat“ (Mt 9,6.8). Also nicht nur dem Menschensohn, sondern den Menschen!

Auftrag an die Schwachen

Von daher ist nun zu fragen, wie ein Christ – beispielsweise eine angehende Lektorin – mit der Spannung zwischen Anspruch und Wirklichkeit fertig werden kann. Worauf kann sich ein Christ, wenn die Glaubwürdigkeit seiner Bevollmächtigung – durch andere oder durch ihn selbst – in Zweifel gezogen wird, berufen? In fünf Gedankenschritten soll – wenigstens ansatzweise – versucht werden, darauf eine Antwort zu geben.

– Die Vollmacht des Christen ist nicht darin begründet, daß er von sich aus würdig wäre zu dem ihm aufgetragenen Dienst. Vielmehr: Er wird gewürdigt, in dieser Welt als Botschafter an Christi Statt aufzutreten. Gott beruft nicht die Tauglichen. Er macht die Berufenen tauglich.

Die Verse, die mit den Worten beginnen: „Christus hat keine Hände, nur unsere Hände, um seine Arbeit heute zu tun“ werden gern zitiert. Es heißt dort später: „Christus hat keine Lippen, nur unsere Lippen, um Menschen von seinem Tod zu erzählen.“ Diese Sätze sind nicht unproblematisch. Sind Christus wirklich die Hände gebunden, wenn wir sie in den Schoß legen? Verstummt er, wenn wir auf den Mund gefallen sind? Ist er zur Untätigkeit verdammt, wenn wir anderen die Hilfe versagen, die wir ihnen in seinem Namen schuldig sind? Sollte der, dem alle Vollmacht gegeben ist im Himmel und auf Erden, ohnmächtig sein, wenn wir uns ihm nicht zur Verfügung stellen?

Nein! So schwach ist er nicht. Aber er hat eine Schwäche für uns. Er möchte uns dabeihaben, wenn in dieser Welt sein Reich gebaut wird: als Handlanger seiner Barmherzigkeit, als Sprachrohre seines Evangeliums, als Werkzeuge seines Friedens. Aber diese Vergleiche sind viel zu mechanisch. Sprachrohre und Werkzeuge sind tote Instrumente. Christus aber möchte uns als lebendige Partner, sozusagen als Teilhaber dabeihaben. Es hat ihm gefallen, uns trotz unserer Kümmerlichkeit und Fragwürdigkeit in seinen Dienst zu stellen. Darum gibt er uns Anteil an seiner Vollmacht.

– Wer von Christus bevollmächtigt wird, kann sich nichts darauf einbilden. Vollmacht, die verliehen wird, verträgt sich nicht mit Hochmut, der zur Schau gestellt wird.

In den „Gebeten aus der Arche" ist ein entlarvendes Gebet zu finden. Ein Hahn kommt da zu Wort, der Gott gegenüber beteuert: „Herr, ich bin dein Diener." Doch am Ende fügt er, voll und ganz von seiner Wichtigkeit überzeugt, hinzu: „aber vergiß nicht, Herr, ich lasse die Sonne aufgehen". Anschaulich steht er uns vor Augen: der geschwollene Kamm als untrügliches Anzeichen geistlichen Hochmuts. Kurtmartin Magiera hat von einem Prediger berichtet, der auf der Kanzel stand und sagte: „Ich bin der Weg, die Wahrheit und das Leben." Da habe ihn jemand am Ärmel gezupft und ins Ohr geflüstert: „Vergiß nicht, daß du zitierst" (aus: Karl Kampffmeyer, Gesandt zu predigen. Gebete und Weisungen für den Dienst am Wort aus zwei Jahrtausenden, Göttingen 1985, S. 70).

Jedem Christen droht die ihm verliehene Vollmacht in dem Maß zu entgleisen, in dem das Wissen um die eigene Ohnmacht verblaßt. Das Wort Jesu war das Wort eines Armen und darum so reich, das Wort eines Demütigen und darum so mächtig. Er hat den Maßstab gesetzt. Seine Kraft kommt in den Schwachen zur Vollendung und seine Vollmacht in den Ohnmächtigen.

– Die Vollmacht, die Jesus seinen Zeugen gibt, wird nie deren eigener Besitz. Gott will aber in der Kraft des Heiligen Geistes die Beauftragung und Sendung immer erneuern.

Der Christ bleibt zeitlebens auf den Impuls Gottes angewiesen. Jede Anfechtung, ob sie nun durch Angst, Schuld, Zweifel oder Skrupel ausgelöst wird, erinnert ihn daran. Und Anfechtungen bleiben nicht aus. Christen sind Menschen. Keiner kommt über seinen eigenen Schatten hinaus. Wer das sich und anderen freimütig eingesteht, untergräbt damit keineswegs die Glaubwürdigkeit seiner Bevollmächtigung. Er kann sie dadurch sogar erhärten.

Das gilt in besonderer Weise von allen Predigern, ob sie nun Theologen oder Laien sind. Martin Luther hat das erkannt: „Anfechtungen machen einen guten Prediger." Paul Humburg hat hinzugefügt: „Wenn der Pastor in der Presse ist, hat die Gemeinde das Öl davon" (Karl Kampffmeyer, aaO, S. 91 und 93).

Die Anfechtung lehrt, auf das Wort Gottes zu hören, und treibt ins Gebet. Sie bewahrt den Christen vor kalter Routine. Nichts verträgt sich mit der Tatsache, daß die Vollmacht immer neue Impulse braucht, so wenig wie das leider auch unter Christen übliche Gerede von „Fertigkeiten".

– Die einem Christen verliehene Vollmacht kann nicht losgelöst werden von der Frage nach seinem persönlichen Leben vor Gott.

Georg Merz, ein Schüler und Freund Karl Barths, hat manchmal einen Ausspruch zitiert, der in einer katholischen Gemeinde in Oberbayern umgegangen sein soll: „Unser Kaplan, dös is a Haderlump, aber unbeschadet der göttlichen Weihe.“ So leicht kann es sich eine christliche Gemeinde wohl nicht machen. Vollends fragwürdig würde dieser Spruch dann, wenn der Kaplan für sich selber in Anspruch nähme: „Ich habe die göttliche Weihe, also kann ich leben, wie ich mag.“ Es kommt zwar kein Mensch zum Glauben allein aufgrund der persönlichen Glaubwürdigkeit und Integrität des Predigers. Wohl aber kann ein Widerspruch zwischen Wort und Leben des Verkündigers zum Glaubenshindernis werden.

Nicht dadurch, daß ein Christ vorgibt, er sei ein ziemlich makelloser Heiliger, sondern eher dadurch, daß er seine Schwächen und Versäumnisse offen eingesteht, gewinnt er an Glaubwürdigkeit. Niemand sollte sich zur Vorspiegelung falscher Tatsachen verleiten lassen.

„Warum reden denn viele Pfarrer pathetisch, warum geben sie sich unnatürlich, warum wirken sie verkrampft? Viele Gemeindeglieder erwarten, daß ihr Pfarrer ein Heiliger ist. Es ist sehr gefährlich, wenn ein Pfarrer dem Bild zu entsprechen sucht, das man sich so von ihm macht. Dann wird er zum Scheinheiligen und verlernt, Mensch zu sein.

Laßt uns nicht uns selbst und anderen mit frommen Worten etwas vormachen. Laßt uns nicht unseren Zorn als heiligen Zorn und unseren Ehrgeiz als Kampf für das Reich Gottes tarnen. Das Böse, das zugedeckt wird, wirkt heimlich weiter und vergiftet das Leben der ganzen Gemeinde. In vielen Gemeinden Asiens und Afrikas wird die Schuld eines Pfarrers nicht verheimlicht, sondern offen vor der Gemeinde bekannt. Unter Bekenntnis und Zuspruch der Vergebung wird ein neuer Anfang und neue Vollmacht geschenkt. Wir sollten aufhören, den starken, unangefochtenen, frommen Menschen zu spielen. So gewiß wir täglich um Gehorsam gegen Gott zu ringen haben, so bleiben wir doch Sünder, die nicht von ihrer Frömmigkeit, sondern allein von Gottes Vergebung leben können. Die Gemeinde darf und soll wissen, daß wir Pfarrer zweifelnde, irrende, fehlsame Menschen sind, daß das tröstende und mahnende Wort Gottes, das wir anderen sagen, zunächst uns selber gilt“ (Karl Kampffmeyer, aaO, S. 74f).

– Letztlich ist die Vollmacht eines Christen nicht in seiner persönlichen Lauterkeit, sondern in dem ihm von Gott erteilten Auftrag begründet.

Aus einer Gemeinde wird die folgende Begebenheit erzählt. Eine Gemeindeschwester, die ihren Pfarrer recht gut kannte, hat im Blick auf ihn einmal gesagt: „Wenn er unten durch ist, denke ich manchmal, man sollte ihn gar nicht auf die Kanzel hinauflassen. Aber wenn er dann oben steht, habe ich das gegenteilige Empfinden: Er sollte gar nicht wieder herunterkommen, weil er das Evangelium so kräftig und überzeugend predigt.“

Gewiß ist es fragwürdig, wenn die erwähnte „göttliche Weihe" als Alibi für den liederlichen Lebenswandel eines Theologen herhalten muß. Und doch ist sie ein Datum in der doppelten Bedeutung des Wortes: ein Geschenk Gottes und zugleich ein Einschnitt im Leben des Christen. Es ist gut, wesentlich und hilfreich, daß es in unserer Kirche die Ordination der Pfarrer gibt, aber auch die Beauftragung und Einführung ehrenamtlicher Mitarbeiter. Damit wird deutlich gemacht: Die Gemeinde mutet einem ihrer Glieder einen besonderen Dienst zu, und sie traut ihm zu, daß es diesen Dienst – so gut es geht – wahrnehmen wird. Zugleich wird dadurch deutlich gemacht: Gott traut und mutet diesem Menschen das zu.

Von Martin Luther wissen wir, daß er in Stunden der Anfechtung mit Kreide auf den Tisch geschrieben hat: „Baptizatus sum" – Ich bin getauft. Könnte sich nicht auch der Christ, der im Blick auf die ihm verliehene Vollmacht Zweifel bekommt und irre zu werden droht, in Erinnerung rufen: „Ich bin beauftragt"? Das gilt trotz allem, was dagegen zu sprechen scheint.

In einem Lied von Jochen Klepper heißt es: „Nichts gilt mehr als sein Ruf." Nach allem, was wir im Neuen Testament über die Menschen gegebene Vollmacht erfahren, kann dieser Vers verschieden betont werden: „*Nichts* gilt mehr als sein Ruf." Aber auch: „Nichts gilt *mehr* als sein Ruf."

Aus: „Das missionarische Wort", jetzt „BRENNPUNKT GEMEINDE" 1/1989

III. Als widersprüchlicher Mensch vor Gott leben

Glanz und Elend des Menschen

Im Juli 1969 haben zum ersten Mal Menschen, amerikanische Astronauten, ihren Fuß auf den Mond gesetzt. Als sie den Erdtrabanten wieder verließen und sich anschickten, auf die Erde zurückzukehren, sollen sie – so wird berichtet – den 8. Psalm gebetet haben. Er beginnt und endet mit den Worten: „Herr, unser Herrscher, wie herrlich ist dein Name in allen Landen." Doch in der Mitte dieses Psalms wird eine Frage laut: „Wenn ich sehe die Himmel, deiner Finger Werk, den Mond und die Sterne, die du bereitet hast: Was ist der Mensch?" Das ist eine inhaltsschwere Frage. Offenbar kann ihr der Mensch auch dann nicht entrinnen, wenn er die Schwerkraft der Erde überwunden hat und ins Weltall vorgestoßen ist. Aber erst recht auf der Erde, überall dort, wo Menschen leben, ist sie von großem Gewicht.

„Was ist der Mensch?" oder „Wer ist der Mensch?" Diese Frage ist so alt wie die Menschheit. Sie kann ganz verschieden beantwortet werden: Der Mensch ist „die Krone der Schöpfung", sagen die einen, „er ist das größte Raubtier, das je auf Gottes Erdboden herumgelaufen ist", stellen andere fest. Er ist „der Meister und Besitzer der Welt", meinte der französische Philosoph Descartes, „er ist das kleine Ungeziefer auf der Erdrinde", hielt sein deutscher Kollege Nietzsche dagegen. Diese Frage kann auf unterschiedliche Weise gestellt werden: gedanklich, aber auch ganz persönlich.

Gedanklich – ich könnte auch sagen: im Kopf. Die Frage nach dem Menschen ist eine, vielleicht sogar die zentrale Frage der Philosophie und der Literatur, der Theologie und der sogenannten Humanwissenschaften. Vor rund zweihundert Jahren hat Immanuel Kant in Königsberg die Grundfrage, was der Mensch sei, nach drei Seiten hin entfaltet: „Was kann er wissen? Was soll er tun? Was darf er hoffen?" Und in unserem 20. Jahrhundert hat Ernst Bloch in Leipzig – später in Tübingen – sein 1.600 Seiten umfassendes philosophisches Hauptwerk „Das Prinzip Hoffnung" mit den Sätzen eingeleitet: „Wer sind wir? Wo kommen wir her? Wo gehen wir hin? Was erwarten wir? Was erwartet uns?" Goethe hat es auf den Punkt gebracht, als er bemerkte: „Das eigentliche Studium der Menschheit ist der Mensch."

Die Widersprüchlichkeit des Menschen

Aber die Frage „Was ist der Mensch?" kann nicht nur gedanklich, sondern auch in persönlicher Betroffenheit gestellt werden. Sie ist nicht nur im Kopf, sondern auch im Herzen, nicht nur im Geist, sondern auch in der Seele angesiedelt. Sie wird nicht nur theoretisch, sondern existentiell gestellt. Dann lautet sie: „Wer bin ich eigentlich? Was ist mit mir los? Wie kann ich zu mir selbst finden? Wozu bin ich eigentlich da?“ Dann geht die Frage unter die Haut. Dietrich Bonhoeffer schrieb in den Tagen seiner Haft in Berlin-Tegel:

Wer bin ich? Sie sagen mir oft,
ich träte aus meiner Zelle
gelassen und heiter und fest
wie ein Gutsherr aus seinem Schloß.
Wer bin ich? Sie sagen mir auch,
ich trüge die Tage des Unglücks
gleichmütig, lächelnd und stolz,
wie einer, der Siegen gewohnt ist.
Bin ich das wirklich, was andere von mir sagen?
Oder bin ich nur das, was ich selbst von mir weiß?
Unruhig, sehnsüchtig, krank, wie ein Vogel im Käfig ...
müde und leer zum Beten, zum Denken, zum Schaffen,
matt und bereit, von allem Abschied zu nehmen?
Wer bin ich? Der oder jener?
Bin ich denn heute dieser und morgen ein andrer?
Bin ich beides zugleich?“

Hier ist der Mensch nicht mehr Gegenstand des Studiums. Er wird sich selbst zu einer Frage, zu einem Rätsel, hinter dem viele dicke Fragezeichen stehen.

Doch ganz gleich, wie der Mensch nach sich fragt, ob im Kopf oder im Herzen, ob gedanklich oder in persönlicher Betroffenheit – in jedem Fall ist es schwer, ja geradezu unmöglich, eine eindeutige Antwort zu geben. Der deutsche Dichter Conrad Ferdinand Meyer kam zu dem Schluß: „Ich bin kein ausgeklügelt Buch, ich bin ein Mensch in seinem Widerspruch.“

Von dieser Widersprüchlichkeit des menschlichen Wesens, vom „Glanz und Elend des Menschen“, soll hier die Rede sein. Ich möchte hierzu vier Gesichtspunkte entfalten: Vom Glanz und Elend des Menschen

- in der Geschichte
- in der Wissenschaft
- in der Bibel und
- im eigenen Lebenslauf.

Glanz und Elend des Menschen in der Geschichte

Bertolt Brecht hat das Drama „Furcht und Elend des Dritten Reiches" geschrieben. Doch auch das Thema „Glanz und Elend des Dritten Reiches" macht Sinn. In der Tat gab es in dieser Zeit Glanz: den Bau der Reichsautobahnen, die Überwindung der Arbeitslosigkeit, den Aufmarsch der Goldfasane bei den Reichsparteitagen, die Olympiade in Berlin, die Sondermeldungen in den ersten Kriegsjahren. Aber es gab auch Elend, von Menschen heraufbeschworenes Elend: Gefangene und Getötete in Stalingrad und Auschwitz, Verängstigte und Zerbombte in Dresden und Berlin. In unserer deutschen Geschichte hat es „Sachsens Glanz- und Preußens Gloria" gegeben, herausragende Dichter und Denker, bedeutende wissenschaftliche Entdeckungen und technische Fortschritte. Aber es gab nicht nur Konjunkturen, sondern auch Krisen, düstere Kapitel in unserer Geschichte, unglaubliche Menschenverachtung bis hin zu Hoyerswerda in der jüngsten Vergangenheit. Vor gut 30 Jahren hieß es in einem Kabarett-Text des Düsseldorfer „Kom(m)ödchens" unter der Überschrift „Zwei Seelen": „Betracht ich meinen Lebenslauf, dann geht's mir durch den Sinn: Warum bin ich nicht stolz darauf, daß ich ein Deutscher bin? Warum hab ich zwei so verschiedene Gesichter: So erhaben – und so infam?" Schließlich wird diese zwiespältige Erfahrung und Empfindung in dem Satz zusammengefaßt: „Und Weimars Türme schau'n auf Buchenwald."

Aber nicht nur im Dritten Reich gab es das, dicht beieinander und ineinander verwoben: Glanz und Elend des Menschen. Das ist nicht nur in Deutschland so, sondern auch anderswo.

Denken wir nur an die Golfregion oder Jugoslawien. Nicht nur vor 50 Jahren hat sich gezeigt, daß jede glänzende Medaille eine dunkle Kehrseite hat. Es zeigt sich bis heute! Stellen Sie eine x-beliebige Nachrichtensendung an – im Radio oder im Fernsehen –, und Sie werden auf beides stoßen: auf den Glanz und auf das Elend des Menschen, auf seine respektablen Errungenschaften und auf sein klägliches Versagen.

Glanz und Elend des Menschen in der Wissenschaft

Die Widersprüchlichkeit des menschlichen Wesens – „Zwei Seelen wohnen, ach! in meiner Brust" – bleibt natürlich auch dort nicht verborgen, wo intensiv über den Menschen nachgedacht wird: in der Wissenschaft. Ich beschränke mich auf zwei Texte, einen aus dem 17. und einen zweiten aus dem 20. Jahrhundert.

Im 17. Jahrhundert hat der Franzose Blaise Pascal, seines Zeichens Mathematiker, Physiker und Religionsphilosoph, den Menschen als „denkendes Schilfrohr" bezeichnet. Er ist wie ein Schilfrohr: kann vom Wind bewegt, vom Sturm geknickt und von der Sonne versengt werden. Sein Elend besteht – unter anderem – in seiner Vergänglichkeit. Im Mittelalter verstand man unter Humanität nicht nur Menschlichkeit im Sinne von „Edel sei der Mensch, hilfreich und gut“, sondern auch seine Niedrigkeit, Irrtumsfähigkeit und Sterblichkeit: „Irren ist menschlich“ – und vergänglich sein auch! Einem Schilfrohr gleicht der Mensch, aber sein Glanz und seine Größe sind, daß er ein denkendes Schilfrohr ist: Er ist dazu fähig, die Welt, in der er sich vorfindet, gedanklich zu durchdringen und gestaltend zu erobern. Er kann mit Hilfe von Wissenschaft und Technik seine Lebensbedingungen verbessern und sichern. So ist es dem denkenden Schilfrohr gelungen, glanzvoll ins Weltall vorzustoßen. Aber seine Erdenschwere, das Angewiesensein auf den „blauen Planeten“ Erde, die winzige Oase im Universum, die ihm das Leben ermöglicht, hat er dabei nicht abstreifen können.

In unserem 20. Jahrhundert sind es vor allem Biologen – stellvertretend für viele andere nenne ich den Zoologen Adolf Portmann –, die auf die Widersprüchlichkeit des menschlichen Wesens hinweisen: Der Mensch ist zwar ein kulturschöpferisches Wesen, und doch ist er zugleich – biologisch betrachtet – ein Mangelwesen. Er wäre längst ausgestorben, wenn er nicht Geist und Vernunft hätte, Schöpferkraft und Phantasie, die Fähigkeit, Kulturen zu schaffen. Dies alles braucht er, weil er so etwas wie eine biologische Frühgeburt ist. Während die Larve des Hechts, sobald sie ihren Dottersack aufgezehrt hat und frei zu schwimmen beginnt, schon beim ersten Versuch mit absoluter Zielsicherheit Beutetiere zu erhaschen vermag, und ein Fohlen sofort nach der Geburt auf den Füßen steht, braucht der Mensch ungefähr ein Jahr, um das Gehen und Selberessen zu lernen. Zeitlebens bleibt er instinktarm. Er hat keinen natürlichen Schutz vor der Außenwelt. Das macht ihn anfällig. Er macht viele und gefährliche Fehler. Wie stark Glanz und Elend des Menschen beieinanderliegen, zeigt sich im Bereich der Wissenschaften heutzutage vor allem in der Tiefenpsychologie und in der Ökologie. Sie vermitteln Einblicke in die Abgründe der Seele und die Einsicht, daß durch selbstherrliche menschliche Eingriffe die ganze Schöpfung an den Rand des Abgrunds zu geraten droht.

Glanz und Elend des Menschen in der Bibel

Das Stichwort Schöpfung ist gefallen. Das führt schon hinüber zum dritten thematischen Schwerpunkt: Was erfahren wir über Glanz und Elend des Menschen in der Bibel?

Eine ganze Menge. Zunächst von seinem Glanz und seiner Würde, von seiner herausragenden Stellung in der von Gott geschaffenen Welt. Daß er die Krone der Schöpfung sei, davon ist in der Bibel zwar nicht die Rede. Aber als Ebenbild Gottes wird er bezeichnet. Dabei ist nicht an äußerliche Ähnlichkeit zu denken, was übrigens zu dem irrigen Umkehrschluß führte, daß man sich Gott in Menschengestalt vorstellte gar als alten Mann mit einem Bart. Das Wort Ebenbild ist im hebräischen Urtext ein Beziehungsbegriff. Gott schuf sich, so läßt sich dieses Wort am besten übersetzen, den Menschen als sein Gegenüber, als ein Wesen, das ihm entspricht, das er ansprechen kann, das für ihn ansprechbar ist, das zu antworten vermag und sich deshalb vor ihm auch verantworten muß. Das gilt auch und nicht zuletzt für den Auftrag, den der Mensch auf Erden zu erfüllen hat: Er soll sich die Erde dienstbar machen, er soll seinen Lebensraum bebauen und – so wird aus gutem Grund sofort hinzugefügt – auch bewachen und bewahren. Das dem Menschen gegebene Mandat ist kein Freibrief für Freibeuter. Der Mensch ist als Haushalter und Treuhänder eingesetzt, ich könnte auch sagen: als Prokurist, der für sein Tun und Lassen zur Rechenschaft gezogen wird. Im eingangs bereits erwähnten 8. Psalm stellt der Beter, zu Gott aufblickend, fest: „Du hast den Mensch wenig niedriger gemacht als Gott." Ein kühnes, fast atemberaubendes Wort: *wenig* niedriger als Gott – das macht die Größe und Würde des Menschen aus. Wenig *niedriger* als Gott – das zeigt ihm seine Grenze auf.

Die Bibel weist immer darauf hin: Der Mensch soll sich nicht selbstgefällig in dem Glanz sonnen, der von seinem Schöpfer her auf ihn fällt. Er soll nicht mit geschwollenem Kamm daherkommen. Deshalb wird der Mensch schon in den beiden Schöpfungsgeschichten der Bibel deutlich an seine Geschöpflichkeit erinnert:

Im ersten der beiden biblischen Schöpfungsberichte wird der 6. Schöpfungstag nicht, wie es unserem Selbstverständnis und unserer Logik entspräche, dem Menschen allein vorbehalten. Vielmehr wird von der Erschaffung der Tiere, die auf Gottes Erdboden herumlaufen, und der Erschaffung des Menschen sozusagen in einem Atemzug erzählt. Die Einbildung des Menschen, er sei der kleine Gott der Welt, ihr Meister und Besitzer, bekommt dadurch einen spürbaren Dämpfer!

Im zweiten, im älteren, im schlichteren der beiden Schöpfungsgeschichten steht eine ernüchternde Feststellung. Dort wird dem Menschen auf den Kopf zugesagt: „Von Erde bist du genommen, zu Erde sollst du wieder werden." Adam, der Mensch, ist von Erde, von der adama, genommen: In meinem Körper befinden sich keine anderen Elemente als in der mich umgebenden Natur. Aber durch den Schöpfungsakt wird aus diesen Elementen ein Mensch: Dem Erdenkloß wird der Odem eingehaucht und so Leben geschenkt. Die Kehrseite dieser Medaille wird im 104. Psalm angesprochen: „Wenn du" – Gott – „den Odem wegnimmst, dann sind sie" – die Menschen – „nicht mehr da". Adam wird wieder zu Adama, wird wieder zu Erde. Etwas despektierlich und doch auch liebevoll hat der Schweizer Kurt Marti deshalb den Menschen als „Erderich" bezeichnet.

Aber die Sterblichkeit ist nach biblischem Verständnis nur ein Teil des menschlichen Elends und nicht einmal der wichtigste. Das Wort Elend hat dem ursprünglichen Wortsinn nach etwas mit unserem Wort Ausland zu tun: Wer seine angestammte Heimat verläßt und in die Fremde zieht, der gerät ins Elend. Das Geschöpf, das sich von seinem Schöpfer trennt, sozusagen fremdgeht, beschwört damit sein Elend selbst herauf.

Unmittelbar auf die beiden biblischen Schöpfungsgeschichten folgt die Geschichte vom Sündenfall. Nur soviel zur Geschichte von Adam und Eva im Paradies:

Das Verführerische an der Versuchung war nicht der Apfel wie im Märchen von Schneewittchen. Auch nicht die sexuelle Begierde, wie weithin angenommen wird. Entscheidend ist das scheinbar harmlose Fragezeichen am Anfang: „Sollte Gott gesagt haben?" und das trügerische Versprechen am Schluß: „Ihr werdet sein wie Gott und wissen, was gut und böse ist." Also nicht mehr: „wenig niedriger als Gott", sondern „sein wie Gott".

Der Mensch, der sein möchte wie Gott, geht von der vermessenen Voraussetzung aus, alles im Leben hinge von ihm ab, nur von ihm. Er lebt nach dem Motto: „Hilf dir selbst." Er setzt auf die eigenen Leistungen. Er traut den Geboten Gottes nicht mehr über den Weg. Er fürchtet, zu kurz zu kommen, wenn er sich an sie hält. Darum setzt er sich über sie hinweg, setzt selber die Maßstäbe für das, was gut und böse ist. Er möchte alles, die Welt und sich selbst, in den Griff bekommen. Er gibt Gott den Laufpaß, entfernt sich von ihm, entfremdet sich von dem, dem er sein Leben verdankt. Das meint die Bibel mit Sünde: die Absonderung. Dain besteht die menschliche Ursünde – und indem er sie begeht, verblaßt der menschliche Glanz und verdüstert sich immer mehr ins menschliche Elend hinein.

Vom Glanz und Elend des Menschen im Lebenslauf

Wer sich im Berufsleben um eine Stelle bewirbt, muß in der Regel einen Lebenslauf schreiben. Da werden die äußeren Daten angegeben, ist vom Geburtstag, von den Eltern, von der Schulbildung, von der früheren Berufstätigkeit und gegebenenfalls von Eheschließung und den eigenen Kindern die Rede. Das alles läßt sich in telegrammstilartiger Kürze auflisten: Wir sprechen dann von einem tabellarischen Lebenslauf.

Aber mit dem allen sind doch nur die Rahmenbedingungen meines Daseins markiert. Ich bestreite nicht, daß diese Daten mein Leben prägen. Vielleicht habe ich die Augenpartie meines Vaters und die Wehleidigkeit meiner Mutter geerbt. Das Umfeld, in dem ich aufgewachsen bin, hat mich beeinflußt. Die Lebensumstände in meiner Jugend – bei mir waren das der Zweite Weltkrieg und die Nachkriegszeit – haben tiefe Spuren in meiner Biographie hinterlassen. Und doch: Das sind nur die äußeren Lebensumstände.

Was ich aus dem allen mache, steht auf einem anderen Blatt. Das verrät eher das Tagebuch, sofern ich eines geschrieben habe oder noch schreibe. Hier wird viel eher Glanz und Elend des persönlichen Lebens, des eigenen Herzens erkennbar. „Doch wie's da drin aussieht, geht niemand was an“, wird im „Land des Lächelns“ gesungen – darum halten die meisten Menschen ihr Tagebuch unter Verschluß. Auch ich werde vor einer mir weithin unbekannten Leserschaft gewiß keine umfassende Lebensbeichte ablegen.

Aber soviel muß ich Ihnen und mir selber offen eingestehen: Es hat Glanzpunkte in meinem Leben gegeben, Erfolge im Beruf, Erfüllung in Ehe und Familie, zeitgeschichtliche Ereignisse, über die ich mich von Herzen freuen konnte. Aber diese Medaille hat eine Kehrseite. Es hat auch viele dunkle Stunden gegeben, die ich am liebsten verdrängen möchte und doch nicht ungeschehen machen kann. Ich denke jetzt nicht nur an leidvolle Erfahrungen, an Lebensgefahr durch Krankheit und Krieg. Ich denke an verpaßte Gelegenheiten, an klägliches Versagen, an die Schuld, die ich im Zusammenleben mit anderen auf mich geladen habe. Manchmal kann ich aus vollem Herzen einstimmen in den Liedvers von Matthias Claudius:

Ich danke Gott und freue mich
wie's Kind zur Weihnachtsgabe,
daß ich bin, bin und daß ich dich,
schön menschlich Antlitz, habe.

Aber manchmal bekomme ich das heulende Elend, wenn ich mich im Spiegel betrachte. Dann kann ich nachvollziehen, was Paulus in Römerbrief geschrieben hat: „Ich tue nicht, was ich will, sondern was ich hasse, das tue ich. Ich elender Mensch, wer wird mich erlösen von diesem todverfallenen Leibe“ (nach Röm 7,19ff)?

Mein eigenes Leben hat scharfe Ecken und Kanten, Runzeln und Flecken, Stolpersteine und bedrohliche Abgründe aufzuweisen. Ich möchte dazu einladen, auch einmal Inventur zu machen, jeder für sich oder auch einem anderen Menschen gegenüber, zu dem er Vertrauen hat. Wer unter uns kann denn im Ernst behaupten, vom heulenden Elend noch nie etwas erfahren zu haben? Wer kann einen einwandfreien, makellosen Lebenslauf vorweisen? Das kann doch wohl keiner von uns, selbst wenn er seine Biographie schönfärberisch auf Hochglanz poliert.

Vom Glanz, den Gott verleiht

Im 8. Psalm findet sich die Frage: „Was ist der Mensch?“ Und es heißt dort weiter: „Wenn ich sehe die Himmel, deiner Finger Werk, den Mond und die Sterne, die du geschaffen hast, was ist der Mensch, daß du selber gedenkst, und des Menschen Kind, daß du dich seiner annimmst?“ Der Mensch ist also doch nicht „das kleine Ungeziefer auf der Erdrinde“, sondern ein Wesen, an das Gott denkt und dessen er sich annimmt! Gott ist nicht wie die Rabenmütter, die Leben zur Welt bringen und es dann sich selbst überlassen. Wie ein roter Faden zieht sich durch die Bibel die Botschaft: Gott hat der von ihm geschaffenen Welt nicht den Rücken gekehrt, sondern ihr sein Antlitz zugewandt. Er kümmert sich um uns, das heißt: Er macht unseren Kummer zu seinem Kummer. Auch und gerade dann, wenn das heulende Elend mich überschwemmt, darf ich darauf vertrauen: Gott gedenkt meiner und nimmt sich meiner an. Ich könnte auch sagen: Er nimmt mich an – so, wie ich bin, und obwohl ich so bin, wie ich bin.

Wir haben den verzweifelten Aufschrei des Paulus wohl noch im Ohr: „Ich elender Mensch, wer wird mich erlösen von diesem todverfallenen Leib?“ Auch hier gilt es weiterzulesen: „Dank sei Gott durch Jesus Christus“ (Röm 7,25). Jesus von Nazareth hat von Erlösung gesprochen, zum Beispiel im „Gleichnis vom verlorenen Sohn“, das eigentlich das „Gleichnis vom barmherzigen Vater“ heißen müßte. Da ist ein Mensch in die Fremde gezogen und im Elend gelandet – und trotzdem: der Vater kommt ihm entgegen, empfängt ihn mit offenen Armen und richtet ihm ein großartiges Fest aus. So hat Jesus von der Erlösung gesprochen. Aber er hat sie auch bewirkt, indem er sich der Armen und Elenden annahm, bei ihnen einkehrte und ihrem Leben den verlorengegangenen Glanz wiedergab. Bis zum Äußersten hat er sich für die Armen und Elenden aufgeopfert, sein Leben hat er drangegeben zu einer Erlösung für viele. „Ich danke Gott durch Jesus Christus“, ich elender Mensch, „denn“ – wie es im Lobgesang des Zacharias heißt – „er hat besucht und erlöst sein Volk“ (Lk 1,68).

Ich möchte noch einmal auf Dietrich Bonhoeffers Gedicht „Wer bin ich?“ zurückkommen. Er hat in ihm den Widerspruch zwischen dem, was andere von ihm hielten, und dem, was er selbst von sich wußte, aufgezeigt:

> Wer bin ich? Der oder jener?
> Bin ich denn heute dieser und morgen ein andrer?
> Bin ich beides zugleich?

Doch mit dieser unbeantworteten Frage schließt Bonhoeffers Gedicht nicht. In der letzten Strophe heißt es dann:

> Wer bin ich? Einsames Fragen treibt mit mir Spott.
> Wer ich auch bin, Du kennst mich, Dein bin ich, o Gott!

Daß ich Gott gehöre und von ihm aufgenommen werde, daß er mich kennt, mitsamt dem heulenden Elend, das mich manchmal packt, und trotzdem Ja zu mir sagt, das verleiht meinem Leben einen ganz neuen Glanz. Das gibt mir auch die Freiheit, meinem Elend und meiner Hilfsbedürftigkeit ins Auge zu schauen und sie mir und anderen einzugestehen.

Über allem Glanz und Elend des Menschen steht die Gewißheit, daß der Schöpfer nicht ungerührt zusieht, wenn der Mensch ins Elend gerät. Er erbarmt sich seiner. Der Mensch ist und bleibt ein Geheimnis. Ich habe bewußt nicht gesagt: Der Mensch ist ein Rätsel. Rätsel lassen sich auflösen. Ein Geheimnis bleibt in der Schwebe, der Schwebe des Lebendigen. Das tiefste Geheimnis des Menschen besteht darin, daß Gott ihn liebt, ihn bejaht, ihn annimmt und selbst im tiefsten Elend nicht losläßt.

Fluchttendenz steigend

Die Zahl der Menschen, die in unseren Tagen auf der Flucht sind, läßt sich nicht exakt ermitteln. Die Bilder und Gedanken, die sich mit dem Wort „Flucht" verbinden, sind schillernd. Die Ursachen dafür, daß Menschen davonlaufen, vor anderen oder vor sich selbst, sind vielschichtig. Unsere Umgangssprache enthält zahlreiche Hinweise darauf, daß sich das Phänomen „Flucht" nicht auf einen Nenner bringen läßt.

Auf der einen Seite sprechen wir davon, daß Menschen „in die Flucht geschlagen" werden. Die hier verwendete grammatikalische Form, das Passiv, macht darauf aufmerksam, daß es dabei um ein Erleiden geht, um das Erleiden eines Verhängnisses, das durch andere Menschen gewaltsam herbeigeführt worden ist.

Auf der anderen Seite ist davon die Rede, daß Menschen „die Flucht ergreifen" oder gar ihr „Heil in der Flucht suchen". Die Fluchtbewegung erscheint hier als das Ergebnis eines Entschlusses, einer bewußt getroffenen und zielgerichteten Entscheidung. Ein aktives Moment kommt dabei ins Spiel.

Es ist zu vermuten, daß es zwischen diesen beiden Arten der Flucht fließende Übergänge gibt. Das Phänomen ist mehrdeutig: Menschen, die – von anderen bedrängt – das Weite suchen, können dabei zugleich sich selbst davonlaufen.

In die Flucht geschlagen

Wer sich über die steigende Fluchttendenz in unserer Zeit Gedanken macht, kann das in diesem Jahrhundert überdimensional gewordene Flüchtlingselend nicht übersehen. Zwar ist der Begriff „in die Flucht schlagen" ursprünglich im militärischen Bereich angesiegelt. Armee-Einheiten, die einem feindlichen Angriff nicht standhalten können, müssen wohl oder übel den Rückzug antreten. Der während des Zweiten Weltkrieges im Wehrmachtsbericht verwendete euphemistische Begriff „siegreicher Rückzug“ kann kaum verschleiern, daß Menschen, die in die Flucht geschlagen werden, die bittere Erfahrung einer Niederlage machen müssen.

Doch Flucht als Folge von Gewaltanwendung und feindlicher Übermacht vollzieht sich in unserer Zeit nicht nur an der militärischen Front. Sie ist im 20. Jahrhundert in einem erschreckenden Ausmaß zum Los der Zivilbevölkerung geworden.

Die Bilder der endlosen Flüchtlingstrecks, die sich gegen Ende des Zweiten Weltkrieges aus den ehemals deutschen Ostgebieten in Richtung Westen in Bewegung gesetzt haben, sind in Filmberichten festgehalten worden und stehen vielen noch lebendig vor Augen.

Was damals viele Deutsche am eigenen Leib erfahren und erleiden mußten, hat sich inzwischen vielfältig wiederholt, besonders erschreckend in den letzten Jahren in Südostasien und neuerdings in Ostafrika. Hier hat sich wieder einmal gezeigt, wie verheerend es sich auswirkt, wenn Naturkatastrophen – in diesem Fall eine Dürre – mit Geschichtskatastrophen – in diesem Fall eine Massenvertreibung – zeitlich und räumlich ineinanderfallen. Unabsehbar ist das Heer der Flüchtlinge und Vertriebenen, die zur Zeit auf den Landstraßen dieser Welt unterwegs sind. Ihre Zahl wurde kürzlich vom Flüchtlingskommissariat der Vereinten Nationen auf 11 Millionen, von der amerikanischen Regierung sogar auf 14 Millionen geschätzt. Die auseinanderliegenden Zahlen machen deutlich, daß es offensichtlich unmöglich ist, exakte statistische Zahlen zu ermitteln.

Neben denen, die aus ihrer angestammten Heimat gewaltsam vertrieben worden sind, stehen die vielen politischen Flüchtlinge und Asylanten. Auch von ihnen könnte man sagen, sie seien „in die Flucht geschlagen“ worden. Auch sie mußten der Gewalt weichen, haben sich der Zensur ihrer Gedanken oder der Vergewaltigung ihres Gewissens entzogen. Aber indem sie sich dazu entschlossen haben, dem drohenden Berufsverbot, Hausarrest oder Haftbefehl zuvorzukommen, hat ihre Flucht den Charakter eines zwar aufgezwungenen, aber doch zugleich selbstgewählten Weges bekommen. Die schwer zu beantwortende Frage, ob die Übersiedelung in ein anderes Land unausweichlich oder ob der Traum vom besseren Leben in einem Wirtschaftswunderland die entscheidende Triebfeder war, macht die Verfahren so beschwerlich, in denen über Aufnahme oder Abweisung von Asylbewerbern entschieden wird.

Die Flucht ergreifen

Wie weitverbreitet die menschliche Neigung ist, das Heil in der Flucht zu suchen, zeigen Redewendungen wie „Das ist nicht zum Aushalten“ oder „Das ist ja zum Davonlaufen“. Wenn ein Mensch sich weigert, mit den Wölfen zu heulen, oder sich dazu entschließt, gegen den Strom zu schwimmen, so muß das nicht unbedingt mit einem nach außen hin sichtbaren Standortwechsel, mit einer augenfälligen Fluchtbewegung verbunden sein. Der Fahnenflüchtige entfernt sich von der Truppe. Auch Terroristen setzen sich ab, verschwinden von der Bildfläche, gehen in den Untergrund. Aber es gibt in unseren Tagen offensichtlich auch Spielarten der Verweigerung, die sich nicht im Adreßbuch niederschlagen.

Bezeichnend dafür ist der in den fünfziger Jahren von Johannes Hamel-Naumburg in der DDR geprägte Begriff der „Inneren Emigration". Es gab in der Zeit vor dem Bau der Berliner Mauer Christen, die von der Möglichkeit, über die „Grüne Grenze" zu gehen oder mit der Berliner S-Bahn in den Westen zu fahren, keinen Gebrauch machten. Sie blieben, aber innerlich weigerten sie sich, den Staat, in dem zu leben sie genötigt waren, als Obrigkeit im Sinne von Römer 13 anzuerkennen. Sie kapselten sich innerlich ab, ohne mit den Füßen abzustimmen und das Weite zu suchen.

Damit durchaus vergleichbar ist der Prozeß, den der Psychoanalytiker Horst E. Richter unter der Überschrift „Die Absetzbewegung der Jugend" analysiert hat (Der Gotteskomplex, Reinbek 1979, S. 191ff). Es sind zwar nicht ausschließlich, aber doch vorwiegend Jugendliche, deren Verhalten mit folgenden Worten beschrieben wird: Sie wandern ab, sie ziehen sich zurück, sie steigen oder sie flippen aus. Die Ausdrucksformen der damit verbundenen Absetzbewegung haben sich im Laufe des vergangenen Jahrzehnts gewandelt. Aber nach wie vor geht es um so etwas wie „innere Emigration": die Weigerung, sanktionierte Gesellschaftsformen und -normen unbesehen zu übernehmen.

Vor etwa 10 Jahren machten Neomystiker und Militante von sich reden. Die Blumenkinder der Hippiebewegung traten in öffentlichen Parks mit „love-ins" auf und rauchten Marihuana. Die Vertreter der neuen Linken inszenierten „sit-ins" und erschreckten alle, die über 30 waren. In der Jesus-People-Bewegung entdeckten Hunderttausende von jungen Menschen in den Vereinigten Staaten, die sich Jesus-Gammler oder auch Jesus-Käuze nannten, die befreiende Kraft des Evangeliums. Bei aller Verschiedenheit war diesen Gruppen eines gemeinsam: der Widerspruch gegen bestehende Verhältnisse, im politischen, im kulturellen, im religiösen Bereich, und die damit verbundene Überzeugung, daß es nur dann anders und besser werden kann, wenn man sich entschlossen von den herrschenden Zuständen abwendet, ihnen entflieht, sie wie die Pest meidet.

Heil in der Flucht suchen

Inzwischen hat sich die Szene merklich gewandelt. Die Absetzbewegung – darauf hat Horst E. Richter in seinem Buch „Der Gotteskomplex" hingewiesen – vollzieht sich heute in verschiedenen Varianten.

Wohin sie „führt, hängt mit dem Ausmaß der inneren Angst und Resignation, aber auch mit den jeweils einwirkenden Angeboten an alternativen Lebensformen zusammen. Es kann zu direktem Abkippen in die Drogenabhängigkeit kommen. Eine andere, zunehmend wichtigere Auffangstelle sind die Jugendsekten ... Wieder eine andere Subkultur wird durch ‚anpolitisierte' Jugendliche, häufig Studenten gebildet, die sich je nachdem als Spontis, Stadt-Indianer, Mescaleros bezeichnen oder auch auf eine spezielle Benennung verzichten" (aaO, S. 198f).

Solche Alternativgruppen sind in der Öffentlichkeit wenig bekannt, obwohl auch sie zahlenmäßig keineswegs unbedeutend sind. Der Soziologe Wolf Dietrich Narr hat von den Repräsentanten dieser Richtung gesagt: „Man begeht keinen Vatermord mehr, um die bestehende Gesellschaft reformierend, revolutionierend umzukrempeln. Man knüpft an diese bestehende Gesellschaft nicht mehr an, taucht weg, legt weg, sagt sich los" (Die Generation der Ausgeschlossenen, in: Die Zeit, Nr. 4, 20.1.1978).

T. Fichter und S. Lönnendonker haben diese Subkultur wie folgt zu skizzieren versucht:

„In allen größeren Städten der Bundesrepublik und in West-Berlin leben Tausende anpolitisierter Jugendlicher in einem freiwilligen Getto: der Durchschnitts-Stadtteil-Indianer wacht in der Wohngemeinschaft auf, kauft sich die Brötchen in der Stadtteilbäckerei um die Ecke, dazu sein Müsli aus dem makrobiotischen Tante-Emma-Laden, geht zur Arbeit in einem selbstorganisierten Kleinbetrieb oder in ein Alternativprojekt, alle fünf Tage hat er Aufsicht in einem Kinderladen, seine Ente läßt er sich in einer linken Autoreparaturwerkstatt zusammenflicken, abends sieht er sich ‚Casablanca' im offenen Kino an, seine Bettlektüre stammt aus dem Buchladenkollektiv ... In West-Berlin und in Frankfurt gibt es Angehörige der Szene, die stolz darauf sind, seit 2 1/2 Jahren kein Wort mehr mit einem von denen, die draußen sind, gewechselt zu haben" (zit. bei Narr, aaO).

Für zahlreiche Heranwachsende, die ihrer trostlosen Ungeborgenheit und ihrem existentiellen Verlorenheitsgefühl entfliehen möchten, bieten sich die Jugendsekten als Auffangbecken an. Schätzungen besagen, daß mehr als 200.000 junge Leute in der Bundesrepublik in Kontakt mit den neuen Religionen stehen und etwa 150.000 ihr Leben den Sekten verschrieben haben. Zentrale Wertbegriffe der westlichen Zivilisation sind hier offensichtlich völlig außer Kraft gesetzt. Die Ideale der Aufklärung bedeuten nichts mehr. Die mystischen Heilslehren der weithin durch asiatische Einflüsse geprägten Jugendreligion fordern absoluten Glauben. Der einzelne weiht sein Leben ganz der Sekte. Er denkt und tut nur noch, was die Gemeinschaft verlangt, er löst sich auf deren Geheiß von seinem Besitz, von allen bisherigen Bindungen und sozialen Normen. Ein solches Leben bricht radikal mit der Tradition des westlichen way of life. Es fordert Hörigkeit statt Selbstbestimmung, blinden Glauben statt kritischer Rationalität, Armut statt Wohlstand, kompromißlosen

Kollektivismus statt individueller Abgrenzung. Daß ein solches Leben überhaupt möglich ist, läßt diejenigen, die nicht mit auszuwandern bereit sind, einigermaßen fassungslos zurück.

Die Flucht in den Rausch schließlich, der Alkohol- und Drogenmißbrauch, wird als „eine zentrale zeitgemäße Standardmethode der Leidensflucht" (Horst E. Richter, aaO, S. 201) benannt. In diesem Bereich tritt die steigende Fluchttendenz besonders auffällig in Erscheinung. Der Anteil der Jugendlichen, die sich aus dem „Das ist nicht zum Aushalten"-Gefühl heraus in der Drogenszene vorübergehende Erleichterung verschaffen, wird immer größer. Darauf deuten alle Statistiken hin. Obendrein ist zu bedenken, daß die absoluten Zahlen, die ständig fortgeschrieben werden müssen, das unabsehbare weite Feld der Dunkelziffern nicht zu erfassen vermögen.

Aber an dieser Stelle wird auch deutlich, daß die Erwachsenen vorsichtig sein sollten, sich über diese Spielart der Leidensflucht vorschnell zu entrüsten. Harvey Cox hat der hier drohenden Heuchelei eine Absage erteilt:

„Unsere Gesellschaft ist nicht grundsätzlich dagegen, andere Bewußtseinslagen (oder Bewußtlosigkeitslagen) mit Hilfe anderer Stoffe herbeizuführen. Wir stürzen das Koffein hinunter, um unser Gehirn in einen wachsen Zustand hineinzuschmeicheln. Zu unserer Entspannung ziehen wir an einer Pfeife. Wir bestellen einen Martini, um ein Geschäft unter Dach zu bringen. Kommt es aber zu den berüchtigten Rauschgiften, die die jungen Leute heutzutage im zunehmenden Maße verwenden, dann werden wir plötzlich wütend und verdrossen." (Das Fest der Narren, Stuttgart 1970, S. 138f).

Das heißt: Die steigende Fluchttendenz in unserer Zeit ist in besonderer Weise am Verhalten junger Menschen abzulesen, aber nicht nur in dieser Altersstufe zu beobachten.

Geflecht möglicher Ursachen

Fragen wir nach den Ursachen für die in unserer Zeit festzustellende Fluchttendenz, kommt ein ganzes Bündel Faktoren in den Blick.

Da ist die zunehmende Erwartungsangst. Viele junge Menschen stehen bewußt oder unbewußt unter dem Eindruck, was die Generation der Erwachsenen bisher aufgeboten habe, um den sich abzeichnenden Zukunftsproblemen wirksam zu begegnen, sei nicht ausreichend. In Hermann Hesses „Glasperlenspiel" – einem Buch, das im vergangenen Jahrzehnt eine erstaunliche Renaissance erlebt hat – stehen die bemerkenswerten Sätze:

„Sie lernten mit Ausdauer das Lenken von Automobilen, sie standen aber dem Tode, der Angst, dem Schmerz und dem Hunger beinah schutzlos gegenüber, von den Kirchen nicht mehr tröstbar, vom Geist unberaten.

Sie gönnten sich die Zeit und die Mühe nicht, sich gegen die Furcht stark zu machen, die Angst vor dem Tode in sich zu bekämpfen, sie lebten zukkend dahin und glaubten an kein Morgen."

Aber auch bei vielen Erwachsenen ist das Vertrauen in die Zukunft geschwunden. Sie verfallen einer der beiden Formen der Hoffnungslosigkeit, die Josef Pieper in seinem Traktat „Über die Hoffnung" (1949, S. 51ff) beschrieben hat: der Überheblichkeit, der Hybris, auf der einen Seite oder der Verzweiflung, der desperatio, auf der anderen.

Da ist zweitens das Problem der Einsamkeit, verbunden mit der Frage nach dem Sinn des Lebens. Anzeichen hierfür ist die Tatsache, daß sich die Zahl der Selbstmorde – und dabei geht es wohl um die radikalste Form des Aussteigens und der Flucht vor den Ungereimtheiten des Lebens – in bedenklicher Weise der Zahl der Verkehrstoten annähert. Ohne Zweifel ist die Anziehungskraft alternativer Lebensstile in Subkulturen nicht zuletzt darin begründet, daß sie die Wiedergewinnung des „gemeinsamen Lebens" in Aussicht stellen.

Da ist die Stimmungssucht, ein Phänomen, für das der Hamburger Psychiater Bürger-Prinz eigens diesen Begriff geprägt hat. Mitten in einer nüchternen und ernüchternden Industrie- und Kaufhauswelt ist mit einem Mal das gefragt, was frühere Generationen Beschaulichkeit genannt haben. Die Neigung wächst, aus der grauen Alltagswelt hin und wieder auszubrechen. Dabei wird die Frage, was jenseits der technischen Perfektion und des technokratisch Machbaren liegt, von vielen mit einem neuen Romantizismus und einer antitechnologischen Lebenseinstellung beantwortet. Es gibt einen emotionalen Nachholbedarf. Von daher wird verständlich, daß so verschiedene Strömungen wie die fernöstliche Meditation und die Versuche, den persönlichen Bewußtseinshorizont zu erweitern, fast zur gleichen Zeit den Charakter von „Wellen" angenommen haben.

Da ist schließlich das Verlangen nach Freude in einer vom Leistungs- und Zweckmäßigkeitsdenken bestimmten Welt. In einem deutschen Schauspiel wird von einer Dame ein umwerfendes Programm entwickelt:

„Wir lassen alle Uhren zerschlagen, alle Kalender verbieten und zählen Stunden und Monde nur nach der Blumenuhr, nur nach Blüte und Frucht. Und dann umstellen wir das Ländchen mit Trennspiegeln, daß es keinen Winter mehr gibt und wir uns bis Ischia und Capri hinaufdestillieren und das ganze Jahr zwischen Rosen und Veilchen, zwischen Orangen und Lorbeersträuchern stecken." Ein junger Mann erwidert: „Und ich werde Staatsminister, und es wird ein Dekret erlassen, daß, wer sich Schwielen in die Hände schafft, unter Kuratel gestellt wird, daß, wer sich krank arbeitet, kriminalistisch strafbar ist, daß jeder, der sich rühmt, sein Brot im Schweiße seines Angesichts zu essen, für verrückt, der menschlichen Gesellschaft gefährlich erklärt wird. Und dann legen wir uns in den

Schatten und bitten Gott um Makkaroni, Melonen und Feigen, um musikalische Kehlen, klassische Leiber und eine kommode Religion."

Das Schauspiel heißt „Leonce und Lena", der Verfasser Georg Büchner. Er wurde 1813 geboren und starb im Jahre 1837. Und doch geben diese Sätze ziemlich genau das wieder, was viele Zeitgenossen heute empfinden und was sie dazu veranlaßt, sich – wo immer es geht – aus der bedrückenden Alltagswelt davonzustehlen.

Die Flucht nach vorn

Wie ist dies alles zu beurteilen? Erfordert diese Entwicklung nicht energische Gegenmaßnahmen? Nach gängigem Verständnis haftet dem Wort „Flucht" ein leicht negativer Beigeschmack an. Bezeichnend dafür ist der Begriff „Flucht vor der Verantwortung". Es war peinlich, als viele Angeklagte in Kriegsverbrecherprozessen, allen voran Adolf Eichmann, sich auf einen Befehlsnotstand beriefen und auf diese Weise die Verantwortung von sich abgeschoben. Wenn Menschen nicht dazu bereit sind, für das geradezustehen, was sie getan haben, wenn sie statt dessen versuchen, sich zu entschuldigen und selbst zu rechtfertigen, dann sprechen wir von „Ausflüchten". Aber auch Menschen, die sich nicht still und heimlich davonstehlen, ohne großartige Erklärungen abzugeben, können der Verantwortung entfliehen, die sie zu tragen haben.

„Flüchten oder Standhalten?" (Horst E. Richter), das scheint von daher die Frage zu sein. Aber ist das wirklich die entscheidende Alternative, vor der wir angesichts der steigenden Fluchttendenz in unserer Zeit stehen? Das bloße Beharrungsvermögen, die Verteidigung von sanktionierten oder gar sakrosankten Vorstellungen, die aus einer vermeintlich guten alten Zeit überkommen sind, ist doch wohl auch nicht der Weisheit letzter Schluß. Der holländische Pastoraltheologe Heije Faber hat in einem Beitrag über „Das Pfarrhaus – Standhalten oder flüchten" (Deutsches Pfarrerblatt 10/1980) festgestellt, wir befänden uns „mit unseren Gemeinden und mit unseren Pfarrhäusern in einem tiefen Wandlungsprozeß". Mit der Frage „Standhalten oder flüchten" würden wir auf die sich anbahnende Entwicklung schon negativ reagieren. „Wir denken dann, daß die sogenannte ‚heile Welt' das Normale ist und das, was wir jetzt mitmachen, uns von dieser Normalität entfremdet und beraubt." Er vertritt die Meinung, wir stünden vor einer anderen Wahl, nämlich der zwischen Nostalgie und Realismus. Wer sich nostalgisch nach den Fleischtöpfen Ägyptens zurücksehnt, hält der Herausforderung durch die tiefgreifenden Wandlungsprozesse eben nicht stand. Unter Realismus versteht Faber die persönliche Bereitschaft und die gedankliche Fähigkeit von Menschen, die positiven und negativen Seiten von Wandlungsprozessen gegeneinander abzuwägen und von daher gangbare Wege in die Zukunft ausfindig zu machen.

Beim Propheten Jesaja findet sich die lapidare Feststellung „Wer glaubt, der flieht nicht" (28,16). Eine Einladung zum eisernen Beharren auf Standpunkten oder gar zur Behauptung unhaltbar gewordener Positionen ist das freilich nicht. Auffallend ist, daß in anderen Bereichen der prophetischen Predigt zur Flucht geradezu aufgefordert werden kann (Jer 4,16; 6,1; vgl. dazu Robert Bach, Die Aufforderung zur Flucht und zum Kampf im alttestamentlichen Prophetenspruch. Neukirchen 1962). Die Flucht kann also Anzeichen sowohl mangelnden Gottvertrauens als auch der Bereitschaft sein, sich auf Gottes Willen einzulassen. Auch im Neuen Testament begegnet uns der Aufruf zur Flucht im Sinne der Vermeidung gottloser Bindungen. So wird z.B. im 1. Timotheusbrief im Blick auf die Habsucht als Wurzel allen Übels nachdrücklich gefordert: „Aber du, Gottesmensch, fliehe solches" (6,11)!

Zutreffend sprechen wir deshalb nicht nur von der „Flucht vor der Verantwortung", sondern auch von der „Flucht nach vorn". Es gibt Fluchtbewegungen, die mit Feigheit wenig zu tun haben. Sie entspringen vielmehr dem Verlangen nach einem anderen, besseren Leben. Sie signalisieren, daß der Mensch nicht beim Status quo stehenbleibt, sondern unter dem Anruf Gottes unterwegs ist. Hinter mancher Flucht kann sich auch das Verlangen nach mehr Schutz und Geborgenheit verbergen.

Es genügt deshalb nicht, über die wachsende Fluchttendenz in unserer Zeit zu lamentieren. „Es ist besser, ein Licht anzuzünden, als die Finsternis zu beklagen", sagt ein chinesisches Sprichwort. Darum steht es der Gemeinde Jesu Christi gut an, wenn sie sich nicht damit begnügt, Ausflüchte als Sackgassen zu entlarven, sondern wenn sie in ihrer Verkündigung, Seelsorge und Diakonie den Gott bezeugt, von dem der 90. Psalm sagt, er sei „unsre Zuflucht von Geschlecht zu Geschlecht".

Aus: Das Missionarische Wort, jetzt „BRENNPUNKT GEMEINDE", 1/1981

Allein – und doch nicht allein

Was den Menschen zum Menschen macht

In lapidarer Kürze wird in der ersten, der jüngeren der biblischen Schöpfungsgeschichten von der Erschaffung des Menschen berichtet: „Und Gott schuf den Menschen nach seinem Bilde, zum Bilde Gottes schuf er ihn, und schuf sie als Mann und Frau" (1. Mose 1,27). Zwei grundlegende Aussagen über den Menschen enthält dieser Satz:

– Der Mensch existiert „als Mann und Frau“. Er und sie sind kein Neutrum. Schon „das“ Kind ist ein Junge oder ein Mädchen.

– Gott „schuf den Menschen“. Und: Er „schuf sie“, die Menschen. Indem die Geschlechtlichkeit des Menschen angesprochen wird, ist zugleich von seiner Mitmenschlichkeit die Rede.

Es kann sein, daß ein Mensch für sich allein lebt. Und doch kann er nicht für sich allein leben. Es gibt den Menschen nicht ohne die Menschen.

Jeder von uns kann sagen: Ich bin ein Mensch. Ein Mensch: ein besonderer, einzigartiger, einmaliger Mensch. Ich trage einen Namen, der mich von anderen unterscheidet. Ich habe ein Gesicht, das kein zweitesmal vorkommt, einen Fingerabdruck und einen Lebenslauf, die unverwechselbar sind. Ich bin ein Original, ein Unikat, ein einmaliges Geschöpf. Aber das ist nur der eine Aspekt meines Daseins. Der andere ist davon nicht zu trennen: Ich bin ein Mensch unter Menschen. Als isolierter Einzelmensch wäre ich wie ein Fisch ohne Wasser. Aber ich muß – und ich kann – nicht für mich allein leben. Im zweiten, im älteren der biblischen Schöpfungsberichte, wird nachdrücklich darauf hingewiesen (1. Mose 2,18): „Es ist nicht gut, daß der Mensch allein sei. Ich will ihm eine Gehilfin machen, die um ihn sei.“

Wörtlich steht im Urtext: „Ich will ihm ein Gegenüber schaffen, das ihm entspricht.“ Die Tiere, die dem Menschen zugeführt wurden, erwiesen sich nicht als hinreichende Ergänzung. Erst der zweite Mensch wurde zu dem Gegenüber, das dem ersten Menschen entsprach, für ihn ansprechbar war und zu antworten vermochte. Selbst Robinson, das Sinnbild des allein lebenden Menschen, hätte die 28 Jahre auf einer abgelegenen Insel wohl kaum überlebt, wenn er ohne den eingeborenen Gefährten geblieben wäre, den er Freitag nannte. Dazu, daß ich Mensch bin, gehört es, daß ich Mitmenschen habe, daß ich „in Gesellschaft bin“.

Eberhard Jüngel hat deshalb den Solipsismus, die philosophische Lehre, daß das „Ich“ einzig und allein für sich selbst existiere, für gotteslästerlich erklärt (Entsprechungen: Gott – Wahrheit – Mensch, München 1980, S. 301): „Wenn dir jemand sagt, der Mensch sei für sich allein da, der soll in den Bann getan werden.“

Vielfältige Lebensweisen

Damit ist freilich die Frage, wie der Mensch seine Mitmenschlichkeit erfährt und wie er sie praktiziert, noch nicht beantwortet. Es gibt verschiedene Lebensformen. Das ist zum Beispiel daran ablesbar, daß die meisten Menschen in einem Mehrpersonen-, in jüngster Zeit aber immer mehr Menschen in einem Einpersonenhaushalt leben.

In den biblischen Schöpfungsberichten, daran ist nicht zu deuteln, steht eine Gestalt menschlichen Miteinanders im Vordergrund: die von

Mann und Frau. Der russische Religionsphilosoph Nikolai Berdjajew hat dazu angemerkt:

„Der Mensch ist ein Geschlechtswesen, ein halbiertes, ein zerrissenes und nicht ganzheitliches Wesen, das sich nach Ergänzung sehnt. Überwindung der Einsamkeit in der Gemeinsamkeit ist vor allem Überwindung der geschlechtlichen Einsamkeit" (Das Ich und die Welt der Objekte, Darmstadt o.J., S. 153).

Auch Claus Westermann hat hervorgehoben, in den Schöpfungsberichten spiele die Zweigeschlechtlichkeit eine wichtige Rolle. Pointiert hat er ausgeführt:

„Der Mensch ist hier als ein zu zweit Existierender gesehen, und so etwas wie Menschlichkeit kann es dann auch nur bezogen auf den zu zweit lebenden Menschen geben" (Genesis, Neukirchen 1974, S. 220f).

Doch was heißt hier „zu zweit"? Muß sich das unbedingt in der Lebensform vollziehen, die wir als „holde Zweisamkeit" bezeichnen: in der Ehe? Weithin ist das in der Theologie, auch der evangelischen Theologie, so gesehen worden. Die folgenden zwei Beispiele, die das belegen, stehen für viele andere. Wolfhart Pannenberg meint:

„Mann und Frau sind so aufeinander bezogen, daß sie erst zusammen ein Ganzes bilden. Das kommt am deutlichsten zum Ausdruck in der Einehe. Keine andere Gemeinschaft bietet eine derartige Chance für ein Verhältnis vollkommener gegenseitiger Ergänzung zwischen zwei Menschen" (Was ist der Mensch?, Göttingen 1962, S. 64).

Noch einen Schritt weiter geht Hans Walter Wolff. Er schreibt in seiner „Anthropologie des Alten Testaments": „Erst Mann und Frau miteinander stellen einen ganzen und brauchbaren Menschen dar" (München 1973, S. 145).

Unversehens schlägt hier die herkömmliche hohe Einschätzung der Ehe, die vor allem in der evangelischen Kirche anzutreffen ist, in ihre Überbewertung und Verabsolutierung um. Verheiratete können darüber hinweglesen, ohne sich daran zu stoßen. Vielleicht fühlen sie sich sogar in der von ihnen getroffenen Entscheidung für die eheliche Lebensgemeinschaft bestätigt.

Aber die anderen? Die noch nicht verheirateten jungen Erwachsenen, die ehelos gebliebenen Frauen und Männer, die nach einer gescheiterten Ehe Geschiedenen, die allein zurückgebliebenen Witwen und Witwer? Auf sie müssen solche Sätze wie eine kalte Dusche wirken.

„Im Blick auf mein Nicht-verheiratet-Sein hatte ich Minderwertigkeitsgefühle", schreibt eine Betroffene (Marga Bührig, Spät habe ich gelernt, gerne Frau zu sein, Stuttgart 1988, S. 46).

Auch wenn die Mitmenschlichkeit in der Ehe eine exemplarische Gestalt gefunden hat, so ist sie doch nicht deren einzige Gestalt. Sie kann auch in anderen Formen menschlichen Miteinanders praktiziert werden: zwischen den Generationen, in sozialen Gruppen wie zum Beispiel Wohn- oder Dienstgemeinschaften, in Freundschaften, in Kommunitäten. Menschlichkeit gibt es mitnichten nur in einer Zweierbeziehung zwischen Mann und Frau. Ernst Lange hat darauf aufmerksam gemacht, überall werde der Mensch durch den Mitmenschen herausgefordert: zur Verantwortung und zur Liebe gerufen. Er hat daraus geschlossen:

„Das Heiraten versteht sich also für den Christen nicht von selbst" (Ehe, in: Theologie für Nichttheologen, Stuttgart 1963, S. 69).

Die Ehe ist nicht ein und alles

Im Buch des Predigers gibt es einen Abschnitt, der in diesem Zusammenhang aufschlußreich ist. In Kapitel 4,8-12 wird einer mit den Worten beschrieben: „Der steht allein." Er hat keine Angehörigen, denen er Anteil geben kann am Ertrag seines Lebens. Er hat keine Mitmenschen, die ihm beistehen, wenn er Hilfe braucht. Der Prediger geht über den Satz aus der Schöpfungsgeschichte „Es ist nicht gut, daß der Mensch allein sei" noch hinaus, wenn er feststellt: „Weh dem, der allein ist!" Im Zusammenhang liest sich das so (4,9-12):

„So ist's ja besser zu zweien als allein. Fällt einer von ihnen, so hilft ihm sein Gesell auf. Weh dem, der allein ist, wenn er fällt! Dann ist kein anderer da, der ihm aufhilft. Auch, wenn zwei beieinander liegen, wärmen sie sich; wie kann ein einzelner warm werden? Einer mag überwältigt werden, aber zwei können widerstehen, und eine dreifache Schnur reißt nicht leicht entzwei."

Mit großer Selbstverständlichkeit wird dieser Text auf die Ehe bezogen. Da heißt es in einer Traupredigt: „Wenn zwei beieinander liegen, wärmen sie sich. Man muß das Liebenden, Verliebten, einem Brautpaar nicht beweisen" (Gerhard Schmolze, in : Trauung, Gütersloh 1975, S. 104ff). Man muß auch dem Prediger nicht vorwerfen, er habe einen ungeeigneten Trautext gewählt. Seine Predigt ist ansprechend und sehr menschlich.

Und doch: Es gibt zu denken, daß in der Exegese der Satz „Wenn zwei beieinander liegen, wärmen sie sich" nicht aufs Ehebett, sondern auf die Art und Weise bezogen wird, in der Menschen im Orient übernachten. Der Schläfer schützt sich vor der Kälte mit seinem Obergewand, das er wie eine Decke über sich zieht. Wenn zwei eng zusammenrücken, kommen beide in den Genuß von zwei Obergewändern (Walter Lüthi, Der Prediger Salomo lebt das Leben, Basel o.J., S. 60). Es geht also nicht gleich um „holde Zweisamkeit", sondern zunächst einmal um Mitmenschlichkeit und gegenseitigen Beistand.

Der Ehe wird zwar in der Bibel ein hoher Stellenwert beigemessen. Daran kann kein Zweifel bestehen. Das wird auch von vielen, die sich dafür entschieden haben, allein zu leben, eingeräumt. „Die Ehe gehört zu Gottes guter Schöpfung. Sie ist auf alle Fälle der ‚normale' Weg" (Marga Bührig, aaO, S. 51).

Auch Jesus hat die in den beiden Schöpfungsgeschichten überlieferten Aussagen über Mann und Frau mit großer Selbstverständlichkeit auf die Ehe bezogen (Mt 19,4-6). In der Urchristenheit wurde die Ehe so hoch geschätzt, daß sie als Bild für die Gemeinschaft zwischen Christus und seiner Gemeinde gebraucht wurde (Eph 5,21-32). Die Freude, von der Menschen anläßlich einer Hochzeit ergriffen werden, wird zum Gleichnis für das anbrechende Reich Gottes (Mt 22,1ff und 25,1ff).

Ernstzunehmende Alternativen

eit den Tagen der Reformation sind Ehe und Familie das Muster, wenn nicht gar die Norm für das Leben evangelischer Christen gewesen. Karl Barth hat sogar von der Hast geschrieben, mit der man in der protestantischen Ethik „sofort in den Hafen der Ehe flüchtet" und den Eindruck erweckt, die Ledigen seien so etwas wie eine Randgruppe, die vernachlässigt werden dürfte (Kirchliche Dogmatik III/4, S. 156). Das aber widerspricht allem, was wir in der Bibel über die Einschätzung der Ehelosigkeit erfahren.

Jesus selbst war offenkundig nicht verheiratet – das hätten die Evangelisten unmöglich verschweigen können! In der Gestalt eines ledigen Mannes ist Gott Mensch geworden. Das ist ein Zeichen auf das Reich hin, das er verkündigt hat: „Denn in der Auferstehung werden sie weder heiraten noch sich heiraten lassen" (Mt 22,30). Jesus lebte ungebunden, aber nicht unverbindlich. Er war alleinstehend, aber er lebte nicht allein. Er hatte enge Beziehungen zu Frauen und Männern, die er seine „Freunde" nannte (Joh 15,14), ja sogar in den Rang von Familienangehörigen erhob (Mt 12,58).

Es ist von daher nicht überraschend, daß Jesus der Überschätzung der Ehe nicht das Wort geredet hat. Ganz im Gegenteil: Er hat von der Möglichkeit gesprochen, daß Menschen von Geburt an zur Ehe unfähig sind, andere von Menschen zur Ehe unfähig gemacht werden und wieder andere um des Himmelreiches willen unverheiratet bleiben (Mt 19,12). Das im Urtext an dieser Stelle vorkommende Wort weist darauf hin, daß dies einen Verzicht bedeutet. Aber die Worte „um des Himmelreiches willen" besagen auch, daß es zumindest bei der dritten von Jesus angesprochenen Möglichkeit zugleich um Zustimmung geht, um das bewußt gesprochene „Ja" zu einer anderen Lebensform.

Der ebenfalls unverheiratet gebliebene Paulus ist sogar noch einen Schritt weitergegangen: Er hat die Ehelosigkeit höher bewertet als das Heiraten. In dieser Richtung erteilt er in 1. Korinther 7 Ratschläge, ohne daraus ein Gebot des Herrn zu machen. Begründet hat er seine Empfehlungen mit dem Hinweis auf den bevorstehenden Anbruch der neuen Welt Gottes und auf die durch Ehelosigkeit zu gewinnende größere Verfügbarkeit im Dienst für Christus.

Doch nicht nur von freiwilliger, bewußt bejahter Ehelosigkeit wird in der Bibel gesprochen. Auch der durch leidvolle Erfahrungen entstandene, als schmerzliches Geschick auferlegte Lebenszuschnitt alleinlebender Menschen kommt in den Blick. Auffallend oft werden im Alten Testament die Waisen und noch öfter die Witwen erwähnt. Nach dem Jakobusbrief bekommt die Aufgabe, sich ihrer anzunehmen, den Rang eines Gottesdienstes (1,27).

Auch die Situation von Menschen, deren Ehe entzweigegangen ist, wird nicht übersehen. Eindeutig hat Jesus für die von ihren Männern verlassenen oder gar verstoßenen Frauen Partei ergriffen, indem er die höchst fragwürdige Ausstellung von Scheidebriefen problematisierte (Mt 19,7-9). Allein zurückbleiben zu müssen, obwohl der einstige Partner noch lebt, das ist wohl ein mindestens ebenso hartes Los wie das einer Witwe.

Alleinlebende verdienen mehr Aufmerksamkeit

Noch nie in der Geschichte ist die Zahl der Menschen, die allein leben, so groß gewesen wie gegen Ende dieses Jahrtausends. Zu den klassischen Singles, die keinen Partner fanden und dadurch im Lauf der Zeit zu „alten Jungfern“ oder „eingefleischten Junggesellen“ wurden, und zu den noch nicht verheirateten jungen Erwachsenen sind die Verwitweten, Geschiedenen und bewußt ehelos Lebenden hinzuzurechnen, deren Zahl sprunghaft angestiegen ist. Die Kirche hat mit dieser Entwicklung nicht Schritt gehalten und sich darauf nicht hinreichend eingestellt. Das gilt vor allem für die Ortsgemeinden, wie Analysen der sonntäglichen Predigt und des Veranstaltungskalenders zeigen.

Die große Gruppe der Alleinlebenden verdient aber größere Aufmerksamkeit und tieferes Verständnis. Die durch eine lange Tradition geprägte Grundeinstellung den Singles gegenüber ist korrekturbedürftig. Eine Reihe von Ansatzpunkten zeichnen sich ab, an denen umgedacht werden muß:

– Es ist falsch und obendrein lieblos, alleinlebenden Menschen den Stempel der Anomalität aufzudrücken. Sie sind nicht als Eigenbrötler oder Einspänner und schon gar nicht als Mauerblümchen zu disqualifizieren. Aber genau dies geschieht weithin, wie die Erfahrungsberichte Betroffener beweisen. Eine Chemikerin, Mitte Fünfzig, in guter Position, äußert sich zum Thema „Frau ohne Mann“ wie folgt:

„Es ist unmöglich, sich als alleinstehende Frau vollständig in die Gesellschaft zu integrieren. Man steht sehr außerhalb. Man wird nicht gleich abgelehnt, man wird aber einfach nicht zur Kenntnis genommen."

In ganz bestimmten Lebenssituationen bekommen es alleinlebende Frauen besonders zu spüren, daß sie als Außenseiterinnen angesehen werden: bei Einladungen, in Restaurants, im Urlaub. Angelika Grunenberg hat die Situation von Millionen Frauen beschrieben, „von denen im Grunde nur eines öffentlich zur Kenntnis genommen wird: das gemeinsame Kainsmal ‚Alleinstehend'" (Frauen ohne Partner, in: Hildegunde Wöller/Hrsg., Sehnsucht nach Geborgenheit, Stuttgart 1979, S. 146).

Auch wenn das Bild „Kainsmal" nicht ganz glücklich gewählt ist: Hier wird nicht nur ein gesellschaftlicher Mißstand aufgedeckt, sondern zugleich auf ein kirchliches Defizit hingewiesen. Ernst Lange hat dazu angemerkt (aaO, S. 69):

„Leider ist Luther mit seinem berechtigten Protest gegen die Überschätzung der Ehelosigkeit in der römischen Kirche so erfolgreich gewesen, daß man noch heute jeden Ehelosen als Sonderling oder Zukurzgekommenen betrachtet und behandelt, als wäre er, wie Firchte einmal ernstlich behauptet hat, nur ein halber Mensch."

– Allein leben muß nicht in jedem Fall bedeuten: einsam sein. Das kann zwar so sein. Und viele leiden darunter, vor allem verwitwete oder geschiedene Menschen, die früher in einer engen Lebensgemeinschaft Liebe und Geborgenheit erfahren haben. Es ist deshalb begründet und notwendig, wenn in Büchern über menschliche Einsamkeit auch die Situation Alleinlebender angesprochen wird.

Es darf aber nicht unterstellt werden, jeder Alleinlebende müsse sich einsam fühlen. Dadurch werden gerade die unter ihnen, die sich bewußt und willentlich dazu entschlossen haben, eine andere Lebensform als die der Ehe zu wählen, schon wieder mit einem Makel behaftet. Viele Alleinlebende haben ja durchaus eine Familie: Eltern, Geschwister oder als Alleinerziehende auch Kinder.

Und was noch mehr ins Gewicht fällt: Es gibt viele Spielarten des menschlichen Miteinanders wie Freundschaften, Vereine, Dienst- oder Hobbygruppen, Wohn- und Urlaubsgemeinschaften. Hier begegnen Frauen und Männer einander, obwohl sie unverheiratet sind.

Walter Uhsadel hat beobachtet, daß Menschen, die allein leben, bei Theologen sofort Gefühle wie Bedauern oder Mitleid auslösen (Der einsame Mensch in biblischer Sicht, in: Wilhelm Bitter, Einsamkeit, München o.J., S. 134f). Das ist aber in vielen Fällen unangebracht. Ein Psychoanalytiker meint: „Bei genauerem Zusehen erweist es sich als notwendig, Einsamkeit und Alleinsein voneinander zu unterscheiden" (Theodor Seifert, Wachstum im Alleinsein: Singles und andere, in: Hans J. Schultz/Hrsg., Einsamkeit, Stuttgart 1980, S. 152).

Im übrigen darf nicht übersehen werden: Auch wer in holder Zweisamkeit lebt, kann sehr einsam werden. Und Einsamkeit zu zweit ist wohl schmerzhafter als das Alleinleben.

– Allein sein können will gelernt sein. Das gilt sowohl für das geistliche Leben wie für das Leben überhaupt.

Für das geistliche Leben sind Orte und Zeiten der Stille von großer Bedeutung: das Sich-Zurückziehen ins stille Kämmerlein, die Klausur, die Retraite. Von Jesus wird mehr als einmal berichtet: „Und er ging an eine einsame Stätte und betete dort" (Mk 1,35); „er stieg allein auf einen Berg" (Mt 14,23); und „er zog sich zurück in die Wüste und betete" (Lk 5,16). Eben dies hat er auch seinen Jüngern empfohlen: „Geht ihr allein an eine einsame Stätte und ruht ein wenig" (Mk 6,31). Allein an einsamer Stätte kann der Mensch Gott begegnen und neue Erfahrungen mit ihm machen. Allein sein zu können, wird so zur Voraussetzung für einen fruchtbringenden Prozeß.

Das gilt nicht nur für das geistliche Leben, sondern für das Leben überhaupt. Psychotherapeuten wie zum Beispiel Fritz Riemann halten es für ratsam, daß der Mensch von kleinauf das Alleinsein einübt. Es ist eine Art Konditionstraining für die Bewältigung späterer Lebenssituationen. Johann Christoph Hampe (Der Grund und die Freude, Stuttgart 1975, S. 32) hat das scharfsinnig erkannt:

„Kann ich allein sein? Vielleicht habe ich das nicht gelernt. Und darum leide ich, wenn ich allein sein muß. Ich habe die Erfahrung nicht gemacht, daß sich meine Einsamkeit bevölkert. In den Schulen gibt es das Lehrfach nicht. Kein Lehrer hat mir erzählt, daß alles Lernen damit anfängt, daß ich allein sein will. Die Fähigkeit, allein zu sein, ist eine der Bedingungen dafür, daß wir lieben können."

Keine Gemeinschaftsideologie

In diesem Sinn ist das Alleinsein-Können auch für Eheleute unerläßlich. Aber es will noch mehr von denen eingeübt sein, die sich dafür entscheiden, in einer eigenen Wohnung allein zu leben und so ein hohes Maß an Selbständigkeit und Unabhängigkeit zu gewinnen.

Fazit: So hoch der Stellenwert sein mag, der aus guten Gründen in der Kirche der Lebensform Ehe und Familie beigemessen wird – es darf daraus keine Gemeinschaftsideologie werden. In welcher Weise ein Mensch seine Berufung zur Mitmenschlichkeit wahrnimmt, dafür gibt es keinen einengenden Pflichtenkatalog. Das ist seine freie und vor Gott zu verantwortende Entscheidung.

Aus: „Das Missionarische Wort", jetzt „BRENNPUNKT GEMEINDE" 2/1991

IV. Die „Gemeinschaft der Gläubigen" entdecken

Gemeinde der Heiligen

Daß die Kirche im Bekenntnis des christlichen Glaubens zur Sprache kommt, ist durchaus nicht so selbstverständlich, wie uns das heute erscheint. Nicht von Anfang an war das so. Es ist freilich bemerkenswert früh dazu gekommen. Zunächst geschah das indirekt. In der Fassung der Tauffragen, die auf den römischen Presbyter Hippolyt (gestorben 235 n. Chr.) zurückgeht, heißt es: „Glaubst du an den Heiligen Geist *in* der heiligen Kirche?" Die Kirche wird hier als Einflußbereich des Heiligen Geistes bezeichnet. In ihr ist er wirksam. In ihr wird er erfahrbar. Es bedurfte dann nur noch einer kleinen sprachlichen Verschiebung, damit es zu dem uns geläufigen Text des Glaubensbekenntnisses kam: „Ich glaube an den Heiligen Geist, die ... heilige ... Kirche." Erschien die Kirche zunächst mehr als ein Ort der Glaubensvermittlung, so wurde sie jetzt selbst zu einem Thema des Glaubens.

Die „heilige Kirche" wird von nun an in einem Atemzug mit dem „Heiligen Geist" erwähnt. Die Spannung, die darin besteht, haben bereits altkirchliche Autoren empfunden. Rufin von Aquileja und Faustus von Riez hoben hervor, nur im Blick auf Gott, auf Jesus Christus und auf den Heiligen Geist könne gesagt werden: „Ich glaube *an* ...". Dagegen heißt es nicht: „Ich glaube *an* die heilige Kirche." Es geht schlicht weiter: „Ich glaube die heilige Kirche" (Einzelheiten dazu bei Wolfgang Huber, Kirche, Stuttgart 1979, S. 88f).

Der Grund der Kirche

Christen glauben also an den Heiligen Geist, aber nicht an die Kirche! Vielmehr nehmen sie, in dem sie an den Heiligen Geist glauben, auch die Existenz der Kirche wahr. Und sie nehmen sie ernst. Mit Kirche oder Gemeinde wird die Zusammenkunft der Menschen bezeichnet, die durch den Heiligen Geist mit Jesus Christus verbunden sind. Wo Menschen durch den Heiligen Geist aufgerufen sind zur Teilhabe an Christi Wort und Werk, ergibt sich ein Doppeltes: zunächst ihre besondere Zugehörigkeit zu Jesus Christus (dem Haupt des Leibes Christi) und dann – als deren Entsprechung auf der horizontalen Ebene – eine enge Zusammengehörigkeit dieser Menschen untereinander.

„Die Ausgießung des Heiligen Geistes bewirkt unmittelbar die Zusammenkunft dieser Menschen. Man kann vom Heiligen Geist nicht sprechen – und darum erscheint hier unmittelbar die Gemeinde – ohne fortzufahren: credo ecclesiam, ich glaube die Existenz der Kirche. Und umgekehrt: Wehe, wo man von der Kirche meint reden zu können, ohne sie ganz und gar auf das Werk des Heiligen Geistes zu begründen" (Karl Barth, Dogmatik im Grundriß, München 1947, S. 165).

„Jesus predigte das Reich Gottes – gekommen ist die Kirche." Mit diesem oft zitierten Satz hat der Franzose Loisy zu Beginn dieses Jahrhunderts den Übergang von der Verkündigung Jesu zur nachösterlichen Gemeinde beschrieben (Evangelium und Kirche, München 1904, S. 112f). Weithin wird diese Feststellung als ein abfälliges Urteil über die Kirche verstanden. Dabei war sie ursprünglich gar nicht unbedingt so gemeint. Auch für uns sollte sie nicht lediglich einen negativen Beigeschmack haben. Denn die Kirche ist nicht zufällig, nicht aus Versehen, nicht infolge eines christlichen Sündenfalls entstanden. Ihre Geschichte ist eingespannt zwischen der Verkündigung des nahe herbeigekommenen Reiches Gottes durch Jesus und dessen verheißener Vollendung. Mit den Worten „... und das ewige Leben" schließt der dritte Artikel des Glaubensbekenntnisses. Die Zeit der Kirche ist folglich eine Zeit „zwischen den Zeiten" (Wolfgang Huber, aaO, S. 65).

Von daher mag die umstrittene Frage, ob die Kirche von Jesus selbst gegründet worden ist, getrost offenbleiben. Es fällt auf, daß das griechische Wort ekklesia, das den uns geläufigen Begriffen Kirche und Gemeinde zugrundeliegt, in den Evangelien nur zweimal vorkommt (Mt 16,18; 18,17). Helmut Thielicke hat darauf hingewiesen, es seien zwar in der Predigt des historischen Jesus „punktierte Linien zu erkennen, die auf Gemeinschaft und Zusammenruf der an ihn Glaubenden deuten". Doch wenn die historische Rückfrage nach der Gründung der Kirche gestellt werde, stoße man auf den nachösterlichen Christus. Etwas anderes sei es, nach dem Grund der Kirche zu fragen. Die Existenz der Kirche ist begründet in der Gegenwart des Christus, und zwar in der „durch den Geist sich vollziehenden Vergegenwärtigung seines Wortes und seines Wirkens" (Theologie des Geistes, Tübingen 1978, S. 274f). Es ist deshalb sachgemäß, wenn von Pfingsten als dem Gründungs- oder auch Geburtstag der Kirche gesprochen wird.

Ursprünglich war die Kirche, nachdem sie in den dritten Artikel des Glaubensbekenntnisses einbezogen worden war, lediglich als „heilige Kirche" charakterisiert worden. Später sind zunächst zwei weitere Attribute dazugekommen. Es hieß nun: „eine heilige allgemeine Kirche (unam sanctam catholicam ecclesiam)." Es ist etwas verlorengegangen, als das Bekenntnis zur *einen* Kirche in der Fassung des ökumenischen Glaubensbekenntnisses unter den Tisch gefallen ist: Die blasse Formulierung „die heilige christliche Kirche“ beraubt diesen herausfordernden Bekenntnissatz seiner Spitze.

Gemeinde der Geheiligten

Wichtig für das Kirchenverständnis, das im dritten Artikel des Glaubensbekenntnisses zum Ausdruck kommt, ist der erklärende Zusatz, der nachweislich um die Mitte des 4. Jahrhunderts in der Gegend um Antiochien auftaucht und von dort nach Gallien gekommen ist: Die Kirche wird als „Gemeinschaft der Heiligen (communio sanctorum)“ bezeichnet. (Eingehende Untersuchungen zu diesem Begriff haben vorgelegt: Paul Althaus, Communio sanctorum, München 1929, und Dietrich Bonhoeffer, Sanctorum communio, als Dissertation geschrieben 1927, gedruckt 1930, erneut veröffentlicht München 1954.)

Die Überschrift, die über diesem Artikel steht – nämlich „Gemeinde der Heiligen“ – ist von daher ungewöhnlich. Im ganzen Neuen Testament kommt sie ausdrücklich nur ein einziges Mal vor (1. Kor 14,33: „Wie in allen Gemeinden der Heiligen ...“). Auch in der kirchlichen Überlieferung hat sich ein anderer Sprachgebrauch eingebürgert.

Trotzdem trifft sie aber genau das, worauf es der reformatorischen Theologie im Blick auf die Kirche ankam. Das Augsburgische Bekenntnis (Artikel VII) spricht betont nicht von der „Gemeinschaft der Heiligen“, sondern von der „Gemeinde der Heiligen (congregatio sanctorum)“. Im deutschen Text heißt es: „Versammlung aller Gläubigen“. Auch die Feststellung, die Luther gegen Ende seines Lebens in den Schmalkaldischen Artikeln getroffen hat, ist in diesem Zusammenhang aufschlußreich: „Es weiß gottlob ein Kind von sieben Jahren, was die Kirche sei, nämlich die heiligen Gläubigen und ‚die Schäflein, die ihres Hirten Stimme hören‘; denn also beten die Kinder: ‚Ich glaube eine heilige christliche Kirche‘.“

Luther sprach überhaupt lieber von Gemeinde als von Kirche. „Es wäre viel gewonnen, wenn das dringende Anliegen Luthers sich durchgesetzt hätte und an die Stelle des Wortes Kirche das Wort Gemeinde getreten wäre“, hat Karl Barth dazu angemerkt (aaO, S. 164). Luther gab dem Wort „Gemeinde“ den Vorzug auch gegenüber dem Begriff „Gemeinschaft“. Ausdrücklich hat er die gebräuchliche Übersetzung des Wortes „communio“ mit „Gemeinschaft“ als falsch bezeichnet. Für zutreffender hielt er Formulierungen wie „eine Gemeine der Heiligen“, „eine Gemeinde, darin eitel Heilige sind“, am besten „eine heilige Gemeine“, „ein heilig Volk“ (Paul Althaus, aaO, S. 38; W.A. 30/I, S. 189, Anm. 3; W.A. 50, 624ff).

Luthers Abneigung gegen das deutsche Wort „Gemeinschaft“ war zum einen historisch bedingt, zum anderen sachlich begründet. Es war ihm nicht verborgen geblieben, daß der Begriff communio sanctorum verhältnismäßig spät in das Credo aufgenommen worden war: „... ist aber vorzeiten das eine Stück nicht dabei gewesen, ist nichts anderes als eine Glosse, da jemand hat wollen deuten, was ‚die christliche Kirche‘ heiße“ (W.A. 30/I, S. 189, 6ff). Es gab aber auch sachliche Gründe für seine Vermutung, an dieser Stelle könnte sich ein allzu „katholisches“ Kirchenverständnis eingeschlichen haben.

Bereits in der Kirche vor Luther bestand im Blick auf die Formulierung communio sanctorum ein Auslegungsproblem: Bezieht sich das zweite dieser Worte auf sancta – heilige Dinge – oder sancti – heilige Menschen? Rein sprachlich kann der Begriff durchaus die Teilhabe an heiligen Vorgängen – den Sakramenten, den Gnadenmitteln, den Verdiensten der Heiligen – meinen. Sachlich hatte Luther dagegen stärkste Bedenken. Dieses Verständnis schloß die Verehrung der Heiligen nicht aus, die für Luther im krassen Widerspruch zur Rechtfertigungslehre stand. Er entschied sich deshalb für die sprachlich ebenso mögliche andere Deutung von „communio sanctorum“. Er verstand sie als die Gemeinschaft der von Gott geheiligten Menschen. Dabei stand für ihn die Zusammengehörigkeit der noch Lebenden und nicht der Kontakt mit bereits Verstorbenen – etwa den Märtyrern – im Vordergrund. Luther hat die Gemeinschaft der Heiligen entschlossen „vom Himmel auf die Erde herniedergeholt“ (Karl Holl, Luther als Erneuerer des christlichen Gemeinschaftsgedankens, Deutsch – Evangelisch 1917, S. 244).

Konsequenzen für die heutige Kirche

Was bedeutet dies alles für das Verständnis der „Gemeinde der Heiligen“ in der Gegenwart?

Heilig: Die Heiligkeit der Kirche wird offensichtlich nicht durch die religiöse Qualität oder das moralische Handeln der Heiligen begründet. In der Bibel werden weder Dinge noch Menschen als „heilig“ bezeichnet, weil sie in sich vollkommen wären. „Heilig“ wird das genannt, was von Gott ausgesondert und zu seinem Dienst bestimmt worden ist. Auch so fragwürdige Christen wie die in Korinth werden als Heilige bezeichnet. Auch später hat es in der Christenheit immer auch wunderliche und komische Heilige gegeben. Viele Menschen sind durch das Mißverständnis des Wortes „Heiligkeit“ im Sinne eines fragwürdigen Vollkommenheitsideals dazu verleitet worden, an der Kirche zu zweifeln, ja zu verzweifeln. Auch für die Seelsorge ist es deshalb ungemein wichtig, daß in Predigt und Unterricht klargestellt wird, in welchem Sinn Bibel und Glaubensbekenntnis das Wort „heilig“ verstehen.

„Die Heiligkeit der Kirche ist nicht zuerst die Heiligkeit ihrer Glieder oder ihrer kultischen Veranstaltungen, sondern die Heiligkeit des an den Sündern handelnden Christus. Christus heiligt seine Gemeinde, indem er sie rechtfertigt. Darum liegt die Heiligkeit der Gemeinde in seinem heiligen Handeln. Das Ergebnis seines rechtfertigenden Handelns ist die ‚Gemeinde der Heiligen'" (Jürgen Moltmann, Kirche in der Kraft des Geistes, München 1975, S. 364).

Herausgerufen: Die Begriffe „Kirche" und „Gemeinde" sollten in ihrem Zusammenhang gesehen und nicht gegeneinander ausgespielt werden. Dort, wo wir in unserem Sprachgebrauch zwischen „Kirche" und „Gemeinde" unterscheiden, kommt im Neuen Testament immer dasselbe Wort „ekklesia" vor. Dieser Begriff ist auf vier verschiedenen Ebenen angesiedelt:

– Im Epheserbrief (1,22; 5,23 u.a.) wird pauschal von der Gemeinde gesprochen. Hier ist ganz allgemein die Kirche auf Erden gemeint, ganz in dem Sinn, in dem wir heute von weltweiter Kirche sprechen.

– Die Gemeinden (das Wort ekklesia kommt auch in der Mehrzahl vor) einer bestimmten Landschaft werden ebenfalls mit dem Wort ekklesia (in der Einzahl) bezeichnet: So ist u.a. von „der Gemeinde in Judäa, Galiläa und Samaria" die Rede (Apg 9,31). Unsere heutigen Landeskirchen sind sicher noch einmal etwas ganz anderes. Immerhin weiß das Neue Testament darum, daß in der Kirche auch die regionale Zusammengehörigkeit Gewicht hat.

– An vielen Stellen bezeichnet das Wort ekklesia die Ortsgemeinde: zum Beispiel die Gemeinde in Jerusalem (Apg 8,1) in Thessalonich (1. Thess 1,1) oder in Korinth (1. Kor 1,2).

– Auch eine kleine Hausgemeinde kann von Paulus ekklesia genannt werden (Röm 16,5; Phlm 1,2).

Zwar kann keine einzelne Haus- oder Ortsgemeinde, auch keine Regional- oder Landeskirche den Anspruch erheben, die ekklesia im Sinne von Gesamtkirche zu sein. Aber sie aktualisiert im Vollsinn die Kirche (Dietrich Bonhoeffer, aaO, S. 108f). Die Ortsgemeinde ist also nicht nur eine Sektion oder eine Provinz der eigentlichen Kirche. Und die weltweite Kirche ist mehr als ein organisatorischer Zusammenschluß, mehr als ein Dachverband der Einzelgemeinden.

„Nicht eine Addition der einzelnen Gemeinden ergibt die Kirche; die Kirche zerfällt nicht in die einzelnen Gemeinden. Sondern an den verschiedenen Orten ist die Kirche Gottes. Es gibt ‚die ekklesia Gottes, wie sie in Korinth ist' (1. Kor 1,2; 2. Kor 1,1). Jede Gemeinde – sei sie noch so klein, noch so armselig, noch so erbärmlich – vergegenwärtigt voll die Kirche Gottes" (Hans Küng, Die Kirche, Freiburg 1967, S. 106).

Versammelt: Wesentlich für die „Gemeinde der Heiligen" ist das Ereignis der Versammlung. „Wenn ihr in der Gemeinde zusammenkommt ...", hat Paulus an die Korinther geschrieben (1. Kor 11,18). Das Wort „Versammlung" – Luther sprach auch gern von „Haufe" – meint einen Vorgang und zugleich dessen Ergebnis: die versammelte Gemeinde. Etwas davon verrät auch der gängige Sprachgebrauch. Wenn gesagt wird „Es ist jetzt Kirche“, dann ist dabei von der Gemeinde die Rede, die sich zum Gottesdienst versammelt hat.

„Gemeinde ist von Haus aus die Bezeichnung eines konkreten Ereignisses. Sie ist also in erster Linie dort, wo Menschen zusammenkommen als Gemeinde. Das ist naturgemäß vor allem in den Gottesdienstversammlungen der Ortsgemeinde der Fall, doch z.B. auch am ‚Apostelkonzil‘ in Jerusalem. Dabei weiß sich aber jede dieser Versammlungen als die Gemeinde Gottes, wie sie sich nun eben gerade hier darstellt“ (Eduard Schweizer, Gemeinde und Gemeindeordnung im Neuen Testament, Zürich 1959, S. 172).

Geglaubte Kirche: Die Kirche, die im dritten Artikel des Glaubensbekenntnisses angesprochen wird, ist die geglaubte Kirche. Was uns vor Augen steht, was unserer Erfahrung zugänglich ist, ist nicht alles, was über die Kirche insgesamt oder eine einzelne Gemeinde ausgesagt werden kann. Und doch darf daraus nicht der Schluß gezogen werden, im Glaubensbekenntnis gehe es nur um die unsichtbare Kirche. Es geht hier auch und gerade um die sichtbare Gemeinde.

„Ich glaube die Kirche, heißt: daß die Gemeinde, der ich angehöre, in der ich zum Glauben berufen und für meinen Glauben verantwortlich bin, in der ich meinen Dienst habe, *die* eine heilige allgemeine Kirche ist. Wenn ich es hier nicht glaube, so glaube ich es gar nicht. Keine Unschönheit, keine ‚Runzeln und Flecken‘ dieser Gemeinde dürfen mich daran irre machen. Es geht hier um einen Glaubensartikel. Es hat keinen Sinn, auf der Suche nach der ‚wahren‘ Gemeinde seine konkrete Gemeinde zu verlassen. Es ‚menschelt‘ überall und immer wieder“ (Karl Barth, aaO, S. 168).

Die „Gemeinde der Heiligen“, zu der wir uns im Glauben bekennen, ist nicht in einem Wolkenkuckucksheim zu Hause. Sie sollte nicht einseitig vergeistigt werden. Vielmehr begegnet sie uns in der Gestalt der für uns wahrnehmbaren, menschlichen, manchmal allzumenschlichen Gemeinde, die allein schon deswegen unvollkommen ist, weil wir ihr angehören.

Aus: „Das Missionarische Wort“, jetzt „BRENNPUNKT GEMEINDE“ 3/1985.

Wie Martin Luther über die Kirche dachte

„Es weiß gottlob ein Kind von sieben Jahren, was die Kirche sei." Diese kühne Behauptung hat Martin Luther gegen Ende seines Lebens aufgestellt. „Ich wollte, ich wäre dieses Kind", hat vor einiger Zeit ein Biologie-Professor dazu angemerkt. In unseren Tagen ist es offensichtlich nicht mehr kinderleicht, auf die von Martin Luther angesprochene Frage nach dem Wesen der Kirche eine kurze und bündige Antwort zu geben. Nicht nur der zitierte Professor, sondern die meisten unserer Zeitgenossen haben nur unklare, verschwommene Vorstellungen davon, „was die Kirche sei".

Ich stelle mir vor, ein Meinungsforschungs-Institut würde in diesen Tagen die vorübergehenden Passanten fragen: „Was fällt Ihnen bei dem Wort ‚Kirche' ein?" Mindestens vier Antworten wären möglich.

Einige der Befragten würden vielleicht auf die Stadtkirche zeigen: Für sie ist die Kirche schlicht ein Gebäude, das – in der Regel – einen markanten Turm aufzuweisen hat.

Andere könnten spontan an die Kirchensteuer denken. „Kirche" – das ist ja auch eine öffentlich anerkannte Einrichtung mit erheblichem Finanzbedarf, eine große Organisation mit Amts- und Würdenträgern. In diesem Sinn wird in unserem gängigen Sprachgebrauch von der Evangelischen und der Katholischen Kirche gesprochen.

Wieder andere könnten, da dem Menschen das Hemd bekanntlich näher ist als der Rock, an ihre Kirchengemeinde denken. In der örtlichen Kirchengemeinde begegnet den Christen das, was Kirche meint, in einem überschaubaren Rahmen.

Schließlich könnten Passanten, die danach gefragt werden, was ihnen beim Stichwort „Kirche" einfällt, auch an den sonntäglichen Gottesdienst denken. Wir pflegen ja zu sagen: „Heute um 10 Uhr ist Kirche." Oder: „Wir treffen uns, wenn die Kirche aus ist" und meinen damit das Ende der sonntäglichen Zusammenkunft der Gemeinde.

Das wären die vier denkbaren Antworten auf die Frage: „Was fällt Ihnen bei dem Wort ‚Kirche' ein? Die Kirche als Gebäude, als Organisation, als Gemeinde und als Gottesdienst! Wie würde wohl Martin Luther über diese so unterschiedlichen Auskünfte denken? Ich bin sicher: Er wäre darüber nicht sonderlich verwundert. „Das Wort Kirche", meinte er, „ist unklar und undeutlich." Es „ist nicht von deutscher Art" und deshalb schwer verständlich. Kein Wunder also, daß Menschen mit diesem Wort so unterschiedliche Vorstellungen verbinden!

Luthers Kirchenverständnis

Aber wie dachte Martin Luther selbst über die Kirche? Welche der vielen möglichen Antworten kommt seinem Kirchenverständnis am nächsten?

Es ist nicht so einfach, darauf zu antworten. Luther hat nämlich kein Lehrbuch über die Kirche geschrieben. Was er über sie dachte, ist in dem gewaltigen Gesamtwerk seiner theologischen Schriften weit verstreut. Es ist gar nicht so leicht, die einschlägigen Stellen zu finden und zu sichten. Erschwerend kommt hinzu, daß Luther sich gegen Ende seines Lebens anders über die Kirche geäußert hat als zwischen 1517 und 1522.

Trotzdem wage ich es, eine zusammenfassende Antwort in zwei Thesen zu geben:

– Die Kirche als Bauwerk und als Organisation, das Kirchengebäude und die Amtskirche also, waren ihm weniger wichtig.

– Der „Versammlung der Gläubigen" dagegen, den Zusammenkünften in der Gemeinde und vor allem im Gottesdienst, hat er hohe Bedeutung beigemessen.

Zum ersten: Die Kirche als Bauwerk, das Kirchengebäude, hat Luther sehr nüchtern gesehen. In Wittenberg hat er zwar in den großen Kirchen, der Stadt- und der Schloßkirche, regelmäßig gepredigt. Und wenn er später als Wanderprediger unterwegs war, um die Reformation voranzutreiben, dann war er froh über jede Kirche, die ihm offenstand. Im Lutherjahr 1983 wurden viele der Gotteshäuser, in denen Luther einmal gepredigt hat, wieder in einen guten baulichen Zustand versetzt.

Nach meiner Einschätzung hätte Luther dagegen nichts einzuwenden gehabt. Er war ja kein Bilderstürmer. Er hat es sogar zugelassen, daß sein Freund Lukas Cranach für die Wittenberger Stadtkirche und die spätere Herderkirche in Weimar neue Altarbilder malte. Und doch: Wichtig an den Kirchengebäuden war ihm nicht die Architektur oder die kunstvolle Ausstattung, sondern die um den Altar und unter der Kanzel versammelte Gemeinde.

„Es kommt auf die erleuchteten Herzen und nicht auf die schönen Bauwerke an", schrieb er. Ja, er konnte sogar noch zugespitzter sagen: „Die Kirche ist aus Steinen und Holz gebaut. Solange die Gemeinde darin nicht zusammenkommt, ist sie kein Gotteshaus."

Erst durch die Predigt des Wortes Gottes wird das Bauwerk „Kirche" zur „Kirche" im eigentlichen Sinn. Daraus folgt im Umkehrschluß: Überall, wo das Wort Gottes gepredigt wird, „und wenn es gleich unter einer grünen Linde oder Weide" geschieht, da ist Kirche. Salopp ausgedrückt: Luther hatte also das, was wir heute die „Kirche im Grünen" nennen, schon im Blick.

Und er ging noch einen Schritt weiter. Ihren Ort hat die Kirche ebenso wie im Gotteshaus auch „in der Schule, im Privathaus und im stillen Kämmerlein". Überall dort, wo zwei oder drei im Namen Christi zusammen sind, da wohnt Gott. „Selbst wenn einer für sich allein Gottes Wort betrachtet, so ist Gott mit den Engeln dabei und wirkt und redet zu ihm, so daß sich ihm die Pforte zum Himmelreich auftut." So Luther in einer Vorlesung, in der er den Traum Jakobs von der Himmelsleiter ausgelegt hat.

Zum zweiten: Daß für Luthers Kirchenverständnis auch die offizielle, die Amts-Kirche nicht das Entscheidende war, wird wohl kaum jemanden überraschen. Nach seinem Urteil stand die Kirche, in der er aufgewachsen war und eine Zeitlang als Mönch gelebt hatte, in vieler Hinsicht nicht mehr auf dem Boden des Evangeliums. Darin sah er eine größere Bedrohung für die Christenheit als im Ansturm der Türken. „Es ist jetzt die Zeit, da sich die Schafe mehr vor dem Hirten hüten müssen als vor den Wölfen."

Es ist kein Geheimnis, daß Luther – nicht von Anfang an, aber später um so heftiger – mit manchmal recht verletzenden Worten gegen den damaligen Papst gewettert hat. Er bestritt rundweg dessen Anspruch, das Haupt der ganzen Christenheit zu sein. Dieser Titel stehe allein Jesus Christus zu. Der Papst sei nicht mehr als der Bischof zu Rom. Er und die Kardinäle sind für Luther nicht die Kirche. Und auch die Bischöfe kommen bei ihm nicht gut weg: „Es sind nicht Bischöfe, es sind ungelehrte Götzen und Puppen, Larven und Maulaffen." Sie wissen nicht, „was eines Bischofs Amt sei. Seelenmörder und des Antichrists Apostel sind sie."

In seiner Kritik an der Amtskirche seiner Zeit hat Luther sich also zu maßlosen Vorwürfen hinreißen lassen. Aber er ist nicht so weit gegangen, den katholischen Christen das Christsein abzusprechen. „Weil sie das Wort und die Taufe haben, gehören sie zu uns und zur wahren Kirche. Aber jene", so fährt er fort, „die damit das äußerliche Gepränge verknüpft haben, sind nicht die Kirche. Christus stimmt nicht mit Beliar überein", stellt Luther im Anschluß an ein Wort aus dem 2. Korintherbrief fest. Und in der ihm eigenen bildhaften Sprache fügt er hinzu, daß er mit den Repräsentanten der offiziellen Kirche seiner Zeit nicht auf einen gemeinsamen Nenner kommt: „Das Bett ist zu eng, einer fällt heraus. Der Mantel ist zu kurz, er kann nicht beide bedecken."

Noch einmal: Auf die Würdenträger der damaligen Institution Kirche war Luther nicht gut zu sprechen. „Immer wollen diejenigen Kirche heißen, die groß und gewaltig und vor sich selbst edel und heilig sind. Aber was würdet ihr geworden sein, wenn sich der Herr mit den großen Hansen behängt hätte?"

Fast aufatmend stellt er fest: „Wie gut, daß Christus die kleinen Flekken und Dörfer besucht hat und die Bettler aufliest." Hier klingt fast schon ein wenig von der Bewegung an, die in unserem Jahrhundert den Namen „Kirche von unten" bekommen hat.

„Priestertum aller Gläubigen“

Jetzt ist es höchste Zeit, das Stichwort zu nennen, das im Kirchenverständnis Luthers als Schlüsselbegriff gelten kann. Ich meine „allgemeines Priestertum aller Gläubigen“.

In der „Vorrede zu Alexius Krosners Sermon von der Heiligen Kirche“ beklagt Luther 1531, es gäbe einen neuen Glaubensartikel, der leider aufgekommen sei. Der heiße: „Wir Geistlichen sind die heilige christliche Kirche.“ Diese Theologen, beklagt er, „malen sich im Schiff sitzend, und die anderen Christen im Meer schwimmend und ersaufend.“

Für das, was Luther daran mißfällt, kann der in vielen mittelalterlichen Kirchen errichtete Lettner als bildhafter Vergleich dienen. Die halbhohe Wand trennte die Geistlichen im Chor – die Priester, Mönche und Chorherren – von den Laien im Kirchenschiff. Leidenschaftlich hat Luther die Berechtigung einer solchen Trennwand bestritten. „Wir sind allesamt Priester, so viele wir Christen sind.“ Geistlich sind also nicht allein eine Handvoll Amtsträger, sondern alle Christen schon von ihrer Taufe her. „Wir sind allesamt durch Christus zu Priestern geweiht, wie Sankt Petrus sagt: Ihr seid ein königliches Priestertum“ (1. Petr 2,9).

Später hat Luther daraus in einer weiteren Schrift das Recht abgeleitet, „daß eine christliche Versammlung oder Gemeinde die Macht habe, alle Lehren zu beurteilen und Lehrer zu berufen, sie ein- und abzusetzen“. Lehrer also, Priester im engeren Sinn des Wortes hat Luther nicht für überflüssig gehalten. Aber: „Die wir Priester nennen, sind von uns erwählte Diener: Ihr Priestertum ist nur ein Dienst.“ Es stimmt zwar: „Wer aus der Taufe gekrochen ist, kann sich rühmen, schon zum Priester, Bischof und Papst geweiht zu sein. Aber darum sollen und können nicht alle predigen. Man muß einige aussondern, denen ein solches Amt befohlen wird. Doch wenn einer nicht mehr predigen und dienen kann oder will, so tritt er in den allgemeinen Haufen zurück, befiehlt sein Amt einem anderen und ist nun nichts anderes als jeder gemeine Christ.“

Luther hat freilich in späteren Jahren wieder stärkeres Gewicht auf das Amt in der Kirche gelegt. Schon nach dem Auftreten der Schwärmer in Wittenberg, erst recht nach dem – wie er es ausgedrückt hat – „Hereinschleichen“ der Wiedertäufer in die evangelischen Gemeinden, schlägt er andere Töne an: „Der Pfarrer hat doch die Kanzel, Taufe, Abendmahl inne. Aber nun wollen sie den Pfarrer heimlich ausbeißen. Die fremden Schleicher und Meuchler müssen bekennen, daß sie in ein fremdes Amt eingreifen. Wer hat ihnen Vollmacht gegeben, unter uns Spaltungen anzurichten?“ Wo kämen wir hin, fragt Luther, wenn in der Kirche jeder, ohne berufen zu sein, dem Pfarrer in die Rede fallen oder hinter seinem Rücken eine andere Botschaft als er verkündigen dürfte?

Nicht nur wegen dieser späten Einsicht Luthers, ganz ohne Amtskirche gehe es wohl auch nicht, sondern grundsätzlich ist die kritische Frage zu stellen: Was ist in der evangelischen Kirche aus dem „allgemeinen Priestertum aller Gläubigen“ geworden?

Ich bestreite nicht: Da ist Positives zu vermelden. Es hat Laien gegeben, und es gibt sie bis heute, die kirchenleitende Ämter ausübten und wahrnehmen: Ich denke zunächst an die evangelischen Landesherren, die bischöfliche Aufgaben wahrnahmen, auch wenn Luther darin nie mehr als eine Notlösung sah. Ich denke auch und eigentlich viel lieber an Synodalpräsidenten und -präsidentinnen, wie es sie im früheren Kirchenbund in der DDR gegeben hat. Und weiter: Im Zeitalter des Pietismus bekamen die Laien freien Zugang zur Bibel und das Recht, sie auszulegen. Heute gibt es in der Württembergischen Kirche mehr als 600 Lektorinnen und Lektoren, die als Laien zum Predigerdienst auf der Kanzel berufen sind. Und nicht vergessen möchte ich die große Laienbewegung des Kirchentages.

Dennoch: Sind wir nicht weit hinter dem ursprünglichen Ansatz im Kirchenverständnis Luthers zurückgeblieben? Wiehert nicht auch in der evangelischen Kirche kräftig der Amtsschimmel? Pulsiert nicht allzuviel von oben nach unten und zu wenig von der Basis in Richtung Kirchenleitung? Vollzieht sich nicht immer wieder ein Rückfall in Richtung „Pfarrerkirche“ – sei es, daß die meisten Aufgaben auf die Hauptamtlichen abgeschoben oder umgekehrt von den Berufschristen an sich gerissen werden?

Die sieben Kennzeichen

Zum dritten: Luther maß der „Versammlung der Gläubigen“, den Zusammenkünften in der Gemeinde und vor allem im Gottesdienst, hohe Bedeutung zu.

„Wenn ihr in der Gemeinde zusammenkommt“, hat Paulus im 1. Brief an die Korinther geschrieben. Daran knüpft Luther an. Das ist für ihn die Kirche: daß Menschen, die an Christus glauben oder sich dazu einladen lassen, zusammenkommen. Zusammenkunft: Früher, als es noch keine Autos gab, nannte man das – und so nennt man es heute noch auf den Dörfern – den Kirchgang. Aber aus dem Zusammenkommen wird dann ein Ereignis: die Zusammenkunft der versammelten Gemeinde.

Im Griechischen gibt es für die deutschen Wörter „Kirche“ und „Gemeinde“ nur ein einziges Wort: „ekklesia“. Von daher ist abzuleiten: Kirche ereignet sich dort, wo Menschen als Gemeinde zusammenkommen. Luther sah nicht auf die Steine und nicht auf die geistlichen Gewänder, sondern auf die Gemeindeglieder: „Die Kirche ist eine Versammlung oder Schar solcher Leute, die Christen sind.“ Im Augsburgischen Bekenntnis heißt es im Artikel 8 „Über die Wirklichkeit der Kirche“: Sie ist „ihrem Wesen nach nichts anderes als die Versammlung aller Gläubigen“.

Luther hat oft von den Zeichen, den Kennzeichen und Merkmalen der Kirche gesprochen. In seiner Schrift „Von den Konzilen und der Kirche“ hat er sieben Kennzeichen der Kirche zusammengestellt: Wort, Taufe, Abendmahl, Beichte, Berufung, Gottesdienst und Kreuz.

Erstes Kennzeichen der Kirche: das Wort Gottes.

Luther hat bemerkt: „Gottes Wort kann nicht ohne Gottes Volk und Gottes Volk kann nicht ohne Gottes Wort sein.“ Eine Zusammenkunft von Christen ist für ihn nicht vorstellbar, ohne daß „daselbst Gottes Wort gepredigt und gebetet werde, es sei auch aufs Kürzeste“. Und die Hausbibeln und Hauspostillen sollen natürlich auch nicht verstauben. Kritische Anfrage an uns: Ist unsere Evangelische Kirche wirklich das, was sie zu sein vorgibt, eine „Kirche des Wortes“? Welchen Stellenwert hat die Bibel bei unseren Zusammenkünften und in unserer persönlichen Frömmigkeit?

Zweites und drittes Kennzeichen der Kirche: Taufe und Abendmahl.

Die Taufe versteht Luther als „öffentliches Zeichen“. Durch ihren Vollzug werden die Getauften Gemeindeglieder. Die Taufe ist das Ursprungsgeschehen: Sie verleiht das Bürgerrecht, das im Volke Gottes gilt. Im Abendmahl – Luther spricht vom Sakrament des Altars – teilt sich Christus den Menschen mit. Alle sind dazu eingeladen: „Du brauchst nicht danach zu fragen, ob du Mannsbild oder Weibsbild, ob du jung oder alt bist.“

Es versteht sich für Luther von selbst: Die Sakramente gehören in die Versammlung der Gläubigen. Gegen „Winkelmessen“ hat er gewettert. Dagegen, daß bald nach ihm das Abendmahl im Anschluß an den Gottesdienst, nach bereits zugesprochenem Segen gefeiert wurde, hätte gewiß seinen energischen Einspruch erhoben. Auch die Taufe soll seiner Meinung nach vor versammelter Gemeinde vollzogen werden, nicht im Haus oder im Winkel um 14.00 Uhr in einem spärlich besuchten Taufgottesdienst. Ich denke, wir haben uns da doch ziemlich weit von Luther entfernt.

Viertes Kennzeichen der Kirche: der Zuspruch der Vergebung nach einer Beichte.

Sie kann öffentlich – wie bei uns vor dem Abendmahl –, aber auch verborgen, als persönliche Beichte geschehen. Luther hat einmal gesagt, im Kloster hätten ihn seine Beichtväter müde gemacht. Gegen die gesetzlich verordnete jährliche „Ohrenbeichte“ hatte er von daher einiges einzuwenden. Aber er schüttete das Kind nicht mit dem Bade aus. Lukas Cranach hat auf dem bereits erwähnten Altarbild der Wittenberger Stadtkirche nicht nur die Predigt, die Taufe und das Abendmahl vor Augen gemalt, sondern auch das Bußsakrament. Luther hat zwar den Beichtzwang abgelehnt, aber selbst zeitlebens an der regelmäßigen sogenannten „Privatbeichte" festgehalten. „Ich wäre längst vom Teufel erwürgt, wenn mich die freiwillige Beichte nicht erhalten hätte", hat er dazu angemerkt. Es war ein gräßliches Mißverständnis seiner Rechtfertigungslehre, als die evangelische Christenheit das Schuldbekenntnis des einzelnen verkommen ließ.

Fünftes Kennzeichen der Kirche: die Berufung von Dienern der Kirche.

Die öffentliche Verkündigung und Sakramentsverwaltung kann nicht dem Zufall oder der Willkür überlassen bleiben: „Was wollte sonst werden", fragt Luther, „wenn ein jeglicher reden oder reichen und keiner dem anderen weichen wollte." Hier klingt noch einmal an, was bereits zum Stichwort „allgemeines Priestertum aller Gläubigen" bedacht worden ist.

Sechstes Kennzeichen der Kirche: der Gottesdienst.

Hier soll sich die Versammlung aller Gläubigen ereignen. Aber ereignet sie sich? Sind wir evangelischen Christen an diesem Punkt nicht ausgesprochen lässig oder gar sträflich nachlässig?

An die Adresse evangelischer Christen gerichtet, hat der katholische Theologe Hans Küng vor einiger Zeit in der Tübinger Stiftskirche gesagt: „Der Gottesdienst macht die Kirche zur Kirche. Das bedeutet: Keine weitere Hinnahme der leeren Kirchen! Allzu lange hat man aus einem falsch verstandenen evangelischen Freiheitsverständnis die Gottesdienstteilnahme (ganz anders als etwa die Kirchensteuer) völlig dem Belieben des einzelnen anheimgestellt." Ich füge hinzu: Das hat sich gerächt, wie an jedem Sonntag vor Augen ist. Denn wer nicht regelmäßig in die Kirche geht, tut dies über kurz oder lang auch nicht mehr unregelmäßig.

Luther hat deshalb den Schlendrian evangelischer Christen nicht widerspruchslos hingenommen, sondern uns folgendes ins Stammbuch geschrieben: „Kannst du Tag und Nacht im Bierkrug sitzen oder sonst mit deinen Gesellen schwätzen und du wirst dabei nicht müde, dann kannst du ja wohl auch eine Stunde in der Kirche sitzen zuhören, Gott zu Dienst und Gefallen."

Siebtes und letztes Kennzeichen der Kirche: das Kreuz.

Dieser Aspekt von Kirche fällt aus der Reihe. Kreuz bedeutete für Luther und andere in der Reformationszeit: Verfolgung, Acht und Bann.

Von Verfolgung kann in den Stammlanden der Reformation heute wohl nicht mehr die Rede sein. Aber Kreuz bedeutete für Luther auch das Gegenteil von triumphierender Kirche. Es bedeutete Anfechtung. Und das ist auch uns nicht unbekannt. Unsere Gemeinden und wir selbst sind in mancherlei Hinsicht angefochten. Luther meint: Das gehört zu den Kennzeichen einer Kirche, die in der Nachfolge des Gekreuzigten lebt. Nicht nur die Meditation und das Gebet machen aus einem Menschen einen Theologen, sondern auch die Anfechtung trägt dazu bei. Luther war der Meinung, daß weder Verfolgung noch Anfechtung der Kirche schaden können: „Die Christen werden dadurch nicht weniger." Der Kirche schadet vielmehr falsche Sicherheit oder Gleichgültigkeit!

Wort, Taufe, Abendmahl, Beichte, Berufung, Gottesdienst und Kreuz: darum geht es, wenn die, die sich Christen nennen, zusammenkommen. Was Kirche ist, wird demnach vor allem in den Versammlungen erfahren, die in einer örtlichen Gemeinde oder in einem Hauskreis stattfinden.

„Weder schwäbisch noch sächsisch"

Doch die Kirche reicht weit darüber hinaus. Luther hat nicht einem engstirnigen Kirchturmhorizont das Wort geredet. Er sprach nicht nur von der örtlichen Zusammenkunft der Glaubenden, sondern auch von der weltweiten Zusammengehörigkeit der Christen, von der Christenheit also. Für ihn gibt es auch die Versammlung aller Christgläubigen im Sinne des Glaubensbekenntnisses: „Zu ihr gehören alle, die im rechten Glauben, in der Hoffnung und in der Liebe leben. Und wenn sie auch tausend Meilen voneinander getrennt sind, so heißen sie doch eine Versammlung im Geist, weil jeder predigt, glaubt, hofft, liebt und lebt wie der andere."

Anschaulich und farbig hat Luther den weiten Horizont der Christenheit beschrieben:

„Wenn einer aus Indien und Äthiopien käme und sagte: Ich glaube an Christus, so würde ich sagen: so glaube ich auch. Im Glauben und im Bekenntnis stimmen die Christen miteinander überein, auch wenn sie sonst in der ganzen Welt hin und her zerstreut sind. Es heißt nicht eine römische oder nürnbergische oder wittenbergische Kirche, sondern eine christliche Kirche. Dahin gehören alle, die an Christus glauben. In der Welt ist's wohl recht, wenn einer sagt: Ich bin ein Bayer, oder ein anderer: Ich bin ein Hesse. Aber wo Christus der Herr ist, da gilt weder schwäbisch noch sächsisch, da ist alles ein Teig und ein Kuchen." Das ist eine klare Absage an allen kirchlichen Provinzialismus und ein kräftiges Plädoyer für ökumenische Weite!

Freilich beginnt nach einem in unserer Zeit geprägten Wort die Ökumene zu Hause, vor der eigenen Haustür und an der eigenen Kirchentür. Dort fängt nach Luthers Überzeugung nicht nur die weltweite Christenheit an, sondern darüber hinaus das Reich Gottes und sogar der Himmel. „Suche keinen neuen und närrischen Eingang zum Himmel", rät er jedem persönlich, „sondern blicke glaubensvoll auf den Ort, wo das Wort und die Sakramente sind, lenke deinen Schritt dahin. Dort, wo das Wort erschallt, die Sakramente verwaltet werden, ob in der Kirche oder bei den Zusammenkünften der Gemeinde, dort ist die Pforte zum Himmel."

Eine menschliche Kirche

Wie Martin Luther über die Kirche dachte? Ich bringe seine Gedanken auf den Punkt: Er lädt uns dazu ein, zu glauben, daß die Gemeinde, der wir angehören, die heilige christliche Kirche ist, von der im Glaubensbekenntnis gesprochen wird. Die Runzeln und Flecken, die Schwächen und Mängel, die Ecken und Kanten, die ich da antreffe, sollen mich daran nicht irremachen.

Allerdings: Daß meine Gemeinde die Kirche ist, das ist keine Erfahrungstatsache. Das ist ein Glaubensartikel. Aber entweder entdecke ich die Kirche hier inmitten einer versammelten Schar von Christenmenschen, oder ich finde sie nirgends auf Gottes Erdboden. Es hat also keinen Sinn, auf der Suche nach der wahren Kirche der Gemeinde, der ich angehöre, den Rücken zuzukehren. Es menschelt überall. Luther hat das nicht verschwiegen: „Du wirst nirgends eine solche Kirche finden, in der keine Ärgernisse, keine Uneinigkeit und keine Schwachheiten anzutreffen sind."

In jeder Gemeinde geht es menschlich, allzumenschlich zu. Und in der Nachbargemeinde ist das nicht anders. Die Gemeinde, zu der ich gehöre, ist schon deshalb nicht vollkommen, weil ich unvollkommener Mensch in ihr lebe. Mit uns Christen ist wahrlich kein Staat zu machen. Aber Kirche will Gott mit uns machen. Das ist das ermutigende Fazit von all dem, was der Reformator über die Kirche dachte.

Dazu ein letztes Mal Martin Luther im Originalton: „Wir sind es nicht, die die Kirche erhalten können. Unsere Vorfahren sind es auch nicht gewesen. Und unsere Nachkommen werden's ebenfalls nicht sein. Sondern der tut's allein, von dem geschrieben steht: Jesus Christus, gestern, heute und in Ewigkeit. Der ist es und wird es sein, der da spricht: ‚Ich bin bei euch alle Tage bis an der Welt Ende.'"

Glauben ja – aber wozu Kirche?

Vor einiger Zeit erschien ein Buch mit dem interessanten Titel: „Wozu ist das Christentum gut?“ Wir können die Frage noch zuspitzen: „Wozu ist die Kirche gut?“ Brauchen wir sie? Ist sie hilfreich? Vielleicht sogar: heilsnotwendig? Oder ist die Kirche, so wie sie sich in unseren Tagen darstellt, nicht eher ein Hindernis für Menschen, die glauben möchten?

Ein Zeitgenosse, so wird berichtet, wurde in einem Interview gefragt: „Was ist die stärkste Stütze ihres Glaubens?“ Nach einer kurzen Bedenkzeit antwortete er: „Die Kirche.“ Der Reporter war verblüfft. Er notierte die ihm gegebene Auskunft gewissenhaft. Dann fragte er weiter: „Und was ist die stärkste Belastung für ihren Glauben?“ Wie aus der Pistole geschossen kam ein zweites Mal die Antwort: „Die Kirche.“

So gut ist sie also, die Kirche. Und zugleich: so schlecht. Offensichtlich ist es in unseren Tagen nicht mehr selbstverständlich, ihr anzugehören, sich zu ihr zu halten oder gar sich zu ihr zu bekennen.

Die Frage: „Wozu Kirche?“ kann aus vielfältigen Beweggründen heraus gestellt werden. Und die Antworten fallen ganz unterschiedlich aus. Ich möchte das anhand von drei Fallbeispielen aufzeigen. Ich habe sie nicht frei erfunden. Sie sind der Wirklichkeit abgelauscht.

Unterschiedliche Beweggründe

Erstes Beispiel: Da ist ein Mann, der am Ende seiner beruflichen Karriere steht. Gebürtiger Berliner, Naturwissenschaftler, Professor an einer baden-württembergischen Universität. Sein Verhältnis zur Kirche war zeitlebens distanziert. Sie hat ihn nicht von den Stühlen gerissen. Dann und wann hat er sich über sie geärgert. Aber die meisten Zeitungsberichte über kirchliche Vorgänge haben ihn nicht sonderlich interessiert. – Eines Tages bekommt er einen Brief aus Berlin. Dort gibt es auf einem kirchlichen Friedhof ein altes Familiengrab. Jetzt sind, wenn die Grabstelle nicht verfallen soll, bestimmte Gebühren fällig. Das zuständige Pfarramt schickt ihm eine Rechnung. Der Betrag ist nicht einmal übermäßig hoch. Der Verdruß um so größer. Zahlt er denn nicht Jahr für Jahr erkleckliche Summen an Kirchensteuer? Für nichts und wieder nichts! Und nun soll er für eine seiner Meinung nach längst erledigte Angelegenheit erneut zur Kasse gebeten werden? Dieser – von außen her betrachtet – geringfügige Anlaß bringt das Faß zum überlaufen. Als Naturwissenschaftler hatte er mit dem, was die Kirche verkündigt, immer einige Probleme. Bei ihm hieß es nicht schlichtweg und ungebrochen: „Glauben ja.“ Darum zieht er jetzt einen Schlußstrich. Er reagiert aggressiv. Er tritt, sehr zum Leidwesen seiner Frau, aus der Kirche aus.

Ein zweites Beispiel: Da ist eine Frau in den besten Jahren. Verheiratet, halbtags berufstätig, daneben Hausfrau und Mutter zweier schulpflichtiger Kinder. In die Kirche geht sie dann und wann, am Heiligen Abend, gelegentlich auch einmal zu einem Kirchenkonzert. Aber am Sonntag? Ganz selten, fast nie. Was da von der Kanzel her gesagt wird, hat mit ihren Alltagsproblemen herzlich wenig zu tun. Es kommt ihr oft langweilig vor, macht sie nicht neugierig auf die Fortsetzung am Sonntag darauf. Die Kinder? Nun ja: sie sind getauft. Das gehört nun einmal dazu. Einer der Paten sagte vor dem Taufgottesdienst: „Man weiß ja nicht, wozu es gut ist, aber schaden kann's auch nicht." Nein, sie hat nichts dagegen, wenn ihre Kinder zum Kindergottesdienst oder in die Jungschar gehen. Sie schaut auch schon mal in den phantasievoll aufgemachten Gemeindebrief. Doch von den Veranstaltungsangeboten macht sie keinen Gebrauch. Sie verhält sich abwartend. Sie reagiert achselzuckend: „Kirche? Wozu Kirche?"

Ein drittes Beispiel: Da ist ein junger Mann, der vor ein paar Jahren ist er konfirmiert worden ist. Aber der Gottesdienst, der aus diesem Anlaß stattfand, war für ihn eine große Abschiedsvorstellung. Gelegentlich pflegt er zu sagen: „Ich bin bei Pfarrer Schmidt aus der Kirche gekommen." So wie er seinerzeit ja auch aus der Schule gekommen ist. Eines Tages bekommt er Kontakt zu einer Gruppe gleichaltriger, engagierter Christen. Lassen wir offen, was das für eine Gruppe ist: pietistisch geprägt, charismatisch bewegt oder sozial engagiert. Jedenfalls: Er trifft Leute, die Feuer und Flamme sind für das, was sie entdeckt haben – beim Lesen des Evangeliums, in der Begegnung mit den Worten und Taten Jesu, im gemeinsamen Leben. Er besucht öfter ihre Treffen. Da fühlt er sich wohl. Da kommt es zum Schulterschluß. Da empfindet er Nestwärme. Aber die Kirche? Die ist ihm viel zu schwerfällig. Da ist nichts los. Kaum einer kennt den anderen. „Wenn ich sonntags in der Kirche war", so berichtet er, „war ich hinterher eigentlich noch derselbe wie zuvor. Aber die Gruppe, die verändert mich." – Eines Tages kommt er zufällig an einem kirchlichen Schaukasten vorüber. Dort hängt ein unscheinbares Plakat, auf dem steht: „Glauben ja – aber wozu Kirche?" Er wundert sich: Woher wissen die eigentlich so genau, was ich denke?

Diese drei Beispiele zeigen: Die Frage „Wozu Kirche?" kann aus ganz verschiedenen Lebenssituationen heraus erwachsen.

Die einen sind in ihrem Leben nie so richtig zum Glauben gekommen, oder sie haben ihren Glauben unterwegs verloren. Zu ihrer Kirche haben sie ein gebrochenes Verhältnis. Sie halten sie im Grunde für überflüssig. Und eines Tages wird sie ihnen lästig. Dann treten sie aus.

Die anderen haben auch ihre Schwierigkeiten mit dem Glauben. Sie spüren wenig von seiner mitreißenden Kraft. Aber sie haben auch nichts dagegen, daß es das gibt: Glauben. Ihre Kirchenmitgliedschaft stellen sie nicht in Frage. Nur machen sie kaum Gebrauch von ihr. Wir sprechen dann von passiver Mitgliedschaft. In unserer Volkskirche ist sie die Regel, nicht die Ausnahme.

Und dann gibt es noch die, die eines Tages gemerkt haben, wozu das Christentum gut ist. Sie drücken es nur anders aus, reden nicht so allgemein und verschwommen vom Christentum. Sie reden lieber von dem, was Jesus ihnen ganz persönlich bedeutet. Vielleicht benutzen sie noch kirchliche Räume. Vielleicht siedeln sie sich aber auch woanders an. Viele sind in den letzten Jahren aus dem mächtigen Gehäuse der Großkirchen ausgewandert in überschaubare Gruppen oder mitreißende Bewegungen.

Auf alle diese drei Möglichkeiten, sich von der Kirche zu distanzieren, möchte ich im folgenden eingehen.

Austritte müssen beunruhigen

Die Zahl der Menschen, die in den letzten Jahrzehnten ihrer Kirche den Rücken zugekehrt haben und ausgetreten sind, ist beträchtlich. Die evangelische Kirche bekommt das noch stärker zu spüren als die katholische. Die beiden von der Evangelischen Kirche in Deutschland veröffentlichten Umfrageergebnisse zur Kirchenmitgliedschaft sind dafür aufschlußreich. „Wie stabil ist die Kirche?“, hieß es Mitte der 70er Jahre; „Was wird aus der Kirche?“ zehn Jahre danach.

Die Zahlen sprechen für sich. Während in den 60er Jahren jährlich etwa 50.000 Menschen aus der evangelischen Kirche austraten, waren es in den Jahren 1970 und 1974 über 200.000. Die Zahl der Kirchenaustritte erreichte damit eine ähnlich schwindelnde Höhe wie zur Zeit der „Gottlosen-Bewegung“ nach dem Ersten Weltkrieg.

Inzwischen hat sie sich – wie die Statistiker zu sagen pflegen – bei rund 100.000 im Jahr „eingependelt“. Das ist aber eine verharmlosende Redeweise. Die exakten Zahlen, die mir für den Zeitraum zwischen 1963 und 1982 vorliegen, besagen: In diesen zwei Jahrzehnten sind mehr als 2,5 Millionen Menschen aus der evangelischen Kirche ausgetreten. Zwar sind im gleichen Zeitraum nicht weniger als 500.000 Menschen in die evangelische Kirche eingetreten, wiedereingetreten, zu ihr übergetreten. Auch das ist eine verblüffende und beachtliche Zahl. Aber unter dem Strich bleibt eben doch ein Minus von 1,75 Millionen.

Diese „Abstimmung mit den Füßen“ kann unsere Kirche nicht kaltlassen. Sie muß wohl oder übel nach den Ursachen fragen. Den letzten Anstoß mögen – wie in meinem Fallbeispiel – vordergründige Motive geben: Enttäuschungen durch das Bodenpersonal Gottes oder Ärger wegen der Kirchensteuer, des Glockenlärms oder des Zungenschlages kirchlicher Verlautbarungen. In den Austrittserklärungen enthüllt sich aber zumeist eine längst schon eingetretene innere Entfremdung von der Kirche. So wird dann die seit langem im Raum stehende Frage „Wozu Kirche?“ eines Tages aus gegebenem Anlaß mit einem aktenkundig werdenden „Nein“ zur Kirche beantwortet.

Dazu genügt hierzulande der Gang zum Standesamt. Die Kirchenpfleger und – wenn's gutgeht – auch die Pfarrer und der Kirchengemeinderat erfahren erst nachträglich davon. Versuche, durch persönliche Gespräche die Ausgetretenen noch umzustimmen, führen allenfalls zu der resignierten Feststellung: „Wenigstens jetzt nimmt die Kirche von mir Notiz.“ Aber nur selten wird der gefaßte Entschluß revidiert. Immerhin kommt bei solchen Gesprächen Hintergründiges an den Tag. Manche – zu ihnen gehörte einst auch Axel Springer – haben sich von ihrer Kirche getrennt, weil sie die von ihr erwartete neutrale Verkündigungsposition aufgegeben und sich zu stark politisch engagiert habe. Viele haben ihr aber auch den Rücken gekehrt, die von ihr ein entschiedeneres Eintreten für Frieden, Gerechtigkeit und Bewahrung der Schöpfung erwartet haben und in dieser Erwartung bitter enttäuscht worden sind.

Wo immer im einzelnen die Gründe für Kirchenaustritte liegen: sie müssen uns beunruhigen, nicht nur wegen der knapper werdenden Finanzen, sondern als unüberhörbare Anfrage an die Überzeugungskraft unserer kirchlichen und christlichen Existenz. Viele werden offenbar irre an dem Mißverhältnis, das in unserer Kirche zwischen Anspruch und Wirklichkeit besteht. Kann einer noch einer Kirche angehören, die so oft verleugnet, was sie verspricht? Und dem so oft widerspricht, was – zurecht! – von ihr erwartet wird? Die Frage „Wozu Kirche?“ muß nicht zuletzt durch die Kirche selbst beantwortet werden, durch die Gestalt ihres Zeugnisses und Dienstes in der Welt.

„Religion ohne Entscheidung“

Genauso beunruhigend wie die heftigen Kirchenaustrittswellen ist für unsere Kirche die weithin anzutreffende passive Mitgliedschaft. Millionen gehören ihr als Mitglieder an. Sie finanzieren durch die Entrichtung von Kirchensteuern ihre Arbeit. Aber sie praktizieren ihre Mitgliedschaft nicht. Sie machen von ihren Angeboten nur spärlich Gebrauch. Dadurch, daß sie sich zurückziehen und fernbleiben, bescheinigen sie der Kirche: hilfreich, bedeutungsvoll oder gar lebenswichtig ist das, was da geboten wird, für uns nicht.

Die in dem Buch „Was wird aus der Kirche?“ 1984 vorgelegten Ergebnisse besagen: Im Jahr 1982 besuchten an einem normalen Sonntag durchschnittlich 1,2 Millionen Erwachsene und 300.000 Kinder einen evangelischen Gottesdienst. Bitte: Das ist nicht wenig. Das ist mehr, als König Fußball am Wochenende auf die Beine bringt. Und doch: Es entspricht nur einem Anteil von knapp 6% aller Kirchenmitglieder. Am Heiligen Abend werden die Christvespern von rund 7 Millionen evangelischer Christen besucht. Das sind an die 30 %. Bei den kirchlichen Wahlen machen in den Städten gut 20 % und in ländlichen Gemeinden gut 50 % von ihrem Stimmrecht Gebrauch. Immerhin!

Aber wo bleiben die anderen? Warum gibt es so viele „Vierradchristen“? So werden die genannt, die mit ihrer Kirche nur anläßlich der obligaten Amtshandlungen in Berührung kommen: im Kinderwagen zur Taufe gefahren werden; mit dem Auto zur Konfirmation und Trauung anrollen und auf dem Leichenkarren, hinter dem der Pfarrer einhergeht, zur letzten Ruhe geleitet werden. Dafür wird treu und brav Kirchensteuer gezahlt: viel Geld für nicht einmal eine Handvoll Dienstleistungen.

17 % von ihnen spielen zwar von Zeit zu Zeit mit dem Gedanken, sie könnten eigentlich die Kirchensteuer einsparen und aus der Kirche austreten. Aber sie sind da unsicher. Noch bleiben sie in ihrer Kirche. Wie ist das zu bewerten?

Die Frage „Wozu Kirche?“ stellen die passiven Mitglieder wohl nicht nur achselzuckend, sondern auch erwartungsvoll. Der verstorbene frühere Hamburger Bischof Hans-Otto Wölber schrieb in seinem Buch „Religion ohne Entscheidung“: „Der Verdacht, sie hätten nur vergessen auszutreten, ist unangebracht und verfehlt.“ In irgendeinem Winkel ihrer Seele wissen oder ahnen wenigstens viele, ganz ohne Bedeutung sei ihre Zugehörigkeit zur Kirche doch wohl nicht. Daß zum Beispiel die Kirche mit ihrem Geld so viele diakonische Aufgaben wahrnimmt, wird hierzulande von mehr als 60 % der Kirchenmitglieder begrüßt und unterstützt. Doch mehr noch: Bei vielen wirken Impulse, die sie früher einmal als Ermutigung zum Glauben bekommen haben, noch nach. Die Zahl der Bibelleser und Beter dürfte erheblich über der Zahl der sonntäglichen Gottesdienstbesucher liegen. Da mag das unbestimmte Gefühl und die heimliche Erwartung mitspielen, darauf könne man eines Tages noch angewiesen sein und zurückkommen.

Den Satz „Ich bin in der Kirche“ haben bei der EKD-Umfrage 41 % mit der ehrlichen Auskunft ergänzt: „weil ich auf kirchliche Trauung und Beerdigung nicht verzichten möchte“. Aber noch mehr Kirchenmitglieder haben die beiden folgenden Antworten angekreuzt: „weil ich Christ bin“ und „weil ich der christlichen Lehre zustimme“. Ich weiß: Da sind Abstriche zu machen. Mancher überlegt ja bei solchen Befragungen, welche Antworten wohl erwartet werden, und stapelt dann ein wenig hoch. Aber es gibt sie offenbar, die „Protestanten ohne Kirche“, von denen Eberhard Stammler einmal schrieb. Es gibt manche verborgene Frucht des Glaubens im großen, schwer überschaubaren Garten der Volkskirche.

Viele, die sich nicht aktiv am Gemeindeleben beteiligen, sind nicht – oder noch nicht? – aus der Kirche ausgetreten. Wie ist das aus der Sicht der Kirche zu bewerten? Gewiß: Sie wird dadurch in Frage gestellt. Das tut weh. Aber es ist falsch, wenn sie darauf allergisch oder gar aggressiv reagiert. Was bringt's denn, wenn die Mehrheit der Kirchenmitglieder disqualifiziert wird, etwa mit dem gängigen Wort „Randsiedler"?

Dagegen plädiere ich für eine einladende und entgegenkommende Kirche. Damit ich nicht mißverstanden werde: Ich meine damit nicht eine Kirche, die den billigen Jakob spielt, die den Anspruch der biblischen Botschaft ermäßigt und zu Schleuderpreisen unter die Leute bringt. Ich meine nicht eine Kirche, die sich anbiedert und ihrer Zeit mit hängender Zunge hinterherläuft, wie Kurt Tucholsky sarkastisch bemerkt hat. Ich meine nicht eine Kirche, die das, was sie im Laden hat, nicht ins Schaufenster zu legen wagt. Mir gibt zu denken, was der in der damaligen DDR lebende Schriftsteller Peter Hacks angemerkt hat: Er wundere sich über das hohe Maß an Verschämtheit vieler Christen. Von allen möglichen Dingen würden sie reden, von denen, Gott sei sein Zeuge, andere – auch Marxisten – mehr verstünden als sie. Nur von dem, was ihre eigene Sache sei, also vom Evangelium, höre man herzlich wenig. Ich habe zwar keine Sehnsucht nach unverschämten Christen, die nötigen, bedrängen und überreden statt zu überzeugen. Aber ich halte auch nichts von den verschämten, die mit ihrer ureigenen Sache, der ihnen aufgetragenen biblischen Botschaft, hinter dem Berg halten.

Entgegenkommend ist für mich die Kirche, wenn sie Menschen aufsucht. Exemplarisch sind dafür der Besuchsdienst und das Angebot der „Kirche im Grünen". Einladend ist für mich die Kirche, wenn sie nicht so sehr feierlichen Ernst als vielmehr festliche Freude ausstrahlt. Der Theologe Rudolf Bohren meint: „Der Inhalt der Predigt ist das Evangelium von Jesus Christus. Die Frohbotschaft bestimmt den Charakter der Predigt. Die Gestalt muß also evangelisch, vom Evangelium geprägt sein. Auf ihr darf der Glanz der Heiterkeit liegen. Prediger haben nicht Halbdunkel zu malen, sondern Licht, sie haben nicht Katastrophengerüchte zu verbreiten, sondern fröhliche Nachrichten. Die Gestalt der Predigt darf eine Gestalt der Freude sein."

Ich denke: Es ist besser, es ist dem Evangelium gemäßer, die Menschen, die sich vom Gemeindeleben fernhalten, aufzusuchen und ihnen etwas zu bringen, als sie der Scheinheiligkeit zu bezichtigen und den Glauben von ihnen gleichsam einzuklagen.

Abkoppeln um des Glaubens willen

Ich erinnere nochmals an den jungen Mann, von dem ich eingangs erzählte: Was in seiner Kirche geschieht, läßt ihn kalt. Aber er entdeckt eine Gruppe engagierter Leute, die ihn mit ihrem Glauben an die Tragfähigkeit und Tragweite des Evangeliums anstecken und mitreißen. Ihnen schließt er sich an. Im Blick auf die unüberschaubare und ach so schwerfällige Kirche kommt er dagegen zu dem Schluß: „Die kann man vergessen."

Die Tendenz, sich um des Glaubens willen von der Kirche abzukoppeln, ist nicht erst im 20. Jahrhundert aufgekommen. Im Mittelalter schon hat sie sich bei der Gründung neuer Orden und Glaubensgemeinschaften bemerkbar gemacht. Stellvertretend nenne ich die Franziskaner und die Waldenser. Auch der Pietismus ist von seinem ursprünglichen Ansatz im 17. Jahrhundert her als Protestbewegung gegen erstarrte Kirchlichkeit zu verstehen. Bezeichnend dafür ist die Rede von der „ecclesiola in ecclesia", auf deutsch – frei übersetzt –: der kleinen Kirche in der großen Kirche. Bildlich gesprochen: Aus einem Ozeanriesen wird ein kleines Beiboot zu Wasser gelassen, das freier, beweglicher, lebendiger manövrieren kann.

Es ist nicht zu bestreiten: In der Geschichte des Pietismus sind immer wieder einmal Stimmen laut geworden, die zu bedenken gaben, ob es nicht besser wäre, die Trossen zum Mutterschiff zu kappen und die Großkirche hinter sich zu lassen. Das geschah vor allem dann, wenn das Urteil gefällt wurde: Die Kirche ist vom rechten Kurs abgekommen. Die Warnung vor der drohenden Verfälschung des biblischen Evangeliums in der Lehre und im Leben der Kirche ist bis heute nicht verstummt. Von der Konferenz Bekennender Gemeinschaften wurde etwa die Europäische Ökumenische Versammlung in Basel als „Irreführung der Gemeinden" bezeichnet. Mehr noch: Die „konziliare Vision" weise Parallelen mit dem in der Bibel vorhergesagten „Reich des Anti-Christen" auf.

Ich räume ein: Das sind einzelne Stimmen. Bei weitem nicht alle Pietisten denken so. Viele beteuern: „Wir bleiben der Landeskirche treu." Johannes Kullen wird zitiert: „Nicht sich von der Kirche trennen! Die Kirche hat uns geboren und ernährt. Wenn sie auch jetzt schwer krank ist, so ehren wir sie doch als unsere Mutter und wollen durch Gebet und Arbeit dazu helfen, daß sie geheilt wird." Aber in der Praxis wird dann der Vorbehalt gegen vieles, was die Kirche verkündigt und tut, doch immer wieder spürbar.

Neuerdings hat die Charismatische Bewegung an Anziehungskraft erheblich gewonnen. Sie beklagt nicht nur die weit von der Glut des göttlichen Geistes entfernte Unterkühlung in der Kirche, sondern auch Erstarrungserscheinungen im Pietismus. So wie er immer wieder die Kirche kritisch unter die Lupe genommen hat, gerät er nun selbst auf den Prüfstand kritischer Anfragen. Viele Charismatiker – und es gibt nicht wenige Pfarrer unter ihnen – wirken derzeit im großen volkskirchlichen Rahmen. Und die Kirchen sind sichtlich darum bemüht, sie nicht zu exkommunizieren. Aber werden sie eine „ecclesiola in ecclesia“, ein Kirchlein in der Kirche bleiben? Der schwere Vorwurf, der Geist, den sie bezeugen, sei ein „Geist von unten“, und die Einschätzung, von der Kirche, so wie sie nun einmal sei, sei keine geistliche Erneuerung zu erwarten, könnte noch manche dazu veranlassen, dem Beispiel des Hamburger Pastors Wolfram Kopfermann zu folgen und der Kirche den Laufpaß zu geben: „Glauben ja – aber wozu Kirche!“

Doch nicht nur manche Evangelikale und Charismatiker, sondern auch diakonisch, sozial oder politisch engagierte Christen stehen ihrer Kirche skeptisch gegenüber. Wie die Charismatische Bewegung hat auch die Friedensbewegung von sich reden gemacht. Bewegung – das ist ein aufschlußreiches Wort. Es schließt die Absage an Unbeweglichkeit, Verfestigung und Erstarrung in sich. Das Erscheinungsbild der Gruppen, die sich für Frieden, Gerechtigkeit und Bewahrung der Schöpfung starkmachen, ist derzeit schillernd. Auf der einen Seite war die Friedensbewegung Anfang der 80er Jahre sehr darum bemüht, die Kirche für ihre Sache zu gewinnen, ihre Möglichkeiten, Räume und Geldmittel zu nützen. Auf der anderen Seite wollte sie sich durch deren schwerfälligen Apparat auf gar keinen Fall bremsen lassen und hat sich von ihr auch immer wieder abgesetzt. Tatkräftiger Einsatz im Sinne der Bergpredigt, konsequentes Leben aus Glauben: ja! Aber wozu Kirche?

Auch die neuen religiösen Aufbrüche in unseren Tagen – ich nenne die Stichworte Jugendsekten, Esoterik, New Age – rauschen im großen und ganzen an den Portalen unserer Kirche vorüber. Wir könnten sagen: Das schadet nichts. Hier werden ja in vielfacher Weise alte Formen des Aberglaubens wiederbelebt. Doch warum fällt das auf fruchtbaren Boden? Sind nicht viele Menschen auf der Suche nach einer Antwort auf die Frage nach dem Geheimnis und dem Sinn menschlichen Lebens? Steckt dahinter nicht doch die Sehnsucht nach einem tragfähigen Glauben? Die Kirche aber, das nehmen wir mit Betroffenheit wahr, wird dafür nicht mehr als die gegebene Anlaufstelle, als das erste Haus am Platze angesehen. Derzeit werden in einer großen Stuttgarter Buchhandlung etwa fünfmal soviel Bücher aus dem weiten Feld der Esoterik angeboten als theologische Werke. Wo nach neuer Religiosität gefragt wird, heißt es: Gläubigkeit ja – aber wozu Kirche?

Warum in der Kirche bleiben?

Ich denke, wenn es um Antworten geht auf die Frage: Wozu ist die Kirche gut? ist niemandem mit Allgemeinplätzen oder großen Thesen gedient. Hier helfen am ehesten persönliche Antworten weiter.

In meinem Bücherschrank steht ein Buch mit dem Titel: „Warum bleibe ich in der Kirche?" Die Herausgeber, der Katholik Walter Dirks und der Protestant Eberhard Stammler, haben dreißig Antworten von Zeitgenossen auf diese Frage zusammengestellt. Ich will mich auf vier Kostproben aus diesem Buch beschränken.

– Ein evangelischer Politiker schreibt: „Es gibt keine Sorge, keine Strömung, keine Unruhe, keine Mode und keine Torheit in unserer Gesellschaft, die sich nicht auch innerhalb der Kirche widerspiegelt. Eben dies bindet mich an meine Kirche. Es macht sie menschlich. Eine Kirche, die es fertigbrächte, das Evangelium in ein paar fertige, unveränderliche Formeln zu bringen, würde mich kalt lassen. Eine Kirche, die an ihrer Aufgabe immer wieder scheitert, fasziniert mich. Sie zeugt damit auf eine menschliche Weise für den, in dessen Auftrag sie steht. Daher erwarte ich von der Kirche auch nicht allzuviel: immer wieder einen Anstoß, eine Korrektur, eine Ermunterung, eine gute Predigt und ein bißchen Solidarität. Wer einmal angefangen hat, mit der Kirche zu hoffen, zu suchen, zu scheitern, sich zu ärgern und zu lachen, kann auf die Frage, warum er in der Kirche bleibe, nur antworten: weil dieses Suchen und Scheitern, dieser Ärger und dieses Lachen ein Stück von mir ist und meine Menschlichkeit ausmacht." Soweit der evangelische Politiker. Sein Name: Erhard Eppler. Bundesminister unter Willy Brandt, EKD-Synodaler und eine Zeitlang Präsident des Deutschen Evangelischen Kirchentages.

– Ein katholischer Theologe meint: „Warum ich in der Kirche bleibe? Jedenfalls nicht deshalb, weil ich an irgendeinem Zeiger ablesen kann, daß die Kirche meinen Erwartungen oder gar Gottes Erwartungen entspricht. Natürlich ‚sollte' die Kirche vieles tun, alles, viel mehr, als sie je kann. Wenn ich höre: ‚Die Kirche sollte', so scheint mir das nur zu sagen: ‚Ich sollte.' An uns, an mir ist es, dafür zu sorgen, daß die Kirche dem ein wenig besser entspricht, was sie in Wirklichkeit ist." Soweit der katholische Theologe. Sein Name: Hans Urs von Balthasar, Kardinal und Freund des evangelischen Theologen Karl Barth.

– Eine katholische Schriftstellerin gibt die Auskunft: „Ich bleibe nicht in der Kirche. Ich bin in der Kirche. Ich bin ein Teil von ihr, der von ihrem Blut und Atem lebt. Ich bin ihr in der Taufe bewußtlos eingepfropft worden, und ich habe das später mit vollem Einverständnis nachvollzogen. Ich wachse seit 50 Jahren bewußt tiefer in sie hinein und hoffe zu Gott, daß das so weitergeht. Jetzt freilich stecken wir in einem tiefen Tal. Wir sehen wenig Gläubige, mit denen sich Staat machen und anderen imponieren läßt. Wir blamieren uns rundum. Der Abfall ist groß. Jetzt davonzulaufen, das wäre doch die gleiche, ja eine noch größere Gemeinheit, als wenn einer den Ehepartner im Stich ließe, bloß weil er arm und krank geworden ist. All das Schlimme, all das Elend der Kirche – zugegeben: aber sich deshalb von diesem gewaltigen Leben, von all seinen unausgeschöpften Verheißungen und von seiner unabsehbar geheimnisvollen Zukunft freiwillig abschneiden? Unvorstellbar! Selbstmord wäre nichts dagegen." Die Verfasserin, Ida Friederike Görres, ist durch viele Publikationen bekannt geworden und lebte bis zu ihrem Tode in Freiburg.

– Schließlich führe ich noch die Auskunft eines evangelischen Theologen an: „Ganz simpel gesagt: In der Kirche bleibe ich um des Evangeliums willen, das mich unwiderstehlich und immer wieder erfaßt und mir meinen Platz angewiesen hat. Ich kann und ich will auf die Kirche nicht verzichten, weil sie Ergebnis und Instrument, Raum und Kampfplatz des Evangeliums ist. Sie war vor mir da und wird nach mir bleiben. Es gibt letztlich nur eine Antwort auf die Frage, warum ich in der Kirche bleibe. Es ist die älteste und zugleich die modernste. Von meinem Leben soll es einmal heißen: ‚Dieser war auch mit dem Jesus von Nazareth!'" So weit Ernst Käsemann, Neutestamentler in Tübingen und Verfasser des kämpferischen Buches „Der Ruf der Freiheit".

Vier faszinierende und hilfreiche Antworten. Aber ich möchte mich hinter ihnen nicht verstecken. Wenn die Frage im Raum steht „Wozu Kirche?", dann ist jeder von uns nach seiner eigenen Antwort gefragt. Dann muß auch ich persönlich Auskunft geben.

Ich erinnere mich: In den 60er Jahren fand im Sachsenhain bei Verden an der Aller ein hannoverscher Landesjugendtag statt. Mein Vorredner hatte das Thema: „Glauben muß jeder selbst." Ich als der zweite Referent hatte zu sprechen über den Satz: „Aber bestehen kann keiner allein."

Ich war damals Landesjugendpfarrer in Bremen. In dieser Stadt ist das sogenannte Privatchristentum zu Hause. Zum Christsein, so denken dort viele, genügt es, eine Bibel im Bücherschrank zu entfalten, von Zeit zu Zeit – bildlich gesprochen – ins stille Kämmerlein zu gehen und beim Spaziergang in Gottes freier Natur andächtige Gefühle zu entfalten. Das klingt gar nicht so übel. Aber das Wort „Privatchristentum" ist entlarvend. Das lateinische Wort „privari", von dem sich dieses Lehnwort herleitet, bedeutet wörtlich: „rauben". Das heißt im Klartext: Wer als Christ auf eigene Faust und Rechnung existieren möchte, beraubt sich selbst der Anstöße, der Ermutigung, der Ergänzung und der Korrektur durch andere. Und umgekehrt: Er beraubt die anderen des Beitrags, den er, gerade er, vielleicht nur er zum Bau des Reiches Gottes in dieser Welt leisten könnte. Ich brauche die anderen, andere brauchen mich. Das gilt in doppelter Hinsicht: im Blick auf meine Kontakte zu anderen Christen und im Blick auf meine Einbindung in den Ablauf der Kirchengeschichte.

Ich brauche die anderen. Andere brauchen mich. Nur darum bin ich Christ. Und dazu bin ich in der Kirche.

Ich bin nicht in einem christlichen Elternhaus aufgewachsen. Nach der Konfirmation kam ich jahrelang ohne die Kirche aus. Ohne andere

Christen – ohne den Pfarrer, der mich in die Studentengemeinde hereinholte, ohne die katholischen Studenten, die mich in Gespräche über Luther und Barth verwickelten, ohne die Prediger, Seelsorger und Laien, die mir immer wieder im Glauben auf die Sprünge geholfen haben – wäre ich nicht Christ. Bis heute bin ich darauf angewiesen, daß andere mir dazu Mut machen, Christ zu sein und Christ zu bleiben in dieser Zeit.

Und andere brauchen mich. Auch diese Erfahrung habe ich im Laufe meines Lebens gemacht. Wie ist das denn mit dem Privatchristentum? Ich lasse einmal offen, ob einer, der die Gemeinschaft mit anderen Christen aufgekündigt hat, lange genug von der Substanz seines Glaubens zehren kann. Im Einzelfall mag das möglich sein. Die Frage ist aber, ob einer auf die Dauer ohne die Kirche beten und verzeihen, glauben und gegen die Sünde wider die Hoffnung gefeit sein kann. Das jedenfalls ist eine Erfahrung, die ich über Jahrzehnte hinweg in meiner Kirche immer wieder gemacht habe: Andere – Angefochtene, Zweifelnde und Verzweifelte –, kommen auf mich zu in der Erwartung, daß ich ihnen das Evangelium sage und glaubwürdig bezeuge. Andere brauchen mich.

Wir sind auf gegenseitigen Beistand angewiesen. Das gilt nicht nur im Blick auf persönliche Kontakte zu anderen Christen. Das wird auch an der Geschichte der Kirche deutlich. Was wir heute als Kirche oder Gemeinde bezeichnen – im Griechischen gibt es dafür nur ein einziges Wort! –, wird im Neuen Testament unter anderem mit Hilfe des Bildes von den lebendigen Steinen veranschaulicht. Hier hat das Bild vom Hausbau Pate gestanden. Ein Baustein, für sich genommen, macht noch kein Haus aus. Aber im Verbund mit anderen Steinen gewinnt er Bedeutung. Das betrifft nicht nur die einzelnen Christen, sondern auch unsere Gemeinden und unsere Kirchen.

Jeder Baustein hat eine Unterseite. Unsere christliche und kirchliche Existenz beruht darauf, daß vor uns schon andere da waren. Gottes Bau wächst durch die Jahrhunderte. Wenn wir geringachten, was frühere Generationen zum Bau des Reiches Gottes in dieser Welt beigetragen haben, schneiden wir unsere inneren Wurzeln ab und hängen mit unserem Einsatz in der Luft.

Jeder Baustein hat auch seine Stirnseiten. Sie halten Anschluß zu den anderen Steinen, die rechts und links von uns eingefügt sind. Rechts und links: das sind beziehungsreiche Richtungsbegriffe. Es gibt zu denken, daß jeder Stein zwei Stirnseiten hat. Ein Hauch von ökumenischer Weite wird da spürbar. An der Art und Weise, wie wir miteinander umgehen und aufeinander zugehen, wir als einzelne Christen und wir als Gemeinden und Kirchen, wird deutlich, ob wir unsere Bestimmung begriffen haben: ein lebendiger Stein in Gottes Bau zu sein, einer neben anderen. Ob wir in christlicher oder kirchlicher Selbstgenügsamkeit leben? Ob wir einander wahrnehmen, ernst nehmen und annehmen? Und ob wir auch die unserer Meinung nach unbehauenen Steine in unserer Nachbarschaft gelten lassen?

Die Außenseite des Steins ist im Blickwinkel der Öffentlichkeit gewissermaßen die Schauseite. Sie ist für jeden, der Christ sein möchte, ein heikler Punkt. Hier hat sich die Echtheit unseres Glaubens und unseres Dienens zu erweisen. Haben wir nicht manchmal mehr im Schaufenster als im Laden? Sind wir zu sehr auf Außenwirkung bedacht? Polieren wir nur die Fassade auf? Oder behalten wir gerade im Blick auf die Außenstehenden und die Öffentlichkeit den Auftrag Christi im Auge, den wir nicht nach Belieben verändern oder ermäßigen dürfen?

Schließlich: Jeder Baustein hat auch eine Oberseite. Nach uns wird weitergebaut werden. Bildet das, was wir für das Ganze beitragen, eine tragfähige Grundlage für kommende Generationen? Sind wir als Kirche heute nur die Nachhut des zu Ende gehenden konstantinischen Zeitalters, oder sind wir, wie ein holländischer Christ es ausgedrückt hat, „die ersten Christen des 21. Jahrhunderts“? Sind wir solche Steine, die andere tragen und ertragen können? Bauen wir in unserer Kirche mit dem Blick in die Zukunft, über den Tag hinaus, oder denken wir nur an den kurzfristigen Effekt, an das, was heute modisch ist und bei den Leuten ankommt?

Noch einmal: Als Christen und Kirchen sind wir aufeinander angewiesen. Wir berauben uns selbst und andere, wenn wir meinen, wir könnten im Glauben allein bestehen. Ich brauche die anderen. Andere brauchen mich. Dazu ist die Kirche gut.

Schritte im Glauben

Schritte im Leben

Wie viele Schritte ein Mensch im Laufe seines Lebens zurücklegt, läßt sich kaum abschätzen und schon gar nicht mit Sicherheit angeben. Die Zahl der Tage und Stunden, die jedem von uns auf Erden zugemessen sind, läßt sich – wenigstens nachträglich – berechnen. Wenn jemand das gesegnete Alter von 82 Jahren erreicht hat, dann ist die Sonne mehr als 30.000mal über seinem Leben auf- und untergegangen. Und wenn er älter wird als 92 Jahre, dann liegen mehr als 800.000 Stunden hinter ihm. Doch niemand vermag die Schritte zu zählen, die der Mensch zwischen Wiege und Bahre zurücklegt: Abermillionen dürften es bei jedem von uns sein, vielleicht sogar Milliarden, wer weiß?

Die ersten Schritte eines Menschen werden mit einiger Aufmerksamkeit registriert. Das Kleinkind kann zunächst noch nicht laufen. Doch eines Tages geht es los. Das Kind sieht die ausgestreckten Arme der Mutter vor sich. Es gewinnt Zutrauen: Die Mutter wird mich nicht fallen lassen. Das Kind verläßt sich also auf die Mutter. Und das heißt: Es verläßt sich, seinen Standort, und geht auf die Mutter zu.

Doch nicht nur die ersten Schritte eines Menschen werden mit wachem Interesse verfolgt, sondern auch seine letzten. Es ist auffallend, wie intensiv Hinterbliebene aufzuspüren versuchen, welche Wege ihr Angehöriger kurz vor seinem Tode noch unter die Füße genommen hat.

Was zwischen Wiege und Bahre liegt, pflegen wir als Lebenslauf oder Lebensweg zu bezeichnen. Und was dem Menschen unterwegs widerfährt oder was er selbst bewegt, wird in unserer Sprache mit vielen Begriffen und Bildern ausgedrückt, die alle eine Fortbewegung beschreiben. Da gibt es Schritte in die richtige Richtung. Es gibt aber auch Fehltritte oder Seitensprünge. Da wird einer auf rechter Straße geführt. Der andere verläuft oder verirrt sich. Da gibt es gemessene und feierliche, aber auch übereilte und gehetzte Schritte. Der eine ist einen guten Schritt vorangekommen. Der andere tritt auf der Stelle. Manchmal sind unsere Schritte munter und beflügelt, manchmal aber auch verzagt und schleppend. Schließlich gibt es gewöhnliche Schritte – wir sprechen vom „Trott“ –; aber auch außergewöhnliche, entscheidende Schritte – die des Herkules am Scheidewege. Mitunter sind Schritte, die einer gegangen ist, noch korrigierbar; manchmal jedoch unwiderruflich.

Schritte im Glauben

Doch welchen Sinn hat es, nicht nur allgemein von Schritten im Leben zu sprechen, sondern speziell von „Schritten im Glauben“?

Was erfahren wir darüber in der Bibel? Beim Aufschlagen der Konkordanz macht man zunächst eine ernüchternde Entdeckung. In Luthers Bibelübersetzung kommt der Begriff „Schritte“ nur fünfmal vor. Zweimal ist da – in dem zu Beginn allgemeinen Sinn – vom Unterwegssein des Menschen in der Welt die Rede. Einmal werden Gottes Schritte beschrieben, wird geschildert, wie er seiner bedrängten Gemeinde zu Hilfe eilt. An einer anderen Stelle wird das Wort bemüht, um zu veranschaulichen, was der Mensch in einer lebensgefährlichen Situation erfährt: „Es ist nur ein Schritt zwischen mir und dem Tode“, hat David zu seinem Freund Jonathan gesagt. Doch über „Schritte im Glauben“ sagt nur eine der fünf Bibelstellen etwas aus: „Macht sichere Schritte mit euren Füßen, damit nicht jemand strauchle wie ein Lahmer“ (Hebr 12,13).

Daraus den Schluß zu ziehen, der Bibel seien „Schritte im Glauben“ unbekannt, wäre freilich kurzschlüssig. Es gibt bekanntlich verschiedene

Begriffe für ein- und dieselbe Sache. Aufschlußreich ist das Synonymwörterbuch. Dort wird die Auskunft gegeben: 1. Schritte bedeuten: das Vorsetzen der Füße. 2. Die Begriffe Tritt, Gang und Lauf sind in engster Nachbarschaft zum Wort „Schritt" angesiedelt.

Wer unter diesem Aspekt die Konkordanz noch einmal zur Hand nimmt, bekommt eine kaum noch absehbare Fülle von Bibelstellen in den Blick. Das Fazit ist eindeutig: „Schritte im Glauben" werden in der Bibel nicht nur beschrieben, sondern auch verschrieben, ganz in dem Sinn, in dem ein Arzt seinem Patienten etwas verschreibt.

Greifen wir das Stichwort „Füße" heraus. Sie spielen eine große Rolle, wenn in der Bibel Erfahrungen angesprochen werden, die der Mensch im Glauben macht. Da gibt es das befreite Aufatmen: „Du stellst meine Füße auf weiten Raum" (Ps 31,9) oder „Du hast mich vom Tode errettet, meine Füße vom Gleiten" (Ps 56,14). Andererseits ist auch dort von den Füßen die Rede, wenn die Anfechtung im Glauben beschrieben wird: „Ich wäre fast gestrauchelt mit meinen Füßen, mein Tritt wäre beinahe geglitten, als ich sah, daß es den Gottlosen so gut ging" (Ps 73,2). Wo die Gefahr besteht, daß der Glaube abhanden kommt, sagt der Beter: „Ich bedenke meine Wege und lenke meine Füße zu deinen Mahnungen" (Ps 119,59). Der Hebräerbrief faßt, das klang schon an, die Ermutigung zum Glauben in die Worte: „Stärkt die müden Hände und die wankenden Knie und macht sichere Schritte mit euren Füßen, damit nicht jemand strauchle wie ein Lahmer" (12,12f). Von denen, die im Glauben unterwegs sind, schreibt Paulus im Römerbrief: „Sie gehen in den Fußstapfen des Glaubens, den unser Vater Abraham hatte" (4,12).

Glauben heißt immer: „im Glauben wandeln" (2. Kor 5,7), einen Weg unter die Füße nehmen, der von Gott gewiesen ist. Genauso aufschlußreich wie die zitierten Bibelstellen, in denen die Füße erwähnt werden, sind die Worte der Heiligen Schrift, die davon sprechen, daß der Ruf zum Glauben mit der Aufforderung verbunden ist, einen vorgezeichneten Weg einzuschlagen. Wie oft heißt es in der Bibel: „Geh!", „Steh auf!", „Mache dich auf!"

Als Abraham sich auf den Glauben einließ, bedeutete dies für ihn: „Geh aus deinem Vaterland" (1. Mose 12,1). Zu Lot sagte Gott „Macht euch auf und geht aus diesem Ort" (1. Mose 19,14). Mose erhielt den Auftrag: „So geht nun hin, ich will dich zum Pharao senden" (2. Mose 3,10) und später die Weisung: „Geh, zieh von dannen, du und das Volk, das du aus Ägyptenland geführt hast" (2. Mose 33,1).

Für die Väter im Glauben, die im 11. Kapitel des Hebräerbriefes aufgeführt worden sind, und für das ganze Volk Israel waren also „Schritte im Glauben" geradezu der Ausweis ihres Glaubens. Das Vertrauen zu Gott kommt im Auszug aus dem Herkömmlichen, im Exodus, im Aufbruch in das verheißende Land zum Vorschein. Noch im Neuen Testament klingt das nach. „Stehe auf und gehe“, so wird Philippus auf die Spur des Kämmerers aus dem Mohrenlande gebracht (Apg 8,26); „Geht hin in alle Welt“ (Mt 28,20) und „Ihr werdet meine Zeugen sein bis an die Enden der Erde“ (Apg 1,8), so lautet der Auftrag, den Jesus seinen Jüngern gegeben hat.

Nachfolge

Was es mit den „Schritten im Glauben“ auf sich hat, kommt im Neuen Testament dort in besonderer Weise zum Vorschein, wo das Stichwort „Nachfolge“ fällt. Dies ist ja nicht nur in den Evangelien der Fall, sondern auch in den Briefen. Auch hier wird der ermunternde Aufruf laut, „seinen (Christi) Fußstapfen nachzufolgen“ (1. Petr 2,21).

Für den Vorgang, den wir mit dem deutschen Wort „Nachfolge“ beschreiben, benutzt der griechische Urtext des Neuen Testamentes verschiedene Worte: hinterhergehen, Jünger sein, nachahmen, nachfolgen. Die Jünger, die den Ruf Jesu „Folge mir nach“ vernommen haben, mußten ihren seitherigen Lebenskreis aufgeben und verlassen. Sie gingen buchstäblich hinter ihm her. Aber Nachfolge meint im übertragenen Sinn des Wortes den Nachvollzug des Weges, den Jesus vorangegangen ist. Und das war der Weg des Dienens und der Hingabe.

Doch was heißt das praktisch?

– Nachfolge ist nicht geprägt durch Ideen oder Gesetze, sondern allein durch den vorangegangenen lebendigen Christus. Dietrich Bonhoeffer hat dazu angemerkt: „Zu einer Idee kann man in ein Verhältnis der Erkenntnis, der Begeisterung, vielleicht auch der Verwirklichung treten. Nachfolge dagegen ist Bindung an die Person Jesu Christi. Ein Christentum, in dem es nur den Vater Gott, aber nicht Jesus Christus als lebendigen Sohn gibt, hebt die Nachfolge auf, ist Christentum ohne Jesus Christus, es ist Idee oder Mythos.“

– Nachfolge ist Einwilligung, ist Antwort auf den Ruf Jesu. Die Evangelien berichten von Menschen – vom reichen Jüngling und von Schriftgelehrten –, die zuerst erkennen, glauben, etwas tun und dann erst nachfolgen wollen. Sie führen mit Jesus geistreiche Lehrgespräche. Aber die biblischen Berichte lassen vermuten, daß sie den Weg in die Nachfolge nicht gefunden haben. Klaus Scheffbuch schreibt in einem Artikel über „Nachfolge“ in dem Buch „ABC des Glaubens“ (Quell-Verlag Stuttgart, 1976): „Nur die Jünger, die im Gehorsam gegen den Ruf Jesu den ersten und dann jeden weiteren Schritt in seiner Nachfolge getan haben, konnten sagen: ‚Wir sahen seine Herrlichkeit.‘“

– Nachfolge ist ständiges Unterwegsbleiben. Es gibt im Neuen Testament zahlreiche Begriffe, die das Verhältnis der Christen zu Christus beschreiben. Im Begriff „Nachfolge“ wird die dynamische Seite des Glaubens besonders hervorgehoben. Der Christ soll, solange er auf Erden unterwegs ist, in Bewegung bleiben, auch geistig und geistlich. Christliche Standpunkte mögen schön und gut sein. „Schritte im Glauben“ können sie aber nicht ersetzen.

Erste Schritte

Die Jünger Jesu wurden bereits durch den ersten Schritt im Glauben aus dem Gehäuse ihres gewohnten, selbstverständlich gewordenen Lebensablaufs herausgeführt. „Vorher war alles anders“, hat Bonhoeffer dazu angemerkt: „Da konnten sie als die Stillen im Lande leben. Sie gingen ihrer Arbeit nach. Sie hielten das Gesetz und warteten auf den Messias. Jetzt aber war er da. Jetzt erging sein Ruf. Jetzt hieß Glauben nicht mehr stille sein und warten, sondern mit ihm gehen in der Nachfolge. Jetzt löste sein Ruf alle vorherigen Bindungen um der einzigen Bindung an ihn willen. Jetzt mußte der Schritt in die unendliche Unsicherheit getan werden, um zu erkennen, was Jesus gibt und was Jesus fordert.“

Doch wie stellt sich der erste Schritt im Glauben für uns Christen im 20. Jahrhundert dar? Markiert er auch in unserem Leben einen spürbaren, vielleicht sogar datierbaren Einschnitt mit einem deutlich voneinander abgehobenen „Vorher“ und „Nachher“?

Das kann so sein. Es gibt Christen, die eine ähnliche Berufungs- und Bekehrungsgeschichte erzählen können wie Abraham, wie die Propheten, wie die ersten Jünger. Der französische Journalist André Frossard berichtet in seinem Buch „Gott existiert. Ich bin ihm begegnet“:

„Um 17 Uhr 10 Minuten war ich auf der Suche nach einem Freund in eine kleine Kirche des Quartier Latin eingetreten und verließ sie um 17 Uhr 15 Minuten im Besitz einer Freundschaft, die nicht von dieser Erde war.

Als ein Skeptiker und Atheist der äußersten Linken war ich eingetreten, und größer noch als mein Skeptizismus und mein Atheismus war meine Gleichgültigkeit gewesen: mich kümmerten andere Dinge als ein Gott, den zu leugnen mir nicht einmal in den Sinn kam, so sehr schien er mir längst nur mehr auf das Konto der menschlichen Angst und Ungewißheit zu gehören – ich ging wenige Minuten später hinaus als ein Christ, getragen und emporgehoben, immer von neuem ergriffen und fortgerissen von der Woge einer unerschöpflichen Freude ... Ich verhehle mir nicht, daß eine Bekehrung dieser Art durch ihre Unvermitteltheit etwas Schockierendes, ja Unglaubwürdiges für unsere Zeitgenossen an sich hat, die die Wege des Intellekts den mystischen Blitzen vorziehen und immer weniger das Eingreifen des Göttlichen in das tägliche Leben gelten lassen. Aber so sehr ich mich auch mit dem Geist meiner Zeit in Einklang zu setzen wünschte, so kann ich doch nicht die Stationen einer langsamen Entwicklung zeigen dort, wo ein jäher Umschwung stattgefunden hat, ich kann nicht die, sei es unmittelbaren, sei es weiter zurückliegenden psychologischen Ursachen dieses Umschwungs nennen, weil diese Ursachen nicht vorhanden sind. Es ist mir unmöglich, den Weg zu beschreiben, der mich zum Glauben geführt hat, weil ich mich auf einem ganz anderen Weg befand und an etwas ganz anderes dachte, als ich in eine Art Hinterhalt geriet. Dieses Buch erzählt nicht, wie ich zum katholischen Glauben kam, sondern wie ich nicht dorthin ging und mich plötzlich dort befand."

Was hier erzählt wird, ist sicher einmalig und unnachahmlich. Für den, der so etwas selbst erlebt hat, kann das eine lange Zeit vorhaltende Hilfe sein. Aber für andere? Ob es einen Sinn hat, Bekehrungsgeschichten lauthals von sich zu geben? Da auch die Bibel solche Geschichten erzählt, die des Paulus sogar wiederholt, halte ich das zwar generell für möglich und erlaubt. Fragwürdig wird die Sache aber dort, wo das eigene Leben verallgemeinert und verabsolutiert wird. Bei anderen Menschen kann es nämlich ganz anders zugehen. Adolf Sommerauer meint dazu:

„Wie beginnt im Leben des Menschen der Glaube, das heißt: wie fängt es an, daß das Wort ‚Gott' nicht mehr so leichthin, sondern mit Sorge, Liebe oder Hoffnung ausgesprochen wird? Der Glaube kann anfangen beim Anhören eines Chorals. Durch ein Gespräch. Durch ein einziges Wort der Heiligen Schrift. Durch das Miterleben einer Krankenkommunion. Durch einen Traum. Durch einen Handel mit Gott für den Fall, daß er da sein sollte. Durch das Erlebnis eines Wunders, durch Erziehung, durch die Ehe mit einem gläubigen Menschen. Die Aufzählung ist willkürlich, aber nicht zusammenphantasiert. Was ich genannt habe, ist gedeckt durch Erinnerung an Menschen, die ich kennengelernt habe. Schon daraus müßte ersichtlich sein, wie groß die Vielfalt der Anfänge ist.

Wozu sage ich das? Sie sollten und Sie können Ihren eigenen Weg zu Christus suchen. Vielleicht sind Sie ein Mensch, dessen Schwerpunkt im Denken liegt. Vielleicht können Sie nicht viel denken, aber besser als ein anderer etwas tun. Dann lassen Sie sich nicht den Weg verbauen durch die Vorstellung, Sie müßten etwas anderes sein, als Sie sind. Die Kirche ist kein Club von Menschen, die bei gleichem Charakter, Bildung und Schicksal selbstverständlich den selben Glauben hätten. Die Kirche ist eine Gemeinschaft von Menschen, die bei verschiedenem Charakter, Bildung und Schicksal an demselben Christus hängen. Wenn Sie sich das sagen lassen, haben Sie es mit dem Glauben leichter. Freilich haben Sie dann auch eine Ausrede weniger."

Allerdings: Ohne irgendwelche ersten Schritte geht es im Glauben nicht. Es ist wie beim Schwimmenlernen: Der beste Trockenkurs ist umsonst, wenn der Mensch sich nicht eines Tages ein Herz faßt und zu schwimmen anfängt. Oder denken wir noch einmal an das Laufenlernen. So wie das Kleinkind sich auf die Mutter verläßt und losläuft, muß sich auch der, der glauben möchte, auf Jesu Verläßlichkeit einlassen und die ersten Schritte wagen. In einem Buch über die Geschichte und das Leben der Brüder von Taizé habe ich die schönen Sätze gefunden: „Wer dem Ruf Jesu zur Nachfolge gehorcht, begibt sich in die Hand dessen, der dieses Wort spricht. Er verläßt sich auf ihn, das heißt, er verläßt sich selbst, er läßt seine Skrupel, Bedenken, Zweifel, Ungewißheiten hinter sich und verläßt sich auf den, der ihm das Hundertfache dessen verspricht, was er verläßt."

Fortschritte

Bei den ersten Schritten im Glauben kann es freilich nicht bleiben. Weitere müssen folgen. Aber gibt es eigentlich Fortschritte im Glauben?

Einige Bibelstellen sind in diesem Zusammenhang aufschlußreich. Als Nathanael sein Glaubensbekenntnis gesprochen hatte: „Rabbi, du bist Gottes Sohn", antwortete Jesus: „Du wirst noch Größeres als das sehen" (Joh 1,49f). Hier wird also ein Fortschreiten in der Erkenntnis und Glaubenserfahrung verheißen. Paulus schrieb im 1. Korintherbrief: „Ich konnte nicht zu euch reden wie zu geistlichen Menschen, sondern wie zu fleischlichen, wie zu unmündigen Kindern in Christus. Milch habe ich euch zu trinken gegeben und nicht feste Speise, denn ihr konntet sie noch nicht vertragen" (3,1f). Nichts gegen die Milch – ausdrücklich heißt es im 1. Petrusbrief: „Seid begierig nach der vernünftigen lauteren Milch wie die Neugeborenen" (2,2). Aber eines Tages, das meinte Paulus offenkundig, müßte eigentlich der Übergang zur festen Speise erfolgen. Christen sollen das Stadium der Unmündigkeit hinter sich lassen und – auch im Glauben! – erwachsen werden. Deshalb scheint es mir geboten zu sein, nicht nur Anfängerkurse im Glauben zu halten, sondern auch Kurse für Fortgeschrittene (Glaubensseminare, Abendbibelschule, Glaubensbriefe, Erwachsenenkatechismus).

Ganz unbefangen hat Paulus in zwei verschiedenen Briefen geschrieben: „Euer Glaube wächst" (2. Kor 10,15; 2. Thess 1,3). Ohne jeden Anhauch von Diskreditierung hat er zwischen den Starken und den Schwachen im Glauben unterschieden (Röm 14,1ff). Auch Jesus hat nicht nur von Glaubenden und Ungläubigen, sondern auch von Kleingläubigen gesprochen, dies gewiß in der Absicht, deren Glauben zu vermehren und zu vertiefen. Darauf, daß es ein Fortschreiten im Glauben gibt, weist schließlich auch ein Wort aus dem Markusevangelium hin: „Ich glaube, lieber Herr, hilf meinem Unglauben" (9,24). Auch die Apostel haben zu Jesus gesagt: „Stärke uns den Glauben" (Lk 17,5)! Dazu zitiere ich noch einmal Adolf Sommerauer:

„Die Apostel sprachen: Stärke uns den Glauben. Bevor Sie überlegen, ob Sie das auch sagen würden – was heißt das eigentlich? Es kann sehr Unterschiedliches bedeuten. Denn der Glaube hat denselben Umfang wie das Leben. Es kann zum Beispiel heißen: Hilf mir, daß ich in der täglichen Langweiligkeit doch noch einen Sinn entdecke. Oder: Hilf mir, daß ich dich, Gott, wenn ich an dich denke, doch auch einmal spüre. Oder: Hilf mir, wenn du mir schon eine erfüllte Liebe verweigerst, daß ich das Leben trotzdem aushalte. Oder: Hilf mir, daß ich vor dem Sterben nicht so sehr Angst habe. Oder: Hilf mir, daß ich das Kind, mit dem ich einfach nicht zurechtkomme, doch noch in deiner Hand sehe. Das und noch vieles andere könnte der Satz bedeuten: Stärke mir den Glauben. Möchten Sie diesen Satz nachsprechen?"

Schließlich macht auch der Aufruf zur Heiligung, der sich an verschiedenen Stellen im Neuen Testament findet, deutlich, daß es im Glauben um einen Prozeß geht, der noch nicht abgeschlossen ist.

Rückschritte

Was ich eben über den Reifungsprozeß und das Erwachsenwerden im Glauben gesagt habe, bedeutet allerdings nicht, daß wir – wenn wir nur genug Glaubenskurse mitgemacht haben – eines Tages ausgelernt hätten. Was ein Sprichwort reichlich salopp zur Sprache bringt: „Man wird alt wie eine Kuh und lernt immer noch dazu", gilt wohl auch hier. Wenn zum Beispiel jemand, wie wir zu sagen pflegen, Seelsorge übt, dann muß er sie ein Leben lang einüben, perfekt ausüben kann er sie dann immer noch nicht. Auch im Glauben geht es um lebenslängliches Lernen.

Reifen und Erwachsenwerden bedeutet auch nicht, daß es sich dabei um stetiges, lineares oder gar exponentielles Wachstum handelt. Auch im Glauben gibt es Konjunkturen und Krisen. Der Lernprozeß kann ins Stokken geraten, zum Stillstand kommen, ja sogar von Rückschritten aufgehalten werden.

Stillstand ist schon Rückschritt, wo das dynamische „Jesus-auf-der-Spur-Bleiben" zum bloßen Vertreten verfestigter christlicher Standpunkte erstarrt. Eine Batterie, die herumsteht, ohne gebraucht und aufgeladen zu werden, verliert an Substanz.

Zeitlebens kann der Glaube – also nicht nur der Kinderglaube – massiv vom Zweifel und von der Anfechtung eingeholt werden, ins Kreuzfeuer der Kritik geraten, sich verdünnen, verflüchtigen, gänzlich abhanden kommen.

Kaum irgendwo sonst tritt das so drastisch und plastisch zutage wie im Leben des Petrus. Eben noch hat er sich zu Christus als des lebendigen Gottes Sohn bekannt und von Jesus bescheinigt bekommen, der himmlische Vater habe ihm das offenbart, da will er Jesus von seinem Leidens-

und Kreuzesweg abhalten und muß sich nun sagen lassen: „Geh weg von mir, Satan, denn du meinst nicht, was göttlich, sondern was menschlich ist.“ Eben noch war er in der Kraft seines Glaubens auf dem Wasser gegangen und auf Jesus zugekommen, als er den starken Wind sah, erschrak und zu sinken begann. Eben noch hat er beteuert: „Wenn sie auch alle Ärgernis nehmen, so will ich doch niemals Ärgernis nehmen an dir“, da fällt er aus der Nachfolge Christi heraus, nicht nur durch die dreimalige Verleugnung, sondern auch durch den eigenmächtigen Griff zum Schwert. Wenn selbst Petrus, einer aus dem engsten Jüngerkreis, so peinliche Reinfälle und Rückfälle erleben mußte, wieviel mehr müssen dann andere, die sogenannten normalen Christenmenschen, davor auf der Hut sein! „Wachet und betet, daß ihr nicht in Anfechtung fallt“, hat Jesus allen seinen Jüngern ans Herz gelegt. „Wachet, steht im Glauben“, hat Paulus später an die Korinther geschrieben, und: „Wer meint, er stehe, mag zusehen, daß er nicht falle.“

Das hat es also nicht erst in Zeiten um sich greifender Säkularisierung, sondern schon in der Urchristenheit gegeben: Rückschritte im Glauben, ja sogar Abfall vom Glauben. „Von da an wandten sich viele seiner Jünger ab und gingen hinfort nicht mehr mit ihm“, hat der Evangelist Johannes bemerkt. Auch im 1. Timotheusbrief ist davon die Rede, in den letzten Zeiten würden einige vom Glauben abfallen.

Was kann uns vor Rückfällen bewahren, vor dem Krebsgang auf dem Weg des Glaubens? Beteuerungen wie die von Petrus oder das Pochen auf die eigene Glaubensstärke tun es gewiß nicht. Die Geschichte des Petrus zeigt, daß es Jesus allein ist, der uns durch Glaubenskrisen hindurch retten kann. Als der sinkende Petrus schrie: „Herr, hilf mir“, da „streckte Jesus sogleich die Hand aus und ergriff ihn und sprach zu ihm: ‚Du Kleingläubiger, warum hast du gezweifelt?‘“ Und schon vor der Verleumdung hat Jesus zu ihm gesagt: „Ich aber habe für dich gebeten, daß dein Glaube nicht aufhöre.“

Es ist tröstlich, daß im Philipperbrief das Wort steht: „Ich bin darin guter Zuversicht, daß, der in euch angefangen hat das gute Werk (des Glaubens), der wird's auch vollenden bis an den Tag Christi.“ Das ermutigt auch uns zu der Zuversicht, daß wir im Glauben ans Ziel kommen werden.

In der Gehschule des Glaubens

Bis dahin freilich haben wir wie der Prophet Elia in der Wüste „noch einen weiten Weg“ vor uns, noch viele einzelne Schritte im Leben und im Glauben. Ich komme auf das ermutigende Wort aus dem Hebräerbrief zurück: „Macht sichere Schritte mit euren Füßen, damit nicht jemand strauchle wie ein Lahmer.“ Wie können wir gewisse Schritte im Glauben machen?

Bekanntlich gibt es Gehschulen, und zwar für Menschen, die das Laufen lernen sollen, Hilfsmittel für Kleinkinder, aber auch Übungsmethoden in Rehabilitationszentren für Erwachsene. In Analogie dazu spreche ich auch im Blick auf den Glauben von einer „Gehschule". Da gibt es sehr viele Lektionen zu lernen. Ich möchte exemplarisch aufzeigen, wie es aussehen könnte, wenn einer im Glauben gewisse Schritte macht.

Ein erster Schritt ist der Gang dorthin, wo das Wort Gottes verkündigt wird. Der Kirchgang garantiert zwar nicht in jedem Fall Fortschritte im Glauben. Er kann auch Enttäuschungen mit sich bringen, selbst dann, wenn ein zugkräftiger Erweckungsprediger auf der Kanzel steht. Ich zitiere ein zweites Mal aus dem schon erwähnten Buch des französischen Journalisten André Frossard. Einem Bekannten, der zum Glauben kommen wollte, gab er gemeinsam mit einem Freund den Rat:

„Er brauche nur einen Monat lang jeden Morgen der 6-Uhr-Messe beizuwohnen; wir garantierten für den Erfolg. Ich erinnere daran, daß wir sehr jung waren, und ich brauche nicht ausdrücklich zu sagen, daß wir keinerlei Zweifel hegten. Unser Kollege befolgte gewissenhaft unsere Instruktionen. Jeden Morgen ging er zur Messe. ‚Nun?, fragten wir ihn, wenn er in die Redaktion kam. ‚Nichts', antwortete er traurig. Nichts nach vierzehn Tagen, nichts nach drei Wochen. Wir begannen uns insgeheim zu beunruhigen. Tag um Tag verstrich, der Monat ging zu Ende. Wir befanden uns in einer wahren Todesangst. Hatte er endlich den unvorsichtigerweise versprochenen Glauben gefunden? Nein, sagte er uns mit einer entsetzlichen Grimasse. Er war genötigt, festzustellen, daß er noch immer nicht glaubte, trotz unserer Versicherungen und unserer Sicherheit. Wie groß aber war unser Erstaunen, als wir am nächsten Tag erfuhren, daß unser Katechumene wieder in die Kirche gegangen war. Er hatte den Glauben nicht, aber er konnte nicht mehr ohne die Messe sein, mit dem Ergebnis, daß er Christ wurde, auf die am wenigsten landläufige Weise: durch Begierde und Hartnäckigkeit – zu seiner Stunde, nicht zu der unseren."

Wenn es so ist, daß der Weg in die Nachfolge Christi einzig und allein durch seinen Ruf eröffnet wird, dann ist der Gang dorthin, wo dieser Ruf vernehmlich ausgesprochen wird, unentbehrlich, und wenn es vielleicht zunächst auch nur der Weg in eine Buchhandlung ist, in der eine Bibel und Hilfen zu ihrem Verständnis zu erstehen sind. Viele, die sich in dieser Weise aufgemacht haben, sind dabei Schritt um Schritt weitergekommen und haben schließlich erfahren: „Gott der Herr hat mir das Ohr geöffnet. Und ich bin nicht ungehorsam und weiche nicht zurück" (Jes 50,5).

Ein zweiter Schritt ist der Gang in die Stille. Da geht einer in sich. Ich könnte auch sagen: Er zieht sich zurück. Das ist übrigens die wörtliche Bedeutung des französischen Wortes „Retraite". Von Maria wird in der Weihnachtsgeschichte gesagt: Sie „behielt alle diese Worte und bewegte sie in ihrem Herzen" (Lk 2,19). Sie hat die Worte, die sie vernommen hatte, also nicht nur im Kopf, sondern auch im Herzen bewegt. Damit ist in etwa beschrieben, was mit dem heute gebräuchlichen Wort „Meditation" gemeint ist. Übrigens kann der Mensch nicht nur im Sitzen, sondern auch im Gehen und im Schreiten meditieren. Das Wort „Schreiten" beschrieb laut etymologischem Wörterbuch ursprünglich eine langsam dahingleitende und bogenförmige Bewegung – denken wir an das Schreiten beim Reigen oder beim Menuett. Es ist ein Jammer, daß uns im Protestantismus die Beziehung zwischen körperlichen, geistigen und geistlichen Schritten fast gänzlich abhanden gekommen ist. Bis wir diesen wichtigen Zusammenhang wiederentdeckt und wiederbelebt haben, sollten wir wenigstens in der übertragenen Bedeutung des Wortes die Geheimnisse Gottes umkreisen, wie das im Johannesevangelium beispielhaft aufgezeigt wird. Eine Schwester der Evangelischen Kommunität Grandchamp hat das einmal so ausgedrückt: „In die Retraite gehen, das heißt für mich: ich werde von allen Seiten von Gott angesehen, und ich wiege mich in seinem Wort." Da mag dann manches gewogen und zu leicht befunden werden. Doch so wie ein Kleinkind in den Schlaf gewiegt wird, wird der, der Gottes Worte in seinem Herzen bewegt, eingehüllt in Gottes Frieden.

Dritter Schritt: die Begegnung mit anderen Menschen. Da macht sich einer auf, um die Gemeinschaft mit anderen zu suchen, weil er sich mit ihnen über Erfahrungen im Glauben austauschen möchte. Das ist bis heute ein gangbarer Weg, der zum Glauben führt: Geh in die Gemeinschaft der Christen, nimm an ihren Gesprächen teil. In der Gemeinde treffen nämlich verschiedene Glaubenszeugnisse und Glaubenserfahrungen zusammen, die einander ergänzen und zurechtrücken.

Vierter Schritt: der Gang ins stille Kämmerlein. Da zieht sich einer, wie Jesus es empfohlen hat, zurück, um zu beten. Wer sich in die Gehschule des Glaubens begibt, kann nicht umhin, auch in die Gebetsschule zu gehen (eine Hilfe dabei ist das Buch von Hubert Halbfas „Der Sprung in den Brunnen. Eine Gebetsschule", Patmos-Verlag Düsseldorf, 1981).

Wer im Gebet das Gespräch mit Gott aufnimmt, sollte das regelmäßig tun, „anhalten", wie die Bibel sagt. Schritte im Glauben, die nicht regelmäßig gemacht werden, erfolgen bald auch nicht mehr unregelmäßig. Wer sich beim Beten schwer tut, muß nicht verzagen. Nicht die großen

Worte und die vielen Worte sind dabei wichtig. Das Plappern können wir den Heiden überlassen, das Klappern den Gebetsmühlen im Tibet.

Jesus hat seinen Jüngern auf ihre Bitte „Lehre uns beten“ hin im Vaterunser ein Gebet in den Mund gelegt, das denkbar knapp ist und zugleich so groß und so tief, daß es die ganze Welt umspannt. Paulus hat übrigens im Wissen darum, daß der Mensch im Gebet erlahmen kann, darauf aufmerksam gemacht, daß dann „der Geist selbst uns vertritt mit unaussprechlichem Seufzen“ (Röm 8,26).

Fünfter Schritt: handfeste Schritte im Glauben. Da macht sich einer auf, macht Gehversuche im Glauben und merkt dabei bald: Es geht nicht nur um den Kopf und das Herz, sondern auch um die Hände. Er faltet sie. Doch anschließend legt er sie nicht in den Schoß. Er beherzigt das schöne Gebet: „Hilf aus dem Gedanken ins Leben hinein, ganz ohne Wanken dein eigen zu sein“. Es gibt handfeste Schritte im Glauben: das ist ein paradoxes und doch zutreffendes Bild. Wie wichtig sie für die Praxis des Glaubens sind, hat Adolf Sommerauer so dargestellt:

„Sie müssen etwas tun, wenn Sie glauben wollen. Das wissen Sie sehr gut. Denn vermutlich haben Sie schon von irgend jemand, der sich einen Christen nennt, gesagt oder gedacht: ‚Wenn man nur mehr davon merken würde!‘ Bei Christus hat die Tat eine besondere Mächtigkeit, sie hat einen Erkenntniswert. ‚So jemand will des Willen tun, der wird inne werden, ob diese Lehre von Gott sei oder ob ich von mir selbst rede.‘ Das hat Christus gesagt. Das heißt, ein wenig zugespitzt, aber ich meine, doch richtig: Wenn ich jemand, der sich mit dem Glauben schwertut, dazu bringe, daß er, als ob es aus Glauben geschähe, einem anderen 10 Mark gibt – es können ja auch mehr sein –, dann wird ihm hernach die Barmherzigkeit, die Liebe Gottes wahrscheinlicher sein. Jede Tat verändert ein wenig die eigene Lebenssubstanz, verrückt ein wenig den eigenen Standpunkt und gibt dadurch einen veränderten Blickwinkel frei. Wenn Sie etwas für Christus tun, werden Sie mehr von ihm verstehen.“

Sechster Schritt: das Wagnis im Glauben. Da verläßt sich einer auf Gottes Verheißungen. Er läßt sich entschieden auf das Evangelium ein. Er verläßt das, was ihm bisher im Leben wichtig war. Er gibt familiäre Verbindungen auf, er gibt sein Vermögen dran, er setzt alles auf eine Karte. Er handelt wie die Leute in den Gleichnissen Jesu, die einen Schatz im Acker oder eine kostbare Perle gefunden haben und alles, was ihnen vorher gehörte, dafür hergaben.

Das wird zwar nicht immer und überall im Glauben abverlangt. Aber es gibt Situationen genug, in denen der Glaube etwas kostet. Gottes Gnade ist nun einmal keine billige Schleuderware. Ohne hohen Einsatz ist auch hier nichts zu gewinnen. Paul Schütz hat gesagt: „Die Bibel ist keine Parkanlage, in der man auf bequemen Wegen sonntags vormittags ein wenig spazierengeht. Sie ist ein Matterhorn der Erkenntnis, dessen Ersteigung von jedem Geschlecht aufs neue bewältigt werden muß." Offen gestanden: Mir ist das Bild vom Matterhorn ein wenig zu steil. Es könnte jemanden, der nicht schwindelfrei und nicht trittsicher ist, hoffnungslos entmutigen. Aber soviel ist an diesem Bild sicher richtig: Die Mühsal des Aufsteigens gehört zur Nachfolge Christi. Es gilt, rechtzeitig die Kosten zu überschlagen, „ob wir es haben hinauszuführen" (Lk 14,28). Nicht nur das Nicht-Verstehen ist ein Hindernis auf dem Weg des Glaubens, sondern auch das Nicht-Wollen.

Siebter Schritt: hingehen und Liebe erweisen. Da entdeckt einer einen Mitmenschen, den andere zusammengeschlagen haben oder der vielleicht selber daran schuld ist, daß er halbtot am Wege liegengeblieben ist. Bruce Marshall erzählt in seinem Buch „Keiner kommt zu kurz" von einem Pariser Pater, der sich eines total heruntergekommenen Straßenmädchens angenommen hat. „Das ist aber ungewöhnlich", kommentiert jemand sein Verhalten. Er antwortet: „Christentum ist nun einmal ungewöhnlich." Aber ist Nächstenliebe wirklich etwas so Außergewöhnliches? Erscheint sie nicht in anderer Hinsicht eher als das Naheliegende und Selbstverständliche? Jesus jedenfalls hat das Verhalten des barmherzigen Samariters nicht als außerordentlich hingestellt, sondern gesagt: „Geh hin und tu desgleichen" (Lk 10,37)!

Wenn ein Bischof einen Gefangen besucht, obwohl er sich damit dem Verdacht aussetzt, er sympathisiere mit dessen Gesinnung oder gar dessen Tat, so muß er das in der Nachfolge Christi wohl auf sich nehmen. Geriet nicht auch Jesus, als er Gemeinschaft mit den Zöllnern und Sündern suchte, in den Verdacht, er sei „ein Fresser und Weinsäufer" (Mt 11,19)? Wer Zeit und Kraft einsetzt, um einen Kranken zu besuchen, wer weder Mühe noch Risiko scheut, um Hunger und Durst wenigstens vor der eigenen Haustür zu lindern, wer als Anwalt der Opfer unserer Zeit auftritt, tut nach Mt 25 nicht nur etwas im Sinne Jesu, er dient damit unmittelbar ihm selbst und tut so not-wendige Schritte im Glauben.

Achter Schritt: Versöhnung. Da hat sich einer in seinem Leben verlaufen, verirrt, in eine Sackgasse verrannt. Jetzt hängt viel, ja alles davon ab, ob er in dieser Situation Schritte im Glauben unternimmt: sich Gott in die Arme wirft und dessen Vergebung erfleht. Sprach nicht auch der verlorene Sohn: „Ich will mich aufmachen und zu meinem Vater gehen und zu ihm sagen: Vater, ich habe gesündigt ..."? Hat nicht Jesus seinen Jüngern nahegelegt, zuerst hinzugehen und wenigstens den Versuch zu unternehmen, sich mit dem Bruder zu versöhnen, wenn sie sich dem Altar Gottes nähern? Wer sich aufmacht, um Versöhnung zu ermöglichen, bewältigt eine wichtige Etappe auf dem Weg des Glaubens.

Neunter Schritt: den Glauben bezeugen. Da geht einer, dem bescheinigt worden ist, er sei ein Kleingläubiger, eines Tages hin und verhilft einem anderen zu mehr Vertrauen und zu mehr Zuversicht. Viele meinen, sie müßten im Glauben erst schwierige Bergetappen bewältigt haben, ehe sie anderen ihren Glauben bezeugen und vermitteln können. Manche kommen dann aber erst gar nicht so weit. Die Erfahrung besagt etwas anderes: Wer andere stärkt, wird selbst gefestigt. Nicht von ungefähr hat Jesus seinem Jünger Petrus unmittelbar vor dessen Verleugnung nahegelegt: „Wenn du dich dereinst bekehrst, so stärke deine Brüder" (Lk 22,32). Adolf Sommerauer hat in diesem Zusammenhang geschrieben: „Sie werden staunen, was Ihnen geschieht, wenn Sie jemand gegen den Zweifel helfen sollen. Die Grenze zwischen dem eigenen und dem fremden Glauben ist sehr beweglich. Sie brauchen jemanden, der Ihnen gegen den Zweifel hilft. Und der andere braucht Sie. Deshalb ist es wichtig, daß der, der auf Glaubenssuche ist, andere aufsucht."

Die nötigen Schritte tun

Am Schluß soll kein Apell stehen, ab heute mehr und intensiver zu glauben, sondern ein Lied von Kurt Rommel, in dem es heißt:

Laß uns in deinem Namen, Herr, die nötigen Schritte tun.
Gib uns den Mut, voll Glauben, Herr, heute und morgen zu handeln.
Gib uns den Mut, voll Liebe, Herr, heute die Wahrheit zu leben.
Gib uns den Mut, voll Hoffnung, Herr, heute von vorn zu beginnen.
Gib uns den Mut, voll Glauben, Herr, mit dir zu Menschen
zu werden.
Laß uns in deinem Namen, Herr, die nötigen Schritte tun.

Christ sein in dieser Zeit

Der Stuttgarter Theologenkongreß im Februar 1987 stand unter dem Thema „Das Haus der lebendigen Steine". Am Tag nach der Eröffnung berichtete die „Stuttgarter Zeitung": „Zur Zeit beschäftigen sich in Stuttgart Theologen mit dem Gemeindeaufbau in der sich wandelnden Volkskirche unter dem Motto ‚Das Aus der lebendigen Steine'."

Vermutlich war da kein bewußt kirchenfeindlicher oder böswillig karikierender Journalist, sondern schlicht der Druckfehlerteufel am Werk. Wie mag das von der Zeitung entstellte Motto auf die Leser gewirkt haben? Verschiedene Reaktionen sind denkbar:

– Manche Leser dürften den Fehler gar nicht bemerkt haben. Das biblische Bild vom „Haus der lebendigen Steine" ist fleißigen Bibellesern vertraut, aber in unseren Tagen nicht mehr allen getauften Christen. Die Überlieferung des christlichen Abendlands hat ihre prägende Kraft merklich eingebüßt. Die Einbindung in das „Christentum" ist in unserer Zeit nicht mehr selbstverständlich.

– Leser, die das Bild vom Haus der Kirche noch kennen und denen beim Aufschlagen der Zeitung der Druckfehler nicht entgangen ist, mögen spontan an den beklagenswerten Zustand der Volkskirche gedacht haben: an Kirchenaustritte, an die weit verbreitete passive Mitgliedschaft, an entleerte Kirchen, an Schrumpfungsprozesse also. Zwar ist es trotz mancher Versuche bis in unser Jahrhundert hinein nicht gelungen, der Kirche den Garaus zu machen, aber mit ihrem umfassenden Einfluß und ihrer ungebrochenen Entfaltung, mit der konstantinischen Ära also, ist es augenscheinlich „aus" und vorbei. Auch der Fortbestand der Christenheit ist nicht mehr selbstverständlich.

– Andere Leser, die den Druckfehler bemerkt haben, könnten freilich auch an sich selber gedacht haben. Es gibt nicht wenige Kirchenmitglieder, die sich früher einmal als lebendige Steine im Haus der Kirche verstanden und als aktive Glieder im Organismus des Leibes Christi betätigt haben. In einer bestimmten Phase ihres Lebens fühlten sie sich von der biblischen Botschaft persönlich angesprochen. Aber das hat nicht vorgehalten. Es ist nach und nach abhanden gekommen, vertrocknet oder versikkert. Geistliches Leben kann, auch wenn es nicht geheuchelt war, allmählich erlöschen. Wer einmal bewußt Christ war, muß das nicht bleiben. Auch das Christsein ist heute nicht mehr selbstverständlich.

Stehen also das Christentum, die Christenheit und das Christsein in dieser Zeit unabwendbar und unwiderruflich auf dem Aussterbeetat, wie die Sendboten des New Age behaupten? Oder kann das Christsein gerade dann, wenn es vom „Aus" bedroht ist, nicht nur wiederbelebt, sondern neu entfacht werden, also wieder Lebensatem und Ausstrahlungskraft gewinnen?

In der Baustelle Gottes

Noch nie, auch nicht in den Blütezeiten der Kirchengeschichte, hat Christsein sich von selbst verstanden. Immer bedurfte es dazu kräftiger geistlicher Impulse. Das war schon in der Zeit der Urchristen so. Das Bibelwort, das dem Thema des Stuttgarter Theologenkongresses zugrunde lag, macht das deutlich:

„...da ihr ja geschmeckt habt, daß der Herr freundlich ist. Zu ihm kommt als zu dem lebendigen Stein, der von den Menschen verworfen ist, aber bei Gott auserwählt und kostbar. Und auch ihr als lebendige Steine erbaut euch zum geistlichen Hause“ (1. Petr 2,3-5).

Die Christen werden hier als „lebendige Steine“ angeredet. Das klingt zunächst befremdlich, scheint ein Widerspruch in sich selbst zu sein. In unserem Verständnis und Sprachgebrauch gilt der Stein eher als Sinnbild für etwas, das verhärtet, erstarrt, also ohne Leben ist. Wenn Herzen versteinert sind, dann ist die Liebe erkaltet, dann sind Vitalität, Spontaneität und Kreativität erstorben. Es wäre geradezu widersinnig, von „lebendigen Steinen“ zu sprechen, wenn es dabei nicht lediglich um einen bildhaften Vergleich ginge. Der Akzent liegt auf dem Adjektiv „lebendig“, nicht auf dem Substantiv „Stein“. Es ist wie bei der Auslegung der Gleichnisse Jesu: Der Bildhälfte darf kein übermäßiges Gewicht beigemessen werden.

Genauso ist es, wenn die Kirche hier mit einem Haus, einem Bauwerk also, verglichen wird. Dabei ist nicht an die sichtbaren Gebäude zu denken, die wir als Kirchen bezeichnen. Ausdrücklich heißt es ja: „Erbaut euch zum geistlichen Haus.“ Die Kirche wird hier als die Gemeinschaft von Menschen vorgestellt, die, durch ihre Taufe und vom Geist Gottes zum Christsein berufen, in der Gemeinde zusammengeführt und dort im Glauben bestärkt werden. Die Kirche als „geistliches Haus“: Dabei ist weniger an die vollendete Schönheit eines romanischen Domes oder einer gotischen Kathedrale zu denken als vielmehr an die Baustellen in unseren Großstädten. Da geht es turbulent zu. Fast alles wirkt noch unfertig. Ohne Bild gesprochen: Es geht, wenn der 1. Petrusbrief von „lebendigen Steinen“ spricht, um den Prozeß, der in unseren Tagen als „Gemeindeaufbau“ bezeichnet wird.

Es verdient Beachtung, daß in diesem Zusammenhang zunächst von „dem“, von einem „lebendigen Stein“ die Rede ist. Gemeint ist Christus. Zwar ist er zum „Stein des Anstoßes“ (1. Petr 2,8) geworden, es hat aber Bauleute im Reich Gottes gegeben, die ihn für untauglich hielten, ihn achtlos beiseiteschoben, ja ihm den Garaus machen wollten. Gott aber hat ihn zu Ostern aufs neue zu einem „lebendigen Stein“ gemacht, zum unentbehrlichen, durch nichts sonst zu ersetzenden Eckstein bei der Erbauung des geistlichen Hauses. Das Bild bleibt merkwürdig in der Schwebe. Mit dem Eckstein kann der Grundstein gemeint sein, das Fundament, von dem das ganze Gebäude getragen wird, aber auch der Schlußstein oben im Gewölbe, der den Bau vollendet. Für alle, die sich hineinnehmen lassen in den Aufbau der christlichen Gemeinde, heißt das: Sie kommen von Christus her und sind auf ihn hin unterwegs. Christen sein können sie nur in engster Lebensgemeinschaft mit ihm, im Hören auf sein Wort und in der

Nachfolge. „Das unterscheidend Christliche ist Christus selbst“, schreibt Hans Küng in seinen „20 Thesen zum Christsein“ (München 1975, S. 18). Einladend, fast beschwörend heißt es in 1. Petr 2,4: „Zu ihm kommt ...“

Doch nicht Christus allein, sondern alle, „die mit Ernst Christen sein wollen“, wie Martin Luther es im Vorwort zur Deutschen Messe ausgedrückt hat, werden als „lebendige Steine“ angesprochen. Ihnen allen wird zugerufen, wie es in einer zeitgenössischen Bibelübersetzung heißt: „Laßt euch einbauen in das Haus, das entstehen soll, das geistliche Haus“ (Jörg Zink). Die Gemeinde Jesu Christi soll aber nicht, wie fälschlich aus dem Wort „einbauen“ abgeleitet werden könnte, aus genormten Bauklötzen oder aus behauenen Quadern, also nicht aus gefügigen Leuten bestehen. Hier wird weder auf Vordermann getrimmt noch alles über einen Leisten geschlagen. Originale sind gefragt. Nicht buntscheckig genug kann es in der Gemeinde zugehen. Jeder trägt mit den ihm eigenen Gaben und Möglichkeiten zum Ganzen bei.

Aus der im Bild von den „lebendigen Steinen“ – in der Mehrzahl! – angesprochenen Vielfalt ergibt sich eine weitere wichtige Konsequenz. „Ich konstatiere kein Christentum ohne Gemeinschaft“, hat Nikolaus Graf von Zinzendorf bemerkt. In einem Bauwerk stützt ein Stein den anderen und wird selbst von den anderen gehalten. Jeder einzelne Christ ist darauf angewiesen, daß er von anderen unterstützt, ergänzt und zurechtgerückt wird. Privatchristentum ist im Neuen Testament nicht vorgesehen.

Wenn alles anders wird

Zu keiner Zeit hat Christsein sich von selbst verstanden. „Christsein gestalten“ (Titel einer Studie der EKD zum Weg der Kirche, Gütersloh 1986) – dies ist in jeder Zeit neu die Aufgabe. Das Evangelium ist keine zeitlose Wahrheit.

„Wo das Christentum etwas zu allen Zeiten gleich Gültiges ist, dort wird es den Zeitgenossen bald gleichgültig. Daher fragen wir nicht gelassen, was zu allen Zeiten und an allen Orten gleich gilt, sondern ungeduldig, was heute besonders für uns gilt, hier zu unserer Zeit, hier an unserem Ort. Ohne solche ‚Ortszeit‘ gibt es keine Wahrheit, auch keine christliche Wahrheit“ (Heinz Zahrnt, Wozu ist das Christentum gut?, München 1972, S. 19).

Von daher ist nach den Rahmenbedingungen für das Christsein „in dieser Zeit“ zu fragen. Das ist eine mehrdeutige Formulierung. Es kann heißen: in diesem Zeitalter, das wir als Zeitgenossen erleben. Aber auch: in dieser Lebenszeit, die uns zugemessen ist.

Ob es heute leichter ist, Christ zu sein, als in der beschwerlichen Nachkriegszeit vor 40 Jahren? Es könnte so scheinen. Trotz der bedrohlichen „Zeichen der Zeit“, die nicht zu übersehen sind, haben sich in den letzten Jahrzehnten viele positive Entwicklungen vollzogen. Dank vieler technischer Errungenschaften leben die Menschen heute leichter und dank des medizinischen Fortschritts länger als früher. Doch wie wirkt sich das auf die Frage nach unserem Christsein aus? Wann ist der Glaube mehr bedroht: in Leidens- oder Wohlstandszeiten? In der Deutung des Gleichnisses vom Sämann werden wir darauf aufmerksam gemacht, daß das auf dem Acker der Welt ausgesäte Wort Gottes „unter den Sorgen", aber auch unter „dem Reichtum und den Freuden des Lebens" ersticken kann (Lk 8,14).

Erschwerend kommt hinzu, daß der Prozeß der Säkularisierung fortgeschritten ist. Auf der anderen Seite deutet viel darauf hin, daß das Zeitalter der sogenannten zweiten Aufklärung zu Ende geht. Schlagworte wie „Postmoderne" und „Wendezeit" signalisieren die geistigen Umbrüche, die sich vollziehen. Die vagen Hoffnungen auf das „New Age" gehen mit der Behauptung einher, die Ära des Christentums sei vorüber. Da ist nicht nur eine „Theologie im Aufbruch" (Hans Küng, München 1987) gefragt, da muß wohl auch das Christsein neue Gestalt gewinnen.

Die Biographie des einzelnen Menschen ist spürbar hineinverwoben in die Zeitgeschichte und doch unverwechselbar die eigene, höchst persönliche Lebensgeschichte. Nicht nur in der Wirtschaft, auch im Lebenslauf des Menschen gibt es Konjunkturen und Krisen. Wohl jeder, der nicht krankhaft depressiv ist, macht im Lauf seines Lebens immer wieder positive Erfahrungen. Aber jeder kennt auch die Kehrseite der Medaille: „All die Qual und Schuld, die bereitet ist in der Welt" (Manfred Hausmann, Martin, Gütersloh 1951, S. 78).

Wie behauptet sich der Glaube in den Wechselfällen des Lebens? Hält der Kinderglaube im Kreuzfeuer der Kritik stand? Bleibt in den sogenannten besten Jahren des Lebens bei aller Anforderung, Überforderung und Außensteuerung noch genug Zeit und Raum für Bibel und Gemeinde? Ist der relativ hohe Anteil älterer Menschen unter den Gottesdienstbesuchern ein Relikt aus einer Zeit, in der die religiöse Sozialisation noch besser funktionierte, oder ein Anzeichen von Torschlußpanik? Auch in der Biographie des einzelnen gibt es ohne „Ortszeit" keine Gestaltwerdung des Glaubens.

Christ bin ich ...

Wie kann einer Christ sein in dieser Zeit? Bewußt werden jetzt die Worte „Christ sein" nicht in einem Wort, sondern auseinander geschrieben. So wird aus einem Substantiv ein Verb. Die Verben gelten als die Seele der Sprache. Lebendigen Prozessen gegenüber sind sie angemessener als die wohl fälschlich so genannten „Hauptwörter", die Gegenständliches beschreiben.

Ich will hier über das Christsein nicht distanziert sprechen, als hätte ich einen Gegenstand zu beschreiben oder gar einen Zustand zu definieren. Ich kann in dieser Sache nur aus persönlicher Betroffenheit heraus reden. Dadurch werden meine Aussagen unweigerlich subjektiv, und sie bleiben notwendig bruchstückhaft. Jeder mag selbst beurteilen, ob er bei seinem Versuch, Christ zu sein, gleiche oder ähnliche oder ganz andere Erfahrungen gemacht hat.

Wie kann einer Christ sein in dieser Zeit? Sieben Versuche einer Antwort auf diese Frage biete ich an:

– Christ bin ich, weil ich es im Lauf meiner Lebensgeschichte geworden bin. Keiner ist, was seinen Glauben betrifft, von vornherein festgelegt, auch nicht durch ein christliches Elternhaus. Zwar kann einem – wie dem Propheten Jeremia – im nachhinein zugesprochen werden, man verdanke sein Leben im Glauben einer Vorherbestimmung (Jer 1,5). Aber keiner kann von sich aus das Gegenteil behaupten: „Ich bin nicht religiös veranlagt." Glaube und Unglauben sind mir nicht schon in die Wiege gelegt.

– Christ bin ich nur, wenn ich mich – und zwar immer wieder – dafür entscheide. Manche Christen können für diese Entscheidung ein Ausgangsdatum angeben. Es gibt nicht nur „Sternstunden der Menschheit" (Stefan Zweig), sondern auch Sternstunden des Glaubens. Für den, der sie erlebt, sind sie eine große Hilfe. Fragwürdig werden Berichte von plötzlichen Bekehrungen, wenn daraus abgeleitet wird, es gäbe ein feststehendes Schema dafür, wie einer Christ wird, und wenn dann schematisch die einen für „gläubig" erklärt werden, den anderen jedoch der Glaube abgesprochen wird. Festzuhalten ist aber: Im Glauben fallen Entscheidungen – früher oder später und immer wieder. Die Konfirmation, so fragwürdig und brüchig sie sein mag, will so etwas wie ein Merkposten sein: Christ wird einer nicht allein dadurch, daß er getauft ist, sondern erst dadurch, daß er dies bejaht und bekräftigt. Aus der bloß auf dem Papier stehenden Kirchenmitgliedschaft soll die bewußte und praktizierte Zugehörigkeit zur Gemeinde Christi werden.

– Christ bin ich nur, wenn ich im Glauben unterwegs bleibe. Wohl kann es im Lauf der Zeit Fortschritte im Glauben geben – die Bibel redet da lieber von Wachstum –, aber es gibt auch Rückschritte. Schon viele, die einmal eine bewußte Entscheidung im Glauben gefällt haben, sind später in den Unglauben zurückgefallen und haben die Gemeinde verlassen. Aber auch im Blick auf die, die das Langstreckenrennen des Glaubens durchgehalten haben, gilt: Es gibt keine fertigen, keine vollkommenen Christen. Im Glauben bin ich hier auf Erden unterwegs und noch nicht am Ziel. Ohne lebenslängliches Lernen kann ich nicht Christ sein. Auch dort, wo im Neuen Testament von Nachfolge die Rede ist, wird ja kein Zustand beschrieben, sondern ein Prozeß: ein Voranschreiten auf dem Weg, dessen Spur Jesus selbst vorgezeichnet hat.

– Christ bin ich zuerst deshalb, weil ich den entscheidenden Impuls dazu empfangen habe. Das gilt ja im menschlichen Leben überhaupt: Das Empfangen geht dem Handeln voraus. Die deutlichsten Zeichen dafür sind die Geburt, die mir widerfährt, und der Tod, den ich erleide. Aber fast noch mehr gilt das für die Zeitspanne zwischen Wiege und Bahre. Nicht Aktivität, sondern Passivität ist die Grundform des Daseins. Was ich im Leben geworden bin, verdanke ich in hohem Maß der Erfahrung, daß ich von anderen geliebt wurde. Die Zeiten, in denen ich wirklich gelebt habe, waren nicht die Tage und Stunden, in denen ich etwas leisten konnte und erfolgreich war, sondern in denen etwas über mich kam und mir in den Schoß gelegt wurde. Ganz umfassend hat Paulus von daher gefragt: „Was hast du, das du nicht empfangen hast" (1. Kor 4,7)?

Was auf das Menschsein zutrifft, gilt auch und erst recht für das Christsein. Wenn ich Christ bin, so habe ich das nicht auf Grund eigener Bemühungen erreicht, sondern unverdient empfangen.

„Ich glaube, daß ich nicht aus eigener Vernunft noch Kraft an Jesus Christus, meinen Herrn, glauben oder zu ihm kommen kann; sondern der Heilige Geist hat mich durch das Evangelium berufen, mit seinen Gaben erleuchtet, im rechten Glauben geheiligt und erhalten."

So haben wie es im Kleinen Katechismus gelernt. Die befrachtete theologische Vokabel „Rechtfertigung" ist im Grunde der schlichte Ausdruck der elementaren Erfahrung: So, wie ich gelebt habe und wie ich bin, kann ich vor mir selbst und vor Gott nicht bestehen. Aber er bringt zurecht, was ich in meinem Leben verdorben habe. Er nimmt mich an, so wie ich bin, und obwohl ich so bin. Darin, daß ich unverdient Gottes Vergebung und Zuwendung empfange, ist meine Freiheit als Christenmensch begründet. Freilich muß ich mich fragen, ob ich immer aus dieser Freiheit heraus gelebt habe. Es gibt mir zu denken, daß mein Christsein auf andere oft angestrengt, verkrampft und gesetzlich gewirkt hat.

– Christ bin ich dann, wenn ich das, was ich Gott verdanke, nicht für mich behalte, sondern weitergebe. Das ist eine verräterische Redeweise: etwas für sich behalten. Was ich Gott verdanke, was ich von Christus empfangen habe, kann ich nicht auf meinem Konto verbuchen, ohne es wieder auszugeben. Ich bin dazu eingeladen, es anderen – in Worten – mitzuteilen und mit anderen – in der Tat – zu teilen. Alles, was über Diakonie und Mission, über christliche Ethik und über handfeste Gestaltung des Christseins in dieser Zeit zu sagen ist, hat hier seine Wurzeln.

Aus dem zunächst passiven Vorgang des Empfangens folgt notwendig das aktive Vorgehen in der Weitergabe des mir Anvertrauten. Darum kann es in seelsorgerlichem Zuspruch und in tätiger Nächstenliebe gehen.

In jedem Fall handelt es sich dabei um die Konsequenzen, die sich aus dem sonntäglichen Gottesdienst als einer Gemeindeveranstaltung für den umfassenden alltäglichen Lebensgottesdienst in den verschiedenen Handlungsfeldern des Glaubens ergeben.

„Einiges muß noch geschehen, ehe die Sonne sinkt: Die Hungrigen sind noch hungrig, die Dürstenden durstig, die Weinenden ungetröstet. Einiges muß noch geschehen, ehe die Sonne sinkt und die Tore schließen. Schon werden die Schatten lang“ (Albert Arnold Scholl, aus: Deutsche Lyrik, Gedichte seit 1945, Copyright by Verlag Eremiten-Presse, Düsseldorf).

– Christ bin ich nur, wenn ich über den eigenen Kirchturm hinausschaue. Das Kreuz auf der Weltkugel war das Zeichen, unter dem sich die Evangelische Jugend nach dem Zweiten Weltkrieg versammelte. Dieses Zeichen erinnerte daran, daß nicht nur die Kirche, sondern alle Welt unter der Herrschaft Christi steht. Das Erbe des Kirchenkampfes wirkte darin nach. In der II. These der Barmer Theologischen Erklärung hatten sich evangelische Christen dazu bekannt:

„Wie Jesus Christus Gottes Zuspruch der Vergebung aller unserer Sünden ist, so und mit gleichem Ernst ist er auch Gottes kräftiger Anspruch auf unser ganzes Leben; durch ihn widerfährt uns frohe Befreiung aus den gottlosen Bindungen dieser Welt zu freiem, dankbarem Dienst an seinen Geschöpfen.“

Will ich Christ sein, kann ich mich demnach nicht auf den engen Kirchturmhorizont beschränken. Ich trage Verantwortung für das, was in der Welt um mich her geschieht. In einem viel zu wenig bekannten Wort Dietrich Bonhoeffers aus dem Jahr 1932 heißt es:

„Hinterweltlerisch sind wir, seit wir den bösen Kniff herausbekamen, religiös, ja sogar christlich zu sein auf Kosten der Erde. Im Hinterweltlertum läßt es sich prächtig leben. Man springt immer dort, wo das Leben peinlich und zudringlich wird, mit kühnem Absprung in die Luft und schwingt sich unbekümmert ins sogenannte ewige Gefilde. Wer wäre nicht menschlich genug, daß er nicht dort, wo es zu explodieren beginnt, schnell den Wagen besteige, der in ein besseres Jenseits zu führen verspricht? Aber Christus will nicht diese Schwäche, sondern macht den Menschen stark. Er führt ihn nicht in Hinterwelten der religiösen Weltflucht, sondern gibt ihn der Erde zurück als ihren treuen Sohn. An das Reich Gottes glauben kann nur, wer die Erde und Gott in einem liebt“ (zitiert bei Jürgen Moltmann, Das Reich Gottes und die Treue zur Erde, Wuppertal-Barmen, 1963).

Aber wie habe ich als Christ in dieser Zeit gelebt? Habe ich wirklich über den eigenen Kirchturm hinausgeschaut? Manchmal habe ich Flagge gezeigt und eine Lippe riskiert. Oft bin ich freilich auch unsicher geworden, habe zuviel Rücksicht genommen auf die Meinungen und Gefühle anderer und geschwiegen, wo ich hätte reden müssen. Zum Christ sein in dieser Zeit gehört wohl nicht nur im Blick auf den Kirchenkampf, sondern rückblickend auch auf die Zeit nach dem Zweiten Weltkrieg das Bekenntnis, daß „wir nicht mutiger bekannt, nicht treuer gebetet, nicht fröhlicher geglaubt und nicht brennender geliebt haben“ (Stuttgarter Schulderklärung 1945).

– Christ bin ich, wenn ich es in bösen wie in guten Tagen bin. Paulus hat im Philipperbrief geschrieben: „Ich kann beides, Überfluß haben und Mangel leiden.“ Aber er hat sofort hinzugefügt: „Ich vermag alles durch den, der mich mächtig macht“: Christus (Phil 4,12f). Die Frage, ob es schwieriger ist, in den Tagen des Mangels Christ zu sein, als in Zeiten des Überflusses, ist nicht so rasch und so eindeutig zu beantworten, wie es im ersten Moment erscheinen mag. Nichts gegen die guten Tage! Aber ob es mir nicht in dieser Zeit manchmal zu gut gegangen ist? Bin ich für das Wohlergehen dankbar gewesen oder darüber selbstgenügsam geworden?

Was die Kehrseite der Medaille betrifft: Es ist sicher schwer, den Glauben durchzuhalten, wenn einem das Leben böse mitgespielt hat.

Doch das Kreuz Jesu, aufgerichtet auf der Weltkugel, sagt mir: Gott ist mir auch und gerade dort nahe, wo ich der Schuld verfallen, den Schmerzen preisgegeben, dem Tod ausgeliefert, also mit meinen Möglichkeiten zu Ende bin. Wenn ich in der Nachfolge des gekreuzigten und auferstandenen Jesus Christus Christ bleibe, wird mir nicht nur für mein Leben und Handeln, sondern auch für mein Leiden und Sterben ein letzter Sinn gegeben.

V. Das Zeitliche segnen

Auf die Goldwaage gelegt – eine „Zwischenbemerkung“

Zweimal habe ich die Beiträge, die im „Missionarischen Wort“ zum Thema „Heilung und Heil“ erscheinen sollen, bereits gelesen: Das erste Mal daheim, das zweite Mal in der Redaktionssitzung. So verfahren wir, die Mitglieder der Redaktion, alle zwei Monate, ehe die eingegangenen Manuskripte in die Druckerei weitergeleitet werden. Doch nun habe ich die Artikel ein drittes Mal gelesen. Jetzt beschäftigt mich nicht mehr, was unter redaktionellen Gesichtspunkten zu beachten ist. Ich überdenke und bilanziere, was inhaltlich zum Thema „Heilung und Heil“ geschrieben worden ist. Ich tue dies als Betroffener, als einer, der zur Gruppe der sogenannten Langzeitkranken gehört. Ich lese die Beiträge mit wachem Interesse, aber auch kritischer. Ich lege die Sätze gewissermaßen auf die Goldwaage. Dabei spüre ich: In diesem Heft kommen Verlegenheiten heraus, werden Unklarheiten deutlich, treten Widersprüche zutage. Vor allem fällt mir auf, wie schillernd der Begriff „Heilung“ ist. Er wird nicht präzise umrissen. Er wird in vielfältiger Bedeutung verwendet.

Auf der einen Seite wird hervorgehoben, Heilung sei etwas anderes, sei sehr viel mehr als die Befreiung von einer Krankheit. In einem der Artikel ist von der inneren Heilung durch die Versöhnung mit Gott und von der Heilung zwischenmenschlicher Beziehungen die Rede; in einem anderen von den „heilenden Elementen in den Gesprächen Jesu“; in einem dritten wird „Heil-werden“ als „das Heil erlangen“ interpretiert. Kurzum: Der Begriff „Heilung“ wird hier in der übertragenen Bedeutung des Wortes verwendet. Zuerst unmerklich und dann ausdrücklich wird er dekkungsgleich mit dem, was die Bibel unter dem „Heil“ des Menschen versteht: Er soll „durch und durch“, im „Geist samt Seele und Leib unversehrt bewahrt“ werden (1. Thess 5,23).

Auf der anderen Seite ist von „Spontanheilungen“ die Rede. Mehrfach wird daran erinnert, Jesus habe seinen Jüngern nicht nur aufgetragen, das Evangelium zu predigen, sondern auch: „Heilt die Kranken“ (Lk 10,9)! Die Frage an den Blinden Bartimäus lautet: „Willst du gesund werden? Willst du sehen?“ Es wird berichtet: Während eines Gebets am Krankenbett löst sich ein dicker Eiterpfropf; bei der kurz darauf stattfindenden Visite wird endlich die Ursache für den postoperativen Infekt gefunden. Und in einem der Artikel lese ich: „Unbefangen bittet der Glaube um Heilung. Welcher kranke Christ würde das nicht tun?“ Hier geht es doch wohl um Heilung im Sinne von Genesung, ganz im Sinne der Begriffe, die das Synonymwörterbuch als Alternativen zum Verb „heilen“ anbietet: „die Gesundheit wiedergeben, ausheilen, kurieren, gesundmachen, wiederherstellen“ (Bibliographisches Institut Leipzig 1980[6]).

Gedanklich kann ich mit der Spannung, die sich aus der unterschiedlichen Verwendung des Begriffs „Heilung“ ergibt, einigermaßen zurechtzukommen. Natürlich weiß ich, daß es bei den Krankenheilungen Jesu um mehr ging, als nur um die Aufhebung von Fieber, Schmerzen und Behinderungen. Uneingeschränkt stimme ich zu, wenn ich lese: Was Jesus getan hat, ist auf „umfassende Heilung, auf das Heil ausgerichtet“. Gern lasse ich mich an den schönen Choralvers erinnern, in dem es heißt: „Dein Wort macht Leib und Seel gesund.“ „Und Seel“: Das darf gewiß nicht fehlen.

Aber wie ist das nun mit dem Gesundmachen des Leibes? Wohl oder übel muß ich an den Parasiten denken, der sich in meiner Leber eingenistet hat (für Mediziner: Es handelt sich um einen Echinokokkus alveolaris, den Fuchsbandwurm). Was in 2. Kor 12,7 mit dem „Pfahl im Fleisch“ gemeint ist, darüber mögen sich die Ausleger herumstreiten: Ich erlebe, wie das ist, wenn man einen mit sich herumschleppen muß. Zweimal bin ich wegen dieser Krankheit schon operiert worden. Die Beschwerden wurden dadurch gelindert, die Krankheit selbst konnte aber nicht geheilt werden. Seit zehn Jahren bin ich auf die regelmäßige Einnahme von Medikamenten angewiesen, auch solche, die noch klinisch erprobt werden. Keiner kann mir sagen, ob das Kraut schon gefunden ist, das gegen diese Erkrankung gewachsen ist.

Manchmal in der letzten Zeit habe ich in der Kirche die Choralstrophe mitgesungen, in der es heißt: „Gesunden Leib gib mir“ (EKG 383,1). Da geht es zwar auch darum, „daß in solchem Leib ein unverletzte Seel und rein Gewissen bleibt“. Und doch: Ich bitte nicht nur um Heil, sondern auch um Heilung, um Gesundung. Das darf ich sogar.

An drei Begegnungen mit Christenmenschen muß ich denken, die sich der Charismatischen Bewegung angeschlossen haben. Von ihnen habe ich Kassetten bekommen, auf denen bewegende Berichte von wunderbaren Heilungen festgehalten sind. Ein junger Pfarrer hat mir nahegelegt, ich solle doch unbedingt einmal einen Kongreß mit John Wimber besuchen (vgl. „Das missionarische Wort“, 1/1989, S. 35ff). Einer meinte, ich könnte auf die Einnahme von Medikamenten getrost verzichten, wenn ich nur ganz und ungeteilt auf die heilende Kraft Gottes vertrauen würde. Wieder ein anderer sagte mir, wenn ich in meiner Predigt eine am eigenen Leib erfahrene Heilung bezeugen könnte, würde meine Verkündigung stärkere Ausstrahlungskraft gewinnen.

Solche Stimmen fechten mich an. Ich habe lange gebraucht, bis ich meinen Pfahl im Fleisch nicht mehr als Zeichen der Abwesenheit Gottes, sondern als Hinweis darauf begreifen konnte, daß die Gnade und die Kraft Christi in dem Schwachen mächtig sind. Erst allmählich habe ich gelernt, die mir in meiner Krankheit gesetzten Grenzen wahrzunehmen, ernstzunehmen und anzunehmen. Habe ich zu wenig Widerstand geleistet und mich zu sehr in Ergebung geübt? War mein Vertrauen auf Gottes verwandelnde Kraft zu klein und zu zaghaft?

Ich bin nicht zu einem der Kongresse mit John Wimber gefahren. Mag sein, daß ich befürchtet habe, eine Enttäuschung zu erleben und hinterher mit dem schwierigen Prozeß der Einwilligung ganz von vorn beginnen zu müssen. Aber ich weiß, daß dabei zwei andere Überlegungen eine mindestens ebenso große Rolle gespielt haben: Meine Verkündigung findet, seit ich erkrankt bin, eher mehr Resonanz als zuvor, selbst wenn ich nur dann, wenn es der Predigttext nahelegt, über meine Krankheitserfahrungen spreche. Offenbar wird die Botschaft von Kreuz und Auferstehung nicht nur dem abgenommen, der mit Siegesmeldungen aufwarten kann, sondern auch und erst recht dem, der ein Mitleidender ist.

Zudem: Es könnte mir viel schlechter gehen. Trotz einer besorgniserregenden Statistik und ernüchternder medizinischer Prognosen sitze ich an meinem Schreibtisch und kann diese Zwischenbemerkung schreiben. Ob es auf das neue Medikament zurückzuführen ist, das aus England kommt? Oder auf die treue Fürbitte vieler Christen? Oder auf beides zugleich? Jedenfalls konnte ich in meinem Weihnachtsbrief schreiben: „Das grenzt nicht nur an ein Wunder. Das ist wohl eines. Sicher kein so großes wie die Umwälzungen im Ostblock. Doch für mich auch kein kleines. Ein ‚mittleres Wunder‘ also, wie ein Freund zu sagen pflegt.“ Kann ich eigentlich mehr erwarten? Soll ich von Gott noch Größeres erbitten?

Aus: „Das missionarische Wort“, jetzt „BRENNPUNKT GEMEINDE“ 2/1990

Meine Zeit – in Gottes Händen

In einem Buch des württembergischen Theologen Jörg Zink habe ich einen aufschlußreichen Text gefunden: Ein Südseehäuptling beschreibt, wie er die Weißen einschätzt, die ihm im Lauf seines Lebens begegnet sind: *„In Europa gibt es nur wenige Menschen, die wirklich Zeit haben. Vielleicht gar keine. Die meisten rennen durchs Leben wie ein geworfener Stein. Sie tun gerade so, als ob ein Mensch, der schnell geht, mehr wert sei als einer, der langsam geht. Ich glaube, die Zeit entschlüpft dem wei-*

ßen Mann wie eine Schlange in nasser Hand, gerade weil er sie zu sehr festhält. Er läßt sie nicht zu sich kommen. Er jagt immer mit ausgestreckten Händen hinter ihr her. Er gönnt ihr die Ruhe nicht, sich in der Sonne zu lagern. Die Zeit ist still und friedfertig und liebt die Ruhe. Aber der Europäer hat die Zeit nicht erkannt. Er versteht sie nicht. Und darum mißhandelt er sie.“

Da hat uns einer genau beobachtet und hat festgestellt: Es gibt Leute, die offensichtlich im Umgang mit der Zeit Schwierigkeiten haben. Ich halte das schonungslose Urteil des Südseehäuptlings nicht für überzogen. Es ist zutreffend. Es betrifft mich. Es macht mich betroffen. Da ist ja nicht nur von anderen Menschen die Rede, von den ungezählten Zeitgenossen, die an der Managerkrankheit leiden. Nein: In dem Spiegel, der uns Europäern da vorgehalten wird, erkenne ich mich selbst wieder, mich und meinen Umgang mit der Zeit.

Die geheimnisvolle Zeit

Ich schaue auf die Uhr. Im Lauf eines langen Tages tue ich das nicht. Wie oft? Zehnmal? Hundertmal? Oder noch öfter? Und warum eigentlich?

Die Uhr sagt mir die Zeit an. Sie verrät mir, wie spät es ist. Manchmal beruhigt sie mich. Ich merke, daß ich noch Zeit habe. Ich werde also noch rechtzeitig ans Ziel kommen. Manchmal versetzt mich die Uhr aber auch in Unruhe. Oder sie jagt mir gar einen Schrecken ein. Ich merke, daß ich nur noch wenig Zeit habe. Das kann heißen: Ich muß mich beeilen. Dann beflügelt mich die Uhr. Das kann aber auch bedeuten: Es ist schon spät, vielleicht zu spät. Der Zug ist bereits abgefahren. Ein Mensch, dem ich noch etwas Wichtiges sagen wollte, ist für mich unerreichbar geworden. Dann kann mich die Uhr auch lähmen.

Doch so oder so: Als Chronometer, als Zeitmesser, ist die Uhr unentbehrlich. Sie ist freilich auch trügerisch.

Sie kann mich in die Irre führen. Ihre Zeiger beschreiben einen Kreis. Der große Zeiger ist nach 60 Minuten, der kleine nach 24 Stunden wieder dort, wo er schon einmal war. Und dann geht alles wieder von vorne los. Die Uhr gaukelt mir vor, es gäbe so etwas wie ewige Wiederkehr. In Wirklichkeit aber läuft meine Uhr ab. Die Zeit vergeht unaufhörlich und unwiederbringlich.

Die Uhr führt mich aber nicht nur in die Irre. Sie belügt mich sogar.

Minute ist auf ihr gleich Minute und Stunde gleich Stunde. Doch in Wirklichkeit erlebe ich Zeit ganz anders. Wenn ich warten muß – auf einen Zug, auf den Aufruf im Wartezimmer, auf eine lang ersehnte Nachricht –, dann werden Minuten zu Stunden. Und umgekehrt: Sekunden der

Gefahr – bei einem Verkehrsunfall oder vor einer Operation – können mit dem Gewicht von Jahren auf mir lasten.

Zeit ist also nicht gleich Zeit. Der Berufstätige wirft immer wieder einmal einen verstohlenen Blick auf die Uhr und denkt: Wenn doch die Arbeitszeit schneller verginge und bald Feierabend wäre! Der Urlauber dagegen schaut wehmütig auf das Kalenderblatt und würde am liebsten die Uhr anhalten.

Doch noch in einer anderen Hinsicht ist Zeit nicht gleich Zeit. Die alten Griechen haben das gewußt und darum für die Zeit zwei verschiedene Begriffe verwendet. Sie sprachen von *Chronos*, der meßbaren, gleichmäßig ablaufenden Zeit: ablesbar vom Chronometer. Und sie sprachen vom *Kairos*, der Zeit als Angebot, als Gelegenheit, als Chance, die wahrgenommen, aber auch vertan werden kann.

Deshalb ist der Abreißkalender ehrlicher und sachgemäßer als die Uhr. Jedes abgerissene Blatt erinnert mich daran, daß wieder ein Tag meines Lebens vorüber ist. Ich werde ihn nicht noch einmal erleben. Die Frage, was das eigentlich ist, Zeit, die kann freilich auch der Kalender nicht hinreichend beantworten. Die Zeit ist und bleibt etwas Geheimnisvolles, etwas Rätselhaftes.

Kein Wunder, daß sich auch unsere Dichter und Denker darüber den Kopf zerbrochen haben. Drei Beispiele greife ich heraus, stellvertretend für ungezählte andere.

– Hugo von Hofmannsthal, der Dichter des berühmten „Jedermann"-Spiels, schrieb in einem seiner Werke: „Die Zeit ist ein sonderbares Ding. Wenn man so dahinlebt, ist sie rein gar nichts. Aber dann auf einmal, da spürt man nichts als sie."

– Immanuel Kant, der Philosoph, der Zeit seines Lebens nie aus Königsberg herausgekommen sein soll, hat erkannt, daß der Raum und die Zeit die beiden Grundbedingungen menschlichen Lebens und Denkens sind, denen wir nie entrinnen können. Es ist unmöglich für uns, uns einen Raum ohne eine endlose Kette von Nebenräumen vorzustellen. Daß die Zeit einen Anfang und ein Ende hat, können wir zwar annehmen. Doch gedanklich verlängern wir sie unweigerlich über alle denkbaren Grenzpunkte hinaus ins Unendliche, eine Größe, mit der auch die Mathematiker rechnen.

– Michael Ende schrieb in den 70er Jahren den Märchen-Roman „Momo oder Die seltsame Geschichte von den Zeitdieben und von dem Kind, das den Menschen die gestohlene Zeit zurückbrachte". Im Klappentext heißt es kurz und bündig: „Das Rätsel ‚Zeit' ist es, worum es in diesem Buch geht." Wer es liest, erfährt sehr viel Nachdenkenswertes über unseren fragwürdigen Umgang mit der Zeit.

Die mir zugewiesene Zeit

Schon oft in meinem Leben habe ich ein Formular ausfüllen müssen: auf dem Paß- oder Einwohnermeldeamt, in einer Klinik oder einem Hotel. Jedesmal hatte ich dabei unter anderem auch mein Geburtsdatum anzugeben.

Mit diesem Datum wird ein wichtiger Hinweis gegeben: Zeit erfahre ich nicht allgemein als die Zeit, als Zeit schlechthin. Ich erlebe sie vielmehr als die mir zugewiesene und zugemessene, als *meine* Zeit.

„Meine Zeit" – das kann heißen: das 20. Jahrhundert. In diese Zeit bin ich hineingeboren worden. Ich konnte sie mir nicht aussuchen. Sie ist mir von Gott zugewiesen worden. So ähnlich wie es im Kino oder im Theater eine Platzanweisung gibt, gibt es im menschlichen leben eine Zeitanweisung. Zu Hause in meinem Bücherschrank steht ein Bildband mit dem Titel „Unser Jahrhundert im Bild". Das ist meine Zeit: eine interessante und aufregende, eine atemberaubende und krisengeschüttelte. In diesem Sinn reden wir von einem Zeitalter, von Zeitgenossen und Zeitzeugen. Wir sprechen davon, daß Menschen mit der Zeit gehen. Wir stehen vor der Aufgabe, die Zeichen der Zeit zu erkennen und nicht unkritisch dem jeweiligen Zeitgeist zu verfallen. Wir leben im sogenannten Atomzeitalter. Ob wir das bedauern? Ob wir uns zurücksehnen in die sogenannte „gute alte Zeit"? Oder ob wir gern und bewußt in der Zeit leben, die uns zugewiesen ist? „Schicket euch in die Zeit", hat Paulus im Römerbrief geschrieben.

„Meine Zeit" – das kann auch heißen: die mir zugemessene Zeitspanne zwischen Wiege und Bahre. Die Lebenszeit also, die mir vergönnt ist, beginnend mit meinem Geburtstag, den ich genau angeben kann, und endend mit dem mir noch ungekannten Tag X, meinem Todestag, den der Steinmetz einmal auf meinem Grabstein einmeißeln wird. „Meine Zeit", das ist also auch mein Lebenslauf, meine Lebensgeschichte, eingezeichnet in den großen Rahmen der Zeitgeschichte des 20. Jahrhunderts.

Die mir zugewiesene und zugemessene Zeit ist eine große, eine einmalige Chance. Sie legt mir aber auch eine große Verantwortung auf. Was mache ich mit meiner Zeit? Wie gehe ich mit ihr um?

Die mir anvertraute Zeit

Ich habe einen Terminkalender. Nicht nur von Zeit zu Zeit nehme ich ihn zur Hand, sondern – wenn ich nicht gerade im Urlaub oder im Krankenhaus bin – Tag für Tag. Für meinen Umgang mir der Zeit ist er ein unentbehrliches Hilfsmittel. Das spüre ich nie so deutlich wie dann, wenn ich ihn einmal verlegt oder gar verloren habe. Der Terminkalender gibt Auskunft darüber, was ich mit der mir anvertrauten Zeit angefangen habe und in Zukunft zu tun gedenke.

Im Blick auf die Vergangenheit haben Terminkalender zwar bei weitem nicht die Aussagekraft eines Tagebuchs. Sie enthalten ja nur nüchterne Zahlen und telegrammstilartig kurze Stichworte. Dennoch: Seit meinem vierten Lebensjahrzehnt hebe ich sie auf. Dadurch habe ich so etwas wie eine kurzgefaßte Lebenschronik beieinander: Hier ist belegt, was ich erlebt und getan, aber auch, was ich versäumt und unterlassen habe.

Noch wichtiger ist der Terminkalender freilich im Blick auf die Zukunft. Ohne ihn kann ich nicht gut planen. Wenn ich im Frühjahr gefragt werde, ob ich an einem bestimmten Tag im Sommer oder im Herbst einen Vortrag halten kann, muß ich nachschauen, ob ich an dem betreffenden Tag nicht schon etwas anderes vorhabe. Einige Monate später erinnert mich die Eintragung im Terminkalender daran, daß ich mich rechtzeitig auf den zugesagten Vortrag vorbereiten muß.

Wer seinen Terminkalender einmal sorgfältig unter die Lupe nimmt, wird beim näheren Zusehen auf drei wesentliche Bereiche stoßen: auf die festgelegte Zeit, auf die Freizeit und – hoffentlich auch! – auf Lücken.

– Zur festgelegten Zeit gehört in erster Linie die Arbeitszeit. Das gilt für Berufstätige und Hausfrauen in gleicher Weise. Schon dadurch werden wir – wie wir zu sagen pflegen – ganz schön „in Trab gehalten“. Hinzu kommen dann auch noch die Termine, die wir aus freien Stücken im Vorhinein planen: Veranstaltungen, Ausflüge, Einladungen. Da heißt es aufgepaßt. Der Appetit kann größer sein als der Magen. Wir können uns schon in der Planung übernehmen. Stoßzeiten gibt es nicht nur im Verkehr, sondern auch dort, wo zuviel in den Terminkalender hineingepackt wird. Was dabei herauskommt, kennen die meisten unter uns besser, als ihnen lieb sein kann: Hetze, Hektik und Streß.

Ganz kann dem allem wohl niemand von uns entrinnen. Das gehört nämlich zur Kehrseite der Medaille, auf der das stolze Wort „wissenschaftlich-technischer Fortschritt“ steht. Aber wir tragen selbst ein gerütteltes Maß dazu bei, daß unsere Zeit so überlastet ist. Wenn wir unersättlich sind, uns auch in dieser Hinsicht überfüttern, dann geraten wir unter die Diktatur unserer kleinen Terminkalender. Sie, die Kalender, „schieben und pressen uns, bis wir keine Zeit mehr haben, zu fühlen, zu lieben, uns an der Welt zu freuen, Blumen zu betrachten und zu spielen“ (Harvey Cox). Überlastete Zeit ist im Endeffekt nicht gut ausgenutzte, sondern arg strapazierte, ja mißhandelte Zeit. „Gott hat die Zeit geschaffen“, sagt ein finnisches Sprichwort, „aber von Eile hat er nichts gesagt.“

– Neben der im voraus festgelegten Zeit fällt in unserem Terminkalender auch die freie Zeit sofort ins Auge: Die Tage für den Urlaub oder für eine Kur werden lange zuvor geplant. Sie werden von Verpflichtungen freigehalten: Da gibt es kaum Eintragungen, sondern weiße Flecken im Kalender. Andere Spielarten der Freizeit sind weniger auffällig. Dazu zählen die Ermüdung am Feierabend, die Entspannung am Wochenende und die Erholung in den Ferien. Das sind Chancen – nicht unbedingt Realitäten.

Es gibt zwar einen erstaunlichen und erfreulichen Zuwachs an freier Zeit. In den letzten hundert Jahren ist die Zahl der wöchentlichen Arbeitsstunden für Berufstätige um mehr als die Hälfte gesunken und die Zahl der Urlaubstage um mehr als das Doppelte gestiegen.

Aber freie Zeit ist nicht ohne weiteres bessere und erfüllte Zeit. Gähnende Langeweile kann sich einstellen: bei Jugendlichen, die dafür den Begriff „Null Bock" geprägt haben, aber auch bei Erwachsenen. Unser Sprachgebrauch ist aufschlußreich, ja geradezu verräterisch. Sie entlarvt, wie Menschen mit der Zeit umgehen können. Sie wird vertrödelt, vertrieben, „dem lieben Gott gestohlen" oder gar „totgeschlagen".

Eine weitere Gefahr sehe ich darin, daß das freie Wochenende oder der Urlaub ähnlich anstrengend werden können wie der Berufsalltag. Nicht von ungefähr wird von der „Freizeitindustrie" gesprochen. „Menschen, die sich die Muße und den Müßiggang abgewöhnt haben, weil sie Vollbeschäftigung für den idealen Lebenszweck halten, müssen auch mit der Freizeit immer ‚etwas anfangen'. Nachdem sie die Arbeit bewältigt haben, müssen sie auch die Freizeit noch schaffen" (Jürgen Moltmann). Daß Hektik und Streß sich auch in der Freizeit breitmachen können, bringt der blaue Montag an den Tag.

– Unser Terminkalender enthält – hoffentlich! – über die Urlaubstage hinaus da und dort Lücken: nicht im voraus verplante Zeiten, den einen oder anderen freien Abend, einen ganzen Tag oder wenigstens ein paar Stunden für Unvorhergesehenes. Solche Lücken brauchen wir für andere, die Rat suchen und Hilfe benötigen. Schlimm, wenn es dann heißt: „Ich habe keine Zeit." Lücken brauchen wir auch für uns selbst: zum Verschnaufen, zum Auftanken.

Diese Lücken müssen manchmal hart verteidigt werden. Es gibt nämlich zwischen der Arbeits- und der Freizeit auch noch die sogenannte Besorgungszeit. Einkäufe, Behördengänge, die Kontoführung oder die Organisierung von Reparaturen sind zeitaufwendige und darum auch zeitraubende Vorgänge. Das ist wohl der wichtigste Grund dafür, daß auch Rentner und Pensionäre so oft über Zeitmangel klagen.

Ich bin erst in meinem sechsten Lebensjahrzehnt zu der späten Einsicht gekommen, Lücken in meinen Terminkalender regelrecht einzuplanen, Zeit für meine Familie und für mich selbst zu reservieren, die dann für andere Anforderungen tabu waren.

Alles, was uns im Leben anvertraut ist, können wir verderben oder verschleudern, wir können es aber auch treuhänderisch pflegen und verantwortlich handhaben. Jörg Zink drückt dies in einem Gebet so aus:

Herr meiner Stunden und Jahre,
ich bitte dich nicht, mir mehr Zeit zu geben.
Ich bitte dich aber um viel Gelassenheit, sie zu füllen.
Ich bitte dich, daß ich ein wenig dieser Zeit freihalten kann
von Befehl und Pflicht, ein wenig für Stille, ein wenig für das Spiel,
ein wenig für die Menschen am Rande meines Lebens,
die einen Tröster brauchen.
Ich bitte dich um die Sorgfalt, daß ich meine Zeit nicht töte,
nicht vertreibe, nicht verderbe.
Jede Stunde ist ein Streifen Land.
Ich möchte ihn aufreißen mit dem Pflug, Liebe hineinwerfen,
Gedanken und Gespräche, damit Frucht wächst.

Die wechselhafte Zeit

Mehr als dreißig Terminkalender habe ich in meiner kurzgefaßten Lebenschronik bisher gesammelt. Sie sind wie ein Spiegel meines Lebens. Wenn ich zurückblättere und so einen Gesamtüberblick über die zweite Hälfte meines bisherigen Lebens gewinne, dann stelle ich fest: Es gab da beides, die grüne Aue und das finstere Tal, gute und schlechte Zeiten.

So wie im Blick auf die Weltgeschichte von einem goldenen Zeitalter und vom finsteren Mittelalter die Rede ist – beides wohl nicht mit vollem Recht –, gibt es auch in meiner Biographie hellere und dunklere Phasen. Aufs Ganze gesehen und von außen her betrachtet, ging es mir im vierten Lebensjahrzehnt erstaunlich gut: Da gedieh die Familie. Da nahmen die Kinder an Alter und Weisheit zu. Da war ich auf einem Höhepunkt meiner beruflichen Entfaltung.

Demgegenüber ging es mir im sechsten Lebensjahrzehnt relativ schlecht: Da häuften sich Klinikaufenthalte und Operationen. Da gab es Anfechtungen, innere Krisen, Niederlagen. Da bin ich manchmal an meine Grenzen gestoßen. Die Zeit, die ich durchlebe, ist also wechselhaft wie das Wetter, hin- und herschwankend zwischen einem Hoch hier und einem Tief dort. Auf unvergleichliche Weise wird dies im Buch des Predigers beschrieben:

„Es hat alles seine Zeit, und alles Tun unter dem Himmel
hat seine Stunde.
Geboren werden hat seine Zeit. Sterben hat seine Zeit.
Pflanzen hat seine Zeit und ausreißen, töten und heilen,
einreißen und aufbauen.
Weinen hat seine Zeit und lachen, klagen und tanzen,
umarmen und getrennt sein, suchen und verlieren,
schweigen und reden, lieben und hassen, Krieg und Frieden:
Es hat alles seine Zeit“ (Prediger 3).

Die Frage drängt sich auf: Warum ist die Zeit so wechselhaft? Wer bestimmt Zeit und Stunde? Nicht irgendein launisches Schicksal! Kein blinder Zufall! Der Prediger ist davon überzeugt: Was auch immer mir widerfährt, es ist von Gott geschickt. Es fällt mir von ihm her zu. Den Wechselfällen des Lebens zum Trotz hält er daran fest: „Gott aber tut alles zu seiner Zeit."

Eduard Mörike, der schwäbische Dichter, schrieb in einem seiner Gedichte:

Herr, schicke, was du willst,
ein Liebes oder Leides;
ich bin vergnügt, daß beides
aus deinen Händen quillt.
Wollest mit Freuden
und wollest mit Leiden
mich nicht überschütten!
Doch in der Mitten
liegt holdes Bescheiden.

Die verrinnende Zeit

Ich erinnere mich deutlich an die Tage meiner Kindheit. Manchmal lag ich abends im Bett und konnte nicht einschlafen. Das Ticken der Uhr ließ mir keine Ruhe. Schon wieder eine Sekunde vorbei, sagte es mir, und nun schon wieder eine. Jede Sekunde, die verstrichen ist, wird nie wiederkommen. Und sie bringt mich dem Tode näher. Dieser Gedanke versetzte mich damals in einen fast panischen Schrecken.

Inzwischen bin ich gelassener. Aber an dem Vorgang, der mich beunruhigte, als ich noch ein Kind war, hat sich ja seitdem nichts geändert. So manches liebe Mal, an einem Geburtstag, bei einem Jubiläum oder in der Silvesternacht, ist mir schon die Redensart über die Lippen gegangen: „Kinder, wie die Zeit vergeht!" Wohl nicht zufällig ist hier von den Kindern die Rede. An unseren Sprößlingen, wenn sie heranwachsen, mündig werden, aus dem Haus gehen und selber wieder Kinder bekommen, wird uns der Prozeß des Älterwerdens besonders bewußt: „Kinder, wie die Zeit vergeht."

Das ist nicht einmal präzise genug ausgedrückt. Die Zeit „vergeht" nicht einfach, so wie eine Gewitterwand abzieht oder ein Schnupfen vorübergeht. Die Zeit „verrinnt" vielmehr. Sie ist ständig im Fluß. „Wir sind wie Wasser, das auf die Erde gegossen wird und das man nicht wieder sammeln kann", heißt es in 2. Samuel 14,14. Und im 90. Psalm werden wir daran erinnert, daß Gott uns Menschen dahinfahren läßt „wie einen Strom". Es ist wie ein Echo auf diese Einsicht, wenn es in einem Choral heißt: „Wie ein Strom beginnt zu rinnen und mit Laufen nicht hält innen, so fährt unsere Zeit von hinnen“ (EKG 327,2).

Unser Leben kann auch mit einer Sanduhr verglichen werden, in der die uns zugedachte Lebenszeit durch die schmale Öffnung des Heute und Jetzt rinnt: unaufhörlich, unwiederbringlich und – da hinkt das Bild von der Sanduhr schon wieder – unumkehrbar. Keine Sekunde erlebe ich ein zweites Mal!

Eine weitere Erfahrung kommt noch hinzu. Je älter der Mensch wird, um so mehr scheint sich der Ablauf der Zeit zu beschleunigen. Adalbert Stifter schrieb in seinem Roman „Der Hagestolz“:

„Das Leben ist unendlich lang, so lange man noch jung ist. Man meint, noch recht viel vor sich zu haben. Darum schiebt man auf. Aber wenn man es sich dann vornehmen will, ist es zu spät, und man merkt, daß man alt ist. Das Leben ist wie ein unabsehbares Feld, wenn man es von vorn ansieht, und es ist kaum zwei Spannen lang, wenn man am Ende zurückschaut.“

„Es ist später, als du denkst“, ist auf einer Sonnenuhr in Frankreich zu lesen.

Die biblische Folgerung aus dieser beunruhigenden Einsicht lautet kurz und bündig: „Kauft die Zeit aus“ (Eph 5,16)! Das ist gewiß kein Aufruf zu hektischer Betriebsamkeit. Es geht vielmehr um die Aufforderung, die Zeit mit wachen Sinnen zu durchleben und die uns gesetzte Frist nicht ungenutzt verstreichen zu lassen. Im Brief an die Epheser heißt es: „Achtet also genau darauf, wie ihr euer Leben führt. Lebt nicht gedankenlos in den Tag hinein“ (Eph 5,15). Eine Fahrt ins Blaue mag reizvoll sein, wenn es dabei um einen Tagesausflug geht. Sie ist aber kein geeignetes Rezept für die Gestaltung der uns zugemessenen Lebenszeit.

Die aufgehobene Zeit

Bewußt habe ich für die letzte Zwischenüberschrift ein Wortspiel gewählt. Das Wort „aufgehoben“ hat in unserer deutschen Sprache einen schillernden Klang. Es kann bedeuten: außer Kraft setzen, beenden. Ein Gesetz, das Kriegsrecht, eine Sperre, eine Blockade werden, nachdem sie verfügt oder verhängt worden sind, nach geraumer Zeit wieder „aufgehoben“. Das Wort kann aber auch bedeuten: aufbewahren, etwas gut aufheben, damit es nicht verlorengeht. Nur wertvolle Dinge werden in diesem Sinne „aufgehoben“.

So ist das mit meiner Zeit: Sie wird einmal aufgehoben, d.h. beendet sein. 1946 habe ich in Leipzig mein Abitur gemacht. Am Turm der dortigen Rathausuhr, die schon viele Minuten angezeigt und viele Stunden geschlagen hat, steht geschrieben: „Eine ist deine letzte.“ Seit ich diese Inschrift zum ersten Male bedacht habe, sind mehr als 350.000 Stunden und mehr als 20.000.000 Minuten ins Land gezogen. Aber es bleibt wahr: „Eine ist meine letzte.“ Dann, wenn ich das Zeitliche segne, wird meine irdische Lebenszeit abgelaufen und aufgehoben sein.

Daß sie auch in der anderen Bedeutung des Wortes aufgehoben, gut aufgehoben sein wird, das ist meine Hoffnung. Der Deutsche Evangelische Kirchentag in Berlin 1989 stand unter der Losung „Unsere Zeit in Gottes Händen“. Ein Psalmwort hat dabei Pate gestanden: „Ich aber, Herr, hoffe auf dich und spreche: Du bist mein Gott. Meine Zeit steht in deinen Händen“ (Ps 31,15f).

Diese Einsicht ist auf der einen Seite ernüchternd. Sie besagt: Meine Zeit steht nicht in meinen Händen. Ich kann sie nicht beliebig verlängern. „Wer ist unter euch“, hat Jesus gesagt, „der seinem Leben auch nur eine Spanne zusetzen könnte“ (Mt 6,27)?

Sie ist auf der anderen Seite aber auch tröstlich. Aus Gottes Händen habe ich mein Leben und meine Zeit empfangen. In seine Hände gebe ich sie zurück in der Zuversicht: Dort sind sie gut aufgehoben, aufbewahrt für seine neue Welt. Letzten Endes, wenn meine Uhr abgelaufen ist, wird es darauf ankommen, ob ich mich zeitlebens geöffnet habe für die Ewigkeit Gottes, die alle Zeit umspannt.